Éditions du Moment
15, rue Condorcet
75009 Paris
www.editionsdumoment.com

Le PSG, le Qatar et l'argent :
l'enquête interdite

DES MÊMES AUTEURS

Gilles Verdez
La Face cachée de Franck Ribéry, avec Matthieu Suc, Éditions du
    Moment, 2011.
Le Roman noir des Bleus, avec Eugène Saccomano, Éditions de la
    Martinière, 2010.
Les Années Lemerre, avec Vanessa Caffin, Solar éditions, 2001
Les Années Jacquet, avec Vanessa Caffin, Solar éditions, 1999.
PSG-nouvelles histoires secrètes 1995-1998, avec Anne Dautreme-
    puis, Solar éditions, 1998.

Arnaud Hermant
PSG confidentiel, Éditions du Moment, 2012.

Gilles Verdez

Arnaud Hermant

Le PSG, le Qatar et l'argent : l'enquête interdite

LES ÉDITIONS DU MOMENT

INTRODUCTION

Il existe plusieurs manières de dire non. Celle de Nasser Al-Khelaïfi, président du conseil d'administration du PSG, ne souffre aucune équivoque. Contacté à plusieurs reprises via son chargé de communication, il n'a jamais souhaité donner suite à nos demandes d'interviews pour ce livre. Réponse officielle : « *Vos questions sont compliquées.* » Est-ce pour ce proche du prince héritier du Qatar un synonyme de « dérangeantes » ?

Leonardo, le directeur sportif du club, s'est montré plus clair et davantage prolixe pour expliquer pourquoi il refusait de nous parler en « on ». Il a invoqué de vive voix plusieurs raisons : sa volonté de privilégier actuellement l'action au récit de l'action, l'envie de raconter lui-même sa destinée aussi brillante que cosmopolite, mais plus tard, bien plus tard, et le souhait du club de maîtriser totalement sa communication. Le PSG préfère l'album officiel qui célébrera son prochain titre de champion de France, s'il l'obtient, à une enquête journalistique, sans parti pris ni hostilité, mais également sans flagornerie. Gentleman, le Brésilien a conclu par un amical : « *Tu as totale liberté !* » Alors qu'il connaît l'un des auteurs depuis 1997, il n'a aucunement favorisé ni même facilité la quête d'informations, fermant même l'accès aux sources officielles. Cette « *totale liberté* » s'arrête pour lui aux portes du siège du club. Il a répondu avec humour à quelques sms, notamment au sujet du déroulement précis des longues négociations avec Zlatan Ibrahimovic et Thiago Silva : « *Cela, ce sera écrit dans un livre, dans dix ans !* »

La vie quotidienne du PSG se déroule à Saint-Germain-en-Laye et à Paris mais elle est régentée depuis Doha par les plus hautes autorités qatariennes. Pour dévoiler au lecteur les arcanes de ce fonctionnement très atypique et la manière dont l'émirat prend les décisions stratégiques (nominations, licenciements, budget global, enveloppe accordée à un recrutement exceptionnel…), nous avons donc dû nous affranchir de la parole « gouvernementale ». L'interdiction de passer par la porte nous a conduits à une stratégie de contournement qui nous a permis de multiplier les sources. Des témoins de scènes surréalistes nous les ont racontées, le plus souvent en souhaitant rester anonymes. Nous avons ainsi suivi heure par heure les discussions entre Leonardo et « Zlatan ». D'autres protagonistes, beaucoup plus rares, ont accepté de se confier à visage découvert. Nous les en remercions vivement.

Le cloisonnement délibéré, l'opacité à Doha comme à Paris symbolisent le goût du secret des Qatariens. Pour dénouer les fils complexes de l'écheveau, mettre à nu de mystérieux groupes d'influence, nous avons travaillé comme des historiens de l'immédiat. Puisqu'il est interdit de nous interdire, voici le vrai visage du PSG du Qatar.

I

RECHERCHE AMOUR DÉSESPÉRÉMENT

La vraie stratégie du PSG

Une équipe de football riche à millions peut-elle être aimée en France? Une variante de cette interrogation nous intéresse tout particulièrement : un PSG richissime peut-il être aimé? Ou encore, en version plus subversive : un PSG millionnaire grâce à l'argent du Qatar peut-il toucher le cœur des Parisiens et des amoureux du football?

Telles sont les questions. Pendant les six premiers mois de l'année 2012, elles ont obsédé Leonardo, directeur sportif du PSG. Certains le décrivent comme littéralement possédé par cette problématique. Il contacte ses proches amis pour partager avec eux ses doutes, entendre leur opinion, écouter leurs éventuels conseils. Avec l'un des auteurs de ce livre, il profite d'une longue conversation informelle en mai 2012 pour se renseigner sur la manière dont est perçu le PSG version Qatar. La discussion porte également sur la société française, à l'heure de la crise économique, de la hausse du chômage et de l'élection présidentielle, marquée notamment au premier tour par le score élevé de Marine Le Pen.

Leonardo, fin politique, adepte de la mondialisation footballistique, n'ignore pas que le contexte hexagonal n'est guère favorable au projet pharaonique du Qatar : injecter massivement de l'argent pour bâtir une équipe du PSG écrasant le championnat de France et devenant compétitive en Ligue des champions. Le club de la capitale, symbole du pouvoir centralisateur, recèle déjà en lui-même les germes de la détestation. Dans les régions, on rejette cette équipe, bien moins populaire que Marseille. La province adore se gausser d'un PSG perdant, si possible ridiculisé par un club du terroir. A fortiori lorsque ce PSG appartient aux milliardaires qataris.

Si le directeur sportif du PSG s'inquiète tant, c'est parce qu'il a très mal vécu la deuxième partie de la saison 2011-2012. Il sait que la France, nostalgique de Poulidor même si elle a appris aussi à apprécier les vainqueurs, préférera toujours un flamboyant David à un archi-dominateur Goliath, le Montpellier de « Loulou » Nicollin au PSG de cheikh Tamim. Les Français ont majoritairement voté pour le club héraultais lorsque les deux équipes luttaient pour le titre. Leonardo lui-même trouve d'ailleurs talentueux et sympathique ce Montpellier qui a rivalisé superbement avec le PSG avant de s'adjuger avec brio le titre de champion de France 2012. Mais le Brésilien juge les critiques à l'encontre du PSG lassantes par leur récurrence et beaucoup trop véhémentes. Comme si Paris dérangeait, comme si l'on s'acharnait à pourfendre le projet du Qatar. Pour résumer son état d'esprit, c'est : « Mais pourquoi tant de haine ? » Apprécier Montpellier, Marseille, Lyon ou Lille doit-il nécessairement se traduire par le rejet brutal et sans nuance de Paris ? Même préoccupation pour Nasser Al-Khelaïfi en février 2012 dans *France Football*, à propos de la presse cette fois : « *C'est facile de critiquer. Mais quel est le but de ces attaques ? Moi, je crois que la presse française devrait au contraire se réjouir de la nouvelle dimension prise par le PSG (…). Aujourd'hui, nous sommes parisiens. À ce titre, nous faisons partie de la famille du football français.* » Le président affiche ce jour-là une étonnante méconnaissance de la presse française, et particulièrement parisienne, ainsi que de l'univers médiatique ultra-concurrentiel environnant le PSG. Comme si personne ne l'avait briefé. Il est vrai que la communication externe du PSG est perfectible, voire inexistante selon les observateurs les plus sévères.

En tout cas, Leonardo, lui, se forge une conviction. Une religion, presque. S'il entend faire taire ses détracteurs, le PSG va devoir recruter des joueurs de top niveau mondial, des stars internationales au talent incontestable, qui réaliseront l'unanimité autour de leur nom et offriront un grand spectacle sur les terrains français et européens. Pour réussir, Leonardo est, sans doute, condamné à remporter la Ligue des champions. Ce n'est pas pour lui déplaire.

Faire rêver la France, voilà l'objectif. Seul peut l'atteindre un PSG qui remplit les stades en pratiquant un jeu admirable. Leonardo se souvient de son expérience à Paris en tant que joueur et de l'atmosphère survoltée au Parc des Princes lors de la folle soirée de 1997 face au Steaua Bucarest (5-0). Le PSG doit de nouveau s'illustrer sur la scène européenne pour exister, entrer dans l'imaginaire collectif, séduire, comme Reims, les Verts, l'OM, en leur temps. Fin mai 2012, « Leo » parvient à convaincre Doha de la pertinence de sa stratégie. Le Qatar, si sensible à son image, adhère parfaitement à cette idée de « soft power » sportif qui tient en deux mots : Dream Team. Deux mots qui seront d'ailleurs repris et popularisés par Zlatan Ibrahimovic à l'occasion de sa désormais célèbre conférence de presse parisienne du 18 juillet 2012, date de sa présentation officielle. Il n'y a aucun hasard dans l'utilisation de ces termes par le Suédois. Il les a entendus de la bouche de Leonardo lorsque le Brésilien s'évertuait à obtenir sa signature : « *Zlatan, tu seras la vedette de la Dream Team que nous allons construire autour de toi* ». Les éléments de langage ont été admirablement enregistrés. Ibra s'érige effectivement en figure de proue de cette équipe à coup sûr fascinante. Quel style arborera donc cette Dream Team, surnom de la mythique équipe de basket américaine qui a émerveillé les JO de 1992 à Barcelone, un peu galvaudé depuis ? Celui du Barça, justement ? Ou de l'AC Milan puisque, pour ce nouveau PSG, l'exemple vient d'Italie ? Le budget parisien, déjà conséquent, est revu à la hausse pour piller le club de Silvio Berlusconi. L'idée-force consiste en effet à réunir des joueurs de très haut niveau dès l'été 2012 pour éviter ainsi de passer sous les fourches caudines du fair-play financier la saison suivante. Ce « code d'honneur » prévoit des sanctions à partir de 2014-2015 pour les clubs qui ne respecteront pas les nouvelles règles. Il tend à moraliser le football, à réduire les inégalités entre bons et mauvais gestionnaires et à ne plus permettre aux généreux mécènes d'investir sans contrôle. En 2011, le déficit global des clubs européens a atteint 1,7 milliard d'euros. Avec le fair-play, on ne pourra plus dépenser qu'à hauteur des recettes générées. En tout cas, le déficit devra être réduit drastiquement avec une période transitoire puis une accélération des exigences jusqu'en 2018. Le PSG devra donc produire plus de « cash » en augmentant la capacité du Parc (où le nombre des abonnés sera plafonné à 25 000 en 2012-2013) et les prix des places, des maillots et des produits dérivés vendus aux supporters. Alors que Nasser Al-Khelaïfi avait annoncé dans le quotidien sportif italien *La Gazzetta dello Sport* sa volonté d'investir chaque année massivement (le chiffre de 100 millions d'euros a circulé mais n'a jamais été confirmé par le président) dans les transferts entre 2012 à 2017, Michel Platini avertit le Qatar dès mars 2012 : « *Le PSG respectera la philosophie entérinée par l'UEFA, sinon il ne jouera pas dans nos compétitions ou il aura d'autres problèmes. Ce n'est pas parce que je suis Français, ami du PSG et des Qatariens, qu'il y aura des passe-droits.* » L'ancien meneur de jeu des Bleus a soutenu par conviction la candidature du Qatar pour le Mondial 2022. Il a eu la franchise de reconnaître que Nicolas Sarkozy lui avait lancé lors d'une rencontre que « *ce serait une bonne chose* » s'il votait pour le Qatar. Mais Platini, dont le fils Laurent est directeur général de l'équipementier Burrda, propriété de Qatar Sports Investments (QSI), a toujours suivi ses propres convictions. Il réitère sa mise en garde le 31 août : « *Nous ne reviendrons jamais en arrière, PSG ou pas PSG.* » Le rêve des dirigeants parisiens doit donc se réaliser dans l'urgence.

Les dirigeants de certains grands clubs européens commencent à prendre ombrage de la nouvelle fortune du PSG et de son déficit estimé à 100 millions d'euros à la fin de la saison 2011-2012. Karl-Heinz Rummenigge, président du Bayern Munich et de l'Association européenne des clubs, affirme ainsi en septembre 2012 que l'attitude du PSG le « dérange » et est « absurde ». Il met en cause les dépenses somptuaires du club. Réponse de Nasser Al-Khelaïfi dans *Bild* : « *J'aimerais simplement que les autres clubs s'occupent de leurs affaires.* » Et si Rummenigge est malade en contemplant un salaire, « *qu'il aille chez le médecin* » lui rétorque vertement Nasser. En France aussi, certains présidents de clubs émettent quelques critiques, toutefois modérées, par rapport aux investissements du PSG. Ils craignent l'avènement d'un football français à deux vitesses. Désormais, il y a le PSG et les autres, qui aspirent à le faire chuter.

II

THIAGO SILVA, LE CHEVAL DE TROIE

La vérité sur le transfert du « meilleur défenseur central du monde »

Pour recruter des joueurs situés au firmament du football mondial, Leonardo rédige début mai 2012 avec Carlo Ancelotti une short-list. Deux joueurs milanais, Thiago Silva et Zlatan Ibrahimovic, y figurent en bonne place, au même titre que les attaquants Higuain, Van Persie, Tévez, Eto'o et Cavani. Paris s'est en fait renseigné sur la plupart des grands attaquants évoluant en Europe afin de pouvoir, au gré des chaises musicales du mercato, en attirer un dans ses filets. Higuain a constitué l'une des pistes les plus chaudes avant celle menant à Ibrahimovic. Lors du dernier match de la saison 2011-2012, à Lorient, le PSG avait invité le frère de l'Argentin pour le convaincre. Un travail de séduction a aussi été opéré auprès de son père et agent. Aujourd'hui, difficile de savoir si l'entreprise était sincère ou si elle s'apparentait à une manœuvre. De toute façon, le refus catégorique de l'entraîneur du Real Madrid, José Mourinho, a douché les velléités parisiennes, avant celui d'Higuain lui-même.

Au sujet du défenseur Thiago Silva, les discussions liminaires entre le directeur sportif du PSG et Ancelotti remontent en fait à janvier 2012, lors du stage effectué à Doha, au Qatar. Alors que le PSG espère encore à cette époque attirer dans ses filets David Beckham, Leonardo prépare le coup d'après et se plonge avidement dans sa nuit du chasseur. Les proies : Thiago Silva mais aussi Ibrahimovic, même si les deux dossiers semblent d'abord distincts et les négociations menées séparément. Anticipant la décision officielle de recruter LA Dream Team, Leonardo passe à l'offensive début février. Carlo Ancelotti reste en réserve de la République. Il n'a guère envie de se muer en tête de pont de la déstabilisation de tout l'édifice milanais, son ancienne « maison ». Sans doute est-il plus sentimental que Leo. En outre, ce n'est pas son rôle au PSG. Entre Leonardo et lui, la répartition des tâches est très claire.

Nous pouvons aujourd'hui dévoiler les coulisses de ces deux recrutements historiques. Pour bien en comprendre la portée, il faut revenir à l'été 1997. Après une saison au PSG, Leonardo est convoité par l'AC Milan. Michel Denisot, alors président parisien, va être confronté à la machine de guerre italienne. Il reçoit de multiples coups de fil chez lui, dans sa demeure berrichonne, ce qui l'excède. Le joueur, lui, est littéralement harcelé par les dirigeants italiens. « *Ils lui ont mis la tête à l'envers* », se souvient Jean-Michel Moutier, directeur sportif parisien à l'époque. À l'issue de nombreux retournements de situation sur lesquels nous reviendrons, Leonardo signe un contrat royal en faveur de Milan.

En ce début d'année 2012, la donne est inversée. L'heure de la revanche a sonné. La puissance se situe désormais du côté du PSG. Étranglé sur le plan financier, le club de Silvio Berlusconi connaît une passe délicate et doit impérativement restreindre son train de vie. Milan ne peut plus se permettre d'offrir des salaires astronomiques à ses vedettes. De plus, alors qu'il envisage un énième retour en politique, Berlusconi ne dispose pas de marge de manœuvre : l'Italie se serre la ceinture, pas question que son propre club montre le mauvais exemple et traîne trop longtemps des déficits abyssaux (67 millions d'euros en 2011). Comme souvent, la politique rattrape le football. Leonardo a gardé des relais au sein du prestigieux club lombard. Des sources fiables lui ont confirmé la vulnérabilité milanaise. Le directeur sportif du PSG marche pourtant sur la corde raide. Il sait que Berlusconi lui reproche encore d'avoir osé lui tenir tête en juin 2010, ce qui avait d'ailleurs contraint le Brésilien au départ. Silvio n'oublie rien. Jamais. Les relations entre ces deux hommes pâtissent durablement de cette séparation houleuse. Désormais, ils n'entretiennent plus aucun rapport direct. L'affaire Pato illustre ce pas de deux boiteux. Le prodige paraît filer vers Paris début 2012 lors du mercato. Adriano Galliani se rend même en Angleterre pour engager son remplaçant, l'Argentin Carlos Tévez. Pourtant, jeudi 12 janvier, dans l'après-midi, Berlusconi en personne téléphone à Pato. *« As-tu envie de rester à Milan ? »* *« Oui »*, répond le Brésilien. *« Alors, tu restes ! »* À 16 h 30, alors que Leonardo présente sa recrue Maxwell et affiche encore son optimisme au sujet de Pato, ce dernier réalise le contre-pied parfait. Il publie un communiqué sur le site officiel du club lombard pour annoncer qu'il continuera de porter le maillot rouge et noir : *« L'AC Milan est ma maison (…). Ce jour est un jour spécial pour moi. Je remercie le président Berlusconi, le club et les supporters qui ont toujours cru en moi. »* Pourtant, l'ultime offre parisienne, 35 millions d'euros plus des bonus, avait séduit Milan. Mais Barbara, fille de Silvio et compagne à l'époque de Pato, a inversé la tendance. Le président Berlusconi délivre ensuite une note officielle dont la phraséologie évoque un sommet de chefs d'États : *« J'ai décidé de garder Pato car je considère que c'est un joueur de grand talent. Je n'étais pas convaincu, ni d'un point de vue technique ni économiquement, par l'opération dans son ensemble. C'est un choix que j'ai fait en totale autonomie. »*

Leonardo n'affiche pas publiquement son amertume, mais Berlusconi a très savamment manœuvré afin de lui infliger un camouflet. Le Brésilien tire les leçons de ses échecs. Il apprend vite et sait qu'il n'obtiendra rien par la force. Il ménage donc les susceptibilités durant tout le premier semestre 2012. Milan souffre après avoir perdu le titre de champion d'Italie au profit de la Juventus Turin. Sa prochaine campagne d'abonnements est basée sur la présence de ses deux stars, Zlatan Ibrahimovic, trente et un ans, et Thiago Silva, vingt-sept ans (à tel point que le club va s'engager après leur départ, sous la pression, à rembourser les abonnés mécontents). Les dirigeants du PSG, que certains prétendent voir partout, à Madrid notamment pour exposer leur projet à Higuain et Kakà, veulent absolument enrôler un grand défenseur et un grand attaquant. Thiago Silva est la priorité parisienne. Ibra, lui, semble encore inaccessible. Leonardo se met donc en mode diplomate. Il avance étape par étape. Pour donner un gage de sa détermination, le directeur sportif contacte officiellement les dirigeants de l'AC Milan. Il les informe qu'il souhaite engager son compatriote Thiago Silva, alias le « meilleur défenseur central du monde ». Auparavant, il a directement sondé le joueur, comme à son habitude lorsqu'il s'agit de Brésiliens, pour jauger son état d'esprit. C'est l'une des caractéristiques de la méthode Leonardo, qui ne disposait pas d'agent lorsqu'il était joueur. Puis il s'est rapproché de Paulo Tonietto, le conseiller de Thiago Silva, pour finaliser les termes d'un préaccord. Après sa discussion avec Ancelotti, en janvier, au sujet du défenseur, Leo a disposé de suffisamment de temps pour distancer l'éventuelle concurrence sur ce dossier et éviter les contretemps. Du moins le pense-t-il… Le très discret Thiago Silva semble quasiment parisien avant même les premiers frémissements médiatiques. Pour boucler officieusement l'affaire, le PSG a accepté de lui verser un salaire compris entre 6 et 7 millions d'euros net par an.

Lorsqu'il s'agit de s'engager en France, les joueurs étrangers prennent un luxe de précaution : ils négocient en « double net ».

Le premier net s'applique à la somme figurant au bas de la feuille de paie une fois les charges déduites, car leurs agents savent qu'elles sont considérables dans l'Hexagone et impactent le salaire brut. Mais ils entendent également déterminer la somme en net d'impôts. Conséquence : soit le club les prend totalement en charge, soit on calcule par anticipation ce qu'ils représenteront pour de si hauts salaires. Il est ensuite facile de définir ce que le joueur doit toucher chaque mois en brut pour parvenir au net souhaité, ce qui revient en fait à inclure dans le salaire le montant dû au fisc. Ainsi, pas de mauvaise surprise. Les clubs ne communiquent pas sur la ventilation des sommes ni sur ce sujet délicat. Nasser Al-Khelaïfi martèle juste que le PSG « *respecte les lois françaises : on le fait aujourd'hui et on le fera demain* ». Cela signifie en creux que les impôts des joueurs sont payés en France et pas à l'étranger. Un salarié du PSG est donc nécessairement résident fiscal de l'Hexagone. Le Qatar refuse, selon Nasser, tout montage via des sociétés off-shore, tout versement d'une partie des revenus en droits d'image ou toute autre « astuce », car Doha tient à rester irréprochable. En revanche, l'impatriation est une solution légale utilisée par la direction du PSG. Cette mesure fiscale concerne les étrangers qui arrivent en France ou les Français qui ont passé cinq ans et plus à l'étranger. Elle permet d'exonérer totalement de l'impôt sur le revenu 30 % des rémunérations. Lors de la saison 2011-2012, Lugano, Pastore, Alex, Thiago Motta, Sirigu, Maxwell et même Ménez qui, entre Monaco et Rome, a séjourné cinq ans en dehors de nos frontières, ont bénéficié de cette niche fiscale. Idem en 2012-2013 pour les stars Ibrahimovic et Thiago Silva.

Tous les grands agents internationaux savent également que le nouveau président de la République envisage de taxer à 75 % la tranche des revenus supérieurs à un million d'euros par an. François Hollande a d'ailleurs indiqué dimanche 9 septembre

2012 sur TF1 que cette contribution temporaire concernera entre deux et trois mille personnes et qu'il n'y aura « *pas d'exceptions* ». Artistes et sportifs n'y échapperont donc pas. Les joueurs se prémunissent en demandant au PSG de les « exonérer » a priori de cette taxe et d'en assumer seul la charge si elle est appliquée un jour. Tout cela figure noir sur blanc sur les contrats. On imagine combien leur rédaction est complexe…

Avec Thiago Silva, Leonardo s'estime à l'abri de tout revers. Il a tort. Le 3 juin 2012, Galliani freine une première fois, mollement il est vrai, l'avancée « inexorable » du transfert : « *Le PSG de mon ami Ancelotti me l'a demandé, mais Thiago aime le Milan. Il n'a pas de prix.* » Une phrase célèbre dans le langage footballistique. Elle signifie : quitter Milan a un prix. Élevé. Galliani sait pertinemment que la crise altère la puissance de l'Italie du football. La Fininvest, holding de la famille Berlusconi qui possède l'AC Milan à 100 %, souffre d'une forte diminution de son chiffre d'affaires. Dimanche 10 juin, dans les tribunes de Roland-Garros, cheikh Tamim, le prince héritier du Qatar et propriétaire du PSG, donne son aval aux grandes manœuvres.

Le défenseur Ceará quitte comme par enchantement Paris. Il pousse ainsi l'obligeance jusqu'à libérer une place d'extracommunautaire pour Thiago Silva. Pour son geste, Ceará se voit offrir deux années de contrat, soit près de 2,5 millions d'euros, alors même qu'il ne lui restait plus qu'un an au club. Le PSG sait convaincre et se montrer généreux quand il veut quelque chose.

Comme tous les Brésiliens, Silva adore Paris et se voit bien suivre les traces de Ricardo, la figure de proue défensive des années 1990. Adriano Galliani débarque donc dans la capitale mardi 12 juin, comme si souvent durant sa carrière de dirigeant, pour finaliser le transfert de son défenseur dans les bureaux du Parc des Princes, à hauteur de… 46 millions d'euros. Une somme énorme, mais après tout il s'agit du spécialiste numéro 1 à son poste. Le lendemain, Berlusconi adopte un inhabituel profil bas : « *Les comptes sont mauvais, je ne peux pas ne pas vendre Thiago Silva* ». Mais l'affaire se complique brusquement, le 14 juin. Sentant, après plusieurs commentaires émanant de Milan, que Berlusconi va mettre son veto sous la pression des supporters ou de Barbara, Leonardo rompt brutalement les ponts par communiqué à 21 h 50. « *Le PSG a pris la décision de se retirer des discussions en cours avec l'AC Milan concernant le joueur Thiago Silva.* » L'essentiel, c'est le « en cours ». Il ne s'agit que d'un communiqué circonstanciel. Leo évoque à juste titre la complexité des négociations avec un Milan tiraillé entre ses envies de gloire et ses réalités économiques. Galliani proclame qu'il n'a pas identifié un joueur capable de remplacer son roc défensif. Il le conserve donc. Là encore, c'est un leurre. Un repli stratégique. L'un des auteurs du livre affirme d'ailleurs sur son compte Twitter que la piste n'est pas du tout close, alors même que Thiago Silva prolonge d'un an son contrat le 2 juillet, se liant à Milan jusqu'en 2017 avec un salaire revu à la hausse, le même que celui qu'il touche aujourd'hui au PSG. En fait, en Lombardie, on sait qu'il sera impossible de le garder et on le prolonge surtout pour apaiser les esprits des fans avant la campagne d'abonnements et faire monter les enchères. Leonardo n'est pas rebuté par cette attitude. Il garde confiance, d'autant que son budget est illimité pour cette opération qu'il mène personnellement. Dès le 3 juillet, il s'entretient de nouveau avec le défenseur et lui demande de patienter en lui confirmant que son intérêt reste intact. Leonardo applique avec « TS » la même tactique que celle de l'AC Milan avec lui quinze ans plus tôt. Il « sécurise » le transfert, par-delà les contingences et les temporalités.

Thiago Silva, toujours attiré mais troublé par le jeu politique autour de lui, assiste aux deux campagnes-éclair menées par le PSG en Italie. La première concerne Ezequiel Lavezzi, vingt-sept ans, milieu offensif argentin de Naples, club avec lequel il était lié jusqu'en 2015. Il est acheté 26 millions d'euros plus 5 de bonus, le montant de sa clause libératoire, soit 31 millions. L'homme aux tatouages, adulé par les supporters du Napoli pour sa combativité, son imprévisibilité, ses dribbles, signe pour quatre ans et est présenté lundi 2 juillet, jour de la reprise du PSG. « *Il peut élever le niveau des autres* », promet Leonardo. « El Pocho », ami de Javier Pastore, livre sa première prestation, explosive et prometteuse, en amical face au CSKA Moscou (2-2) le 14 juillet, en s'installant côté gauche. Seconde campagne-éclair : Paris terrasse les convoitises des plus grandes formations italiennes, surtout la Juve, pour engager le « nouveau Pirlo », Marco Verratti, dix-neuf ans. Le milieu récupérateur est transféré de Pescara pour 11 millions d'euros, sans compter 4 de bonus divers, lesdits bonus gonflant désormais presque tous les transferts. Ils s'apparentent à des compléments versés ultérieurement, selon des critères qui peuvent être liés aux performances du joueur ou de l'équipe. L'espoir transalpin arrive pour quatre ans avec un salaire annuel net d'impôts d'un million d'euros. Personne ne peut deviner jusqu'où ira Verratti, mais son talent est unanimement reconnu. Le fait que l'international Espoirs italien, intégré dans la pré-liste des trente pour l'Euro 2012, choisisse le PSG, témoigne de la dimension nouvelle prise par le club. Bien entendu, les noms de Leonardo et d'Ancelotti crédibilisent le projet aux yeux des joueurs transalpins. À tel point que certains reprochent à Paris de se muer en équipe de Série A décentralisée. Mais la signature de Verratti prouve que le PSG est devenu une grande puissance montante du football européen.

Pendant ce temps, Thiago Silva patiente donc comme le lui a conseillé Leonardo. Une attente qui le met mal l'aise. Il ne va guère apprécier de devoir se prêter au jeu des déclarations forcées, qui sont le lot de telles négociations étendues dans le temps mais ne cadrent pas avec sa personnalité. Le joueur a en effet dû proclamer durant l'été sa joie de demeurer en Lombardie alors qu'il était quasiment en partance. Il va s'épancher plus tard, le 19 juillet, devant les médias pour se dédouaner : « *Certains me traitent de mercenaire. Partir à Paris n'est pas une décision que j'ai prise, moi, à 100 % (…). Ma volonté et celle de ma famille étaient de ne pas quitter Milan.* » Un exil forcé, alors, à cause de la dette… milanaise ? Grâce à la situation financière de l'AC Milan, Leonardo, lui, espère que son heure va sonner mais il ne l'imagine pas encore aussi glorieuse.

III

IBRAHIMOVIC, L'ALLUMETTE SUÉDOISE

La vérité sur la signature de l'avant-centre suédois de l'AC Milan

Cette fois, Leonardo n'a plus aucun droit à l'erreur. L'heure est capitale, il lui faut un grand nom. Le PSG attend sa star. Il en aura deux. Depuis janvier, donc, Leo et Ancelotti ciblent un duo magique pour constituer la colonne vertébrale de leur équipe : un défenseur central moderne par excellence, Thiago Silva, et un avant-centre star, parmi les meilleurs mondiaux, caractériel ou génial selon les points de vue, Zlatan Ibrahimovic. Les deux hommes s'adorent. Très conscients de leur valeur intrinsèque, ils aspirent si possible à évoluer ensemble car ils estiment ainsi bonifier leur équipe. Mais, si Leonardo a finalisé l'accord avec son compatriote en attendant de faire céder Milan, il ne peut se targuer de telles avancées avec le Suédois. À deux reprises, lors du premier semestre 2012, il a tenté de convaincre Ibra de la grandeur du projet parisien. Sans obtenir de garanties en retour. Thiago Silva a alors évoqué avec le Suédois, auteur de 28 buts en Série A lors de la saison 2011-2012, son possible transfert au PSG. L'intelligence de Leonardo consiste à se positionner auprès de Milan assez tôt sur les deux dossiers. Il est d'abord poliment éconduit mais le poison s'est sournoisement répandu via Turati, siège de l'AC Milan.

Zlatan Ibrahimovic, qui a inscrit un magnifique but face aux Bleus à l'Euro (2-0), n'exclut rien, en professionnel avisé, mais n'est toujours pas spécialement désireux de changer d'horizon. Révélé par *Le Parisien* du 1er juin, l'intérêt du PSG à son égard se matérialise aussi par les excellentes relations entre Leonardo et Mino Raiola, l'agent d'Ibra. Ibrahimovic sonde Maxwell, son ami depuis leurs années communes à l'Ajax Amsterdam, qui évolue à Paris depuis janvier 2012. Il en fait de même avec Mexès, son partenaire à Milan. Le Suédois écoute les propositions parisiennes mais se considère trop jeune pour filer à Paris. Il se voit encore dans un très grand club, pourquoi pas le Real Madrid, où José Mourinho pense à lui.

Fin mai, Ibrahimovic a estimé que Milan manquait de percussion dans son recrutement, ce qui a furieusement déplu à Berlusconi. Le milieu de terrain Gattuso racontera plus tard avoir reçu un SMS d'Ibra lui faisant part de sa « *déception* » d'avoir été quasiment contraint au départ. Mais depuis la déclaration tonitruante du buteur, son histoire commune avec la Lombardie touche à sa fin. En juin, l'attaquant comprend également en sondant ses dirigeants que Milan ne pourra plus longtemps payer ses émoluments (9 millions d'euros annuels net) et s'achemine vers un changement d'ère. Personne ne l'a officiellement prévenu de ce renversement spectaculaire de tendance, d'où son amertume. Alors, il envisage de son côté un changement de décor. À trente ans, Ibra prend subitement conscience qu'il ne finira pas sa carrière en Italie malgré son engagement jusqu'en 2014 et contrairement à ce qu'il avait prédit. Pour des questions exclusivement financières, Milan lui ouvre (ou le met à) la porte.

Zlatan Ibrahimovic incarne le mouvement perpétuel du footballeur d'aujourd'hui. Né à Malmö, cet athlète de 1,95 m pour 95 kg a brillé à l'Ajax Amsterdam, y inscrivant un but mémorable en 2004, mais aussi à la Juve, à l'Inter, à Barcelone puis à l'AC Milan. Champion des Pays-Bas, d'Italie, d'Espagne, en fait de partout où il passe (7 titres), vainqueur de la Coupe du monde des clubs, de divers trophées, il n'a jamais réellement brillé en Ligue des champions, son ultime défi. Ceinture noire de taekwondo, puissant, redoutablement viril dans les duels, très souple malgré son gabarit, virtuose technique, il est doté d'une gestuelle parfaite et, surtout, démontre une régularité métronomique : quasiment un but tous les deux matches en carrière ! Ibra s'illustre aussi par son comportement parfois déplacé (« *Je ne suis pas si agressif* », rétorque-t-il), ses relations tendues avec Josep Guardiola à Barcelone, ses bagarres avec ses coéquipiers comme la dernière en date avec Nene fin août, avant le déplacement du PSG à Lille, son ego démesuré qui le fait parler de lui à la troisième personne. « *Only God can judge me* », s'est-il fait tatouer. Un « caïd » mature sur le terrain, un homme parfois incontrôlable aussi, qui conduit sa Ferrari sur route comme sur un circuit de Formule 1. Il a du caractère selon ses amis, un sale caractère selon les autres. Son enfance dans le quartier difficile de Rosengard à Malmö est le théâtre de nombreuses rixes. Ibra s'en sort grâce à sa pratique sportive intensive. « *Le football est une religion et tout le monde y est le bienvenu* », s'exclame-t-il, interrogé sur le fait d'être né d'un père bosniaque musulman et d'une mère croate catholique. Ses parents divorcent quand il a deux ans. Sa rédemption ? Le foot. Aujourd'hui en Suède, les débats sur l'immigration tournent autour de lui, de sa réussite, de son statut. « Est-il un modèle ? » s'interroge son pays.

Leonardo, fort de l'assentiment de Thiago Silva, obtient l'aval de Zlatan Ibrahimovic pour ouvrir les discussions avec son agent, ce qui était loin de constituer une évidence au départ. Seule condition préalable : que Milan se déclare vendeur. Chaque série de petits pas effectuée par Leonardo s'apparente à un ballet diplomatique bruxellois. Mais les réalistes ont vaincu les idéalistes en Lombardie. C'est la vente ou le chaos. Alors, les deux offres de Leonardo sont étudiées simultanément puis acceptées en une demi-journée, mais les dirigeants s'accordent pour garder la confidentialité sur la gigantesque opération. Milan va prendre l'initiative en matière de communication pour ne pas perdre la face. Il « invitera » publiquement le PSG à se manifester de nouveau… alors que tout est déjà ficelé. Lundi 9 juillet, Galliani glisse à quelques journalistes influents des quotidiens sportifs italiens que « *le 31 août à 19 heures* », à la fin du mercato, il dira quel est l'effectif milanais, un effectif forcément « *très compétitif* ». Mais il sera amputé de deux éléments phares. L'expérimenté vice-président ne l'ignore pas car il a déjà trouvé un terrain d'entente avec Paris. À sa manière, feutrée et digne, il reconnaît donc sa défaite : « *Cela ne veut pas dire qu'Ibrahimovic et Thiago Silva partiront. Je dis seulement que tout est ouvert parce que pendant le mercato, il peut se passer des choses imprévisibles. C'est arrivé ces dernières années. Et ça peut se reproduire cette saison.* » Mardi 10 juillet, l'info selon laquelle le duo se dirige vers Paris est diffusée sur Twitter et, le soir, l'un des auteurs de ce livre annonce sur ce réseau social la possible signature imminente des deux stars milanaises, comme la *Gazzetta dello Sport* du lendemain. Désormais, il ne reste plus que des détails à régler. Des détails à quelques millions d'euros, mais des détails…

À Milan, Galliani reçoit longuement l'agent d'Ibrahimovic, Mino Raiola, pour lui confirmer sa volonté de transférer le Suédois à Paris. Raiola rend compte de cette discussion dans la soirée à Ibra, au domicile suédois de celui-ci, en compagnie de l'avocat Vittorio Rigo. L'homme au catogan ne peut pas vraiment choisir son club, il choisira donc son salaire : il obtiendra 9 millions d'euros net d'impôts par an, avec garanties de protection totale en cas de changement de régime fiscal en France. Jeudi 12 juillet, au Parc des Princes, Leonardo reçoit les représentants du Suédois qui énoncent leurs conditions. Il ne faut que quelques heures au Brésilien pour obtenir le feu vert total du Qatar sur le volet financier. Mais le PSG doit se livrer à d'intenses séances de calcul et travailler sur plusieurs versions du contrat en tenant compte des modifications envisageables du taux d'imposition. Les agents du joueur, qui a maintenant donné son accord de principe en se prélassant aux Baléares, ne laissent rien au hasard. Cela prend du temps. De plus, le Suédois, comme tous les grands buteurs, sollicite des rallonges financières pour ses buts, notamment en Ligue des champions, surtout s'ils sont décisifs et permettent la qualification. Il s'agit de primes à la statistique. Nous avons consulté des contrats semblables. Parfois, une surprime est même accordée par « tranche » de cinq ou dix buts. Un jour, lors d'une soirée pendant laquelle le PSG célébrait une victoire majeure, l'un de ses joueurs a quitté les lieux rapidement en nous invitant à le suivre. Dans sa voiture, il nous a confié partir car, pendant le match, l'un de ses coéquipiers ne lui avait pas adressé une passe décisive qui lui aurait permis de marquer un but, de franchir un seuil arithmétique important et ainsi de toucher un bonus. « *Je suis sûr qu'il l'a fait exprès* », maugréait ce joueur.

Tous les moyens sont bons pour augmenter la rémunération de base. Les contrats sont truffés d'avenants ou de clauses parfois surréalistes. Le 20 août 2012, le site brésilien iG Esporte publie l'un de ces avenants, celui du contrat de Thiago Silva. Le média joint la photocopie du document avec en-tête de la Ligue de football professionnel en gage d'authenticité. On y apprend que le Brésilien est lié avec Paris jusqu'en 2016 mais qu'il obtiendra une prolongation d'une saison (jusqu'en 2017 donc) en cas de qualification directe pour la Ligue des champions. Son salaire est de 780 000 euros par mois. Le PSG s'engage à lui verser une compensation de 200 000 euros car son équipementier, Nike, le rémunère moins que les saisons précédentes, considérant que le PSG n'est pas une formation de catégorie 1 comme l'est l'AC Milan ! Évidemment, Thiago Silva, évoluant en défense, ne peut revendiquer de primes de but. Il touchera donc d'énormes primes d'objectif si Paris remporte des titres : 650 000 euros pour un succès en Ligue des champions, 257 000 pour le titre de champion de France, 193 000 pour la deuxième place, 161 000 pour la Coupe de France. La somme de 41 100 euros apparaît aussi sur son contrat. Elle est présentée au début, à tort, comme une prime liée au respect d'un code de bonne conduite instauré cette saison par la direction parisienne. En huit points, il est demandé aux joueurs de ne pas critiquer le club, les choix de l'entraîneur, de respecter les supporters… Tous les professionnels sont obligés de signer cette charte de bonne conduite. Comme *Le Parisien* le révèle dans son édition du 27 août, il ne s'agit pas d'une prime mais au contraire d'une pénalité. Les 41 100 euros correspondent à l'amende que paiera un joueur s'il ne respecte pas ces quelques principes édictés par le PSG. Chaque mois, tous les Parisiens se voient prélever 1/12ᵉ de cette somme sur leur feuille de paie. Si, à la fin de la saison, ils n'ont commis aucune faute, les 41 100 euros leur sont rendus. Thiago Silva trouve également dans son paquetage huit billets d'avion aller-retour Rio-Paris pour sa famille et lui. En contrepartie, il s'engage à respecter les demandes d'interviews qui émanent d'un média contrôlé par Al-Jazeera. Cette notion paraît anecdotique, mais elle met à mal la stratégie et la communication des dirigeants parisiens, qui promettent que le club n'a rien à voir avec la chaîne de télévision et qu'il n'existe aucun lien entre les deux entités. Thiago Silva apporte de par son contrat la preuve du contraire.

Si les joueurs exigent des primes, leurs agents défendent âprement leurs commissions. Leonardo n'est pas réputé trop regardant en la matière et accède à leurs demandes. Chaque ligne du contrat est discutée. Selon certaines sources, non confirmées, le PSG fait appel à un cabinet extérieur pour accélérer la cadence. « *On avance* », glisse malicieusement et sobrement Leonardo. Le

13 juillet, « on » avance encore et toujours. Les négociations se prolongent comme celles préludant à la signature de Carlo Ancelotti, conclues favorablement après trois jours. Ancelotti, justement, réputé pour sa prudence, affirme qu'il y a « *de grandes chances* » que les deux Milanais signent au PSG.

Les fameux « détails » financiers polluent toutefois l'ambiance. L'omniprésence de Raiola incite Tonietto à revenir à la charge pour ne pas être oublié au niveau des commissions et bonus. Thiago Silva coûte plus cher en transfert qu'Ibrahimovic, mais il sera moins payé, ce que personne ne conteste. Cependant, son représentant fait valoir ses propres droits. Tout s'arrange et le PSG officialise samedi 14 juillet, un beau symbole, la signature de Thiago Silva pour cinq ans et une indemnité de transfert de 42 millions d'euros plus 7 de bonus, soit 49 millions, record de la Ligue1 ! Comme le joueur se prépare au Brésil avant les Jeux de Londres, le docteur Éric Rolland lui rend visite afin de lui faire passer une rapide visite médicale in situ. « O Monstro », le Monstre, 1,83 m pour 79 kg, capitaine du Brésil, est réputé pour toute la palette de son jeu défensif : relance, marquage, jeu aérien, propreté technique et rigueur athlétique… Ancelotti le qualifie tout simplement de « fantastique ».

Un rival de plus en défense pour Mamadou Sakho qui a pris les devants dans *L'Équipe* du 4 juillet : « *Si un défenseur arrive, je ferai tout pour partir parce que je dois penser à mon avenir (…). Je ne suis pas prêt à revivre la même saison que les six derniers mois.* » À vingt-deux ans, l'international français enrage d'avoir raté l'Euro. Il sait pertinemment que si un grand défenseur est engagé par le PSG « *et que vous payez 30 ou 40 millions d'euros pour l'avoir, c'est pour qu'il joue.* » Ancelotti, qui ne le considère plus comme un titulaire, n'entend pourtant pas le libérer. Il proclame le 7 juillet que le PSG a décidé que Sakho resterait, comme Chantôme d'ailleurs. Les joueurs formés au club valent très cher, les grands clubs les chérissent même s'ils les laissent sur le banc des remplaçants. Surtout quand il faut participer à la Ligue des champions. Un participant, pour voir son engagement validé par l'instance européenne, doit compter dans ses rangs quatre joueurs formés au club. En 2012-2013, pour le grand retour du PSG dans la plus prestigieuse des compétitions européennes, il s'agit donc de Sakho, Chantôme, Areola, le troisième gardien de but, et du jeune Rabiot, néo-professionnel.

L'ensemble de l'opération Dream Team se concrétise le week-end de la fête nationale. Tout se règle en effet entre Ibrahimovic et le PSG dimanche 15 juillet. Il ne subsiste plus que quelques questions de « procédure » à solutionner. Ibra souhaite obtenir une soulte de la part de Milan car il estime « arranger » son ancien club en partant. Le 16, Leonardo quitte le Parc en annonçant que « *demain sera un jour important* ». Il tente de garder un visage lisse mais jubile intérieurement. Il tient SES stars. Après les échecs liés au recrutement de Beckham, Pato, ou Tévez, qui lui ont été imputés, il va faire taire toutes les critiques. Objectivement, c'est son implication et son savoir-faire qui lui ont permis de réussir ce recrutement de haut niveau. L'argent seul du Qatar n'aurait pas été suffisant. Alors, traits tirés après d'intenses négociations mais lueur de triomphe au fond des yeux, Leonardo annonce, adossé symboliquement au Parc, avoir finalisé l'accord avec Raiola. Il est 19 heures, mardi 17 juillet. Ibra coûte 20 millions d'euros en transfert au PSG. Dans un premier temps, son salaire est estimé à 14 millions par an, net d'impôts. Finalement, comme *Le Parisien* l'a révélé, il est identique à celui qu'il percevait à l'AC Milan jusque là, c'est-à-dire 9 millions d'euros.

Le soir même, à 20 h 35, le joueur débarque en jet privé à l'aéroport du Bourget, en Seine-Saint-Denis, avec sa compagne. Le couple s'installe dans un palace, le Bristol, et reçoit la visite de Leonardo. Une courte nuit et le show Ibrahimovic débute mercredi 18 juillet au matin par la visite médicale à l'hôpital de la Pitié-Salpêtrière, réputé pour son institut de cardiologie. À 15 h 30, en chemise blanche, aux côtés de Leonardo et de Nasser Al-Khelaïfi, Ibrahimovic entre sur la scène parisienne. Jean-Claude Blanc s'assied aux premières loges avec Helena Seger, compagne du joueur et mère de ses deux enfants (NDA : elle a été agressée avenue Montaigne peu après leur arrivée à Paris), pour une conférence de presse hors des sentiers (re)battus dans l'auditorium du Parc, juste après le passage plus timoré du jeune Marco Verratti.

Leonardo place d'emblée le curseur très haut : « *C'est le plus grand transfert de l'histoire du club.* » Il se réjouit de ce recrutement parfait sur le plan sportif et à même de développer le standing du PSG. Avec cette allumette suédoise, c'est la planète foot qui s'embrase et regarde le PSG. Ibrahimovic, sourire en coin, avec ce zeste de distanciation qui le caractérise, parvient à rester lui-même malgré l'inévitable aseptisation de son propos provoquée par la traduction en plusieurs langues : « *Dès le premier jour, j'ai su que je viendrais ici. C'était « oui ». Il restait des détails à régler, mais ce n'est pas mon affaire, j'étais relax. J'ai quitté Milan car Paris, c'est l'avenir, l'équipe du futur, je veux en faire partie.* » Ibra revisite un peu le cours des négociations. Classique dans cet exercice de style qu'est la conférence de presse. En plus de Maxwell et Mexès, il a recueilli des renseignements auprès d'Olivier Dacourt, son ex-coéquipier. C'est ensuite qu'il évoque les deux mots qui resteront pour la postérité : « Dream Team ». Il vise des trophées, le Top 5 ou, au pire, le Top 10 en Europe. Et balaie la nostalgie d'un kick de taekwondo : « *Nos départs, à Thiago Silva et à moi, représentent une grosse perte pour le championnat italien. Ça va rendre la L1 plus intéressante et pas seulement pour le public français. Qui parlait d'elle avant que ce rêve ne devienne réalité ? Je suis venu ici pour gagner. Je ne connais pas beaucoup les joueurs de la L1. Je vais les découvrir. Eux, c'est sûr qu'ils savent déjà qui je suis.* » Imparable. Comme David Beckham, Ibra incarne pour le Qatar une vitrine ouverte sur le monde, un moyen de mieux vendre à l'étranger la L1, ce qui est l'exacte ambition d'Al-Jazeera.

D'emblée, l'attaquant maîtrise à la perfection son statut d'ambassadeur. Il pose avec le maillot du club, arpente les Champs-Élysées jusqu'à la boutique officielle. Le passage de la star sur la plus célèbre avenue du monde fait le bonheur des fans et celui du PSG qui affiche une image nouvelle et puissante. Mais cette opération préparée à la va-vite ne se déroule pas sans heurts. Trois policiers sont blessés en tentant de contenir la foule. Les supporters, surexcités au passage d'Ibra, font tout pour toucher leur nouvelle idole, au point de lui arracher quelques cheveux. Sa promenade le mène au Trocadéro. Il y démontre l'étendue de sa technique balle au pied. Il aurait pu choisir la Pyramide du Louvre car son agent, Mino Raiola, l'a comparé à la Joconde. « *Mon manager me met la pression, il aime être sous les feux de la rampe. Cela ne me dérange pas.* » Une dernière petite pique amicale à Leonardo qui peut le « *rendre encore plus heureux* » s'il lui permet d'arborer le numéro 10, actuellement porté par Nene. Embarrassé, le directeur sportif, déjà en conflit avec le milieu gaucher au sujet d'une prolongation de contrat, botte en touche. Finalement, Ibra devra être heureux avec le 18.

Les journalistes présents s'interrogent. Ibrahimovic souhaitait-il réellement venir au PSG ? Sous-entendu : est-ce une « vente forcée » ? Est-il un mercenaire ? Leonardo vole à son secours : « *Ce n'est ni une vente forcée ni un achat forcé. C'est un investissement avec toutes nos forces, une longue histoire qui a duré des mois.* » Avec des objectifs encore accrus, édictés par Doha, cités par Nasser : « *Notre futur, c'est de gagner des trophées, d'être compétitifs en Ligue des champions. Bien sûr, pas la gagner. Mais... pourquoi pas? On rêve en grand. Nous souhaitons faire du PSG l'un des meilleurs clubs du monde. On a un business-plan, nous serons rentables dans quelques années, cela prendra un peu de temps.* » Les déclarations de Nasser sur la Ligue des champions sont millimétrées. Il esquisse l'idée d'un succès dans la plus prestigieuse des Coupes européennes. Pourquoi? Parce qu'il y est obligé, car Doha vient tout simplement de lui adresser son ordre de mission : la famille régnante, qui a énormément investi, exige que le PSG remporte cette prestigieuse épreuve dans un délai de trois saisons. Les plans qatariens programment un succès en 2015, au plus tard. L'ère Ibrahimovic commence en beauté. Chacun reçoit sa part de gloire.

Au siège du club, les calculettes qui ont fonctionné trois jours durant sont rangées. Mais les experts se déchirent déjà dans les médias pour connaître le « vrai » coût de l'avant-centre qui a signé pour trois saisons. La polémique enfle. Le 30 juillet, François Hollande assiste au triomphe de Yannick Agnel aux JO de Londres. Sur France 2, le président de la République est interrogé sur… Zlatan Ibrahimovic : « *Franchement, je pense qu'il y a un moment où il peut y avoir des limites. Des salaires sont manifestement trop élevés mais je ne veux pas rentrer dans ce débat aujourd'hui. Nous verrons s'il est fiscalisé en France, nous y veillerons.* » Le PS est déjà monté au créneau les jours précédents, dénonçant des salaires démesurés dans un contexte économique et social très tendu. Najat Vallaud-Belkacem, porte-parole du gouvernement, évoque des revenus qui « *ont choqué beaucoup de gens* » et ajoute qu'il est « *naturel* » que le Suédois paie une fiscalité exceptionnelle. La ministre des Sports, Valérie Fourneyron, estime ces sommes « *déraisonnables* » et songe à plafonner la masse salariale pour éviter les « *dérives qui sont devant nous* ». Jérôme Cahuzac, ministre délégué au Budget, parle d'« *indécence* ». Évidemment, certaines réflexions fleurent bon la démagogie, d'autant que ces mêmes politiques se presseront ensuite inéluctablement dans la corbeille d'un Parc des Princes très VIP. Frédéric Thiriez leur renvoie aimablement la balle sur leparisien.fr : « *Pourquoi toujours cibler le football ? Est-ce que le ministre de la Culture proteste quand Dany Boon gagne 26 millions d'euros par film ? L'année dernière, les clubs français et les joueurs qui évoluent en France ont rapporté à l'État 622 millions d'euros en impôts et charges sociales.* »

Après la vive polémique liée au contrat du Suédois, chacun évalue ce que va rapporter Ibrahimovic à l'État français, surtout en cas de taxation à 75 %[1]. Selon les calculs de *L'Expansion*, 63 millions d'euros annuels entreront dans les caisses du fisc avec les arrivées simultanées de Thiago Silva et Ibrahimovic. Valérie Fourneyron évoque le sujet mercredi 5 septembre dans *L'Équipe* : « *On ne va pas faire une loi spécifique pour cent personnes. Pourquoi y aurait-il un régime fiscal dérogatoire ?* » Elle venait d'ailleurs de donner son avis sur l'arrivée de capitaux du Qatar en France : « *(Ces) capitaux sont des moyens financiers qui profitent globalement au sport même s'ils sont ciblés sur des équipes. Mais il ne faudrait pas que ces moyens créent un décalage et conduisent à une complète dérégulation en générant un Championnat à deux vitesses.* »

Côté italien, Silvio Berlusconi choisit d'abord dans les médias la fuite en avant pour justifier les départs. En effet, il ose presque s'en réjouir au nom des économies substantielles réalisées par son club ! Plus c'est gros, plus Silvio adore. Après l'officialisation du double transfert, il se lance dans une longue explication : « *On ne voulait pas vendre à la fois Ibrahimovic et Thiago Silva. Leonardo nous a contactés, on a dit non, mais le PSG n'a pas cessé de nous solliciter. On pensait notre réponse définitive, mais ils sont arrivés avec cette offre pour Ibra qui a trente et un ans. Le bon sens l'a*

---

1. Dispositif invalidé début janvier 2013 par le Conseil constitutionnel.

emporté. On a pensé aussi au fair-play financier quand on les a vendus. C'était la dernière année où un club pouvait faire une offre aussi astronomique que celle du PSG. » Merci Michel Platini, donc. « *Mon cœur est déchiré*, poursuit Berlusconi. *Mais, avec ce sacrifice, nos finances sont en ordre pour trois ou quatre ans.* » Et le domaine sportif, est-il en ordre? « *Les deux générations, Galliani et ma fille, doivent s'entendre. Et elles le feront parfaitement. Ma famille a mis 50 millions d'euros dans le foot chaque année. Ce n'est plus possible.* » L'AC Milan reste lui-même, unique, éternel, selon Berlusconi : « *Après la pizza et la Mafia, l'élément italien le plus connu est Milan.* » Milan dépeuplé, Milan humilié, mais Milan renfloué.

Loin de l'Italie, Zlatan Ibrahimovic rejoint ses coéquipiers en stage aux États-Unis le 24 juillet. Carlo Ancelotti se réjouit évidemment de sa venue car « *il sera très important* ». À Princeton, dans la fournaise, Ibra affiche d'emblée un tempérament de gagneur. À l'entraînement, Kung-fu Ibra « tamponne » Matuidi, Nene et Ménez! Pour son premier match à Washington face à DC United en amical (1-1), le Suédois marque dès la 3e minute, comme la promesse d'une aube triomphale. Ensuite, il inscrit tout simplement les quatre premiers buts du PSG en Championnat.

Les Qatariens ont donc à ce moment-là investi 203 millions d'euros en transferts depuis leur arrivée au club. Leonardo, le 18 juillet, annonce aux journalistes que « *le marché du PSG est fini pour cette année.* » Exit Kakà, pas de Modric. Brouhaha dans la salle. « *Vous n'êtes pas contents ?* » interroge Leo, gouailleur. « *Les médias ne sont jamais contents* », susurre Nasser. Cette adresse aux médias résume l'incompréhension entre Leonardo, Nasser et l'opinion publique française. Le Qatar dépense tellement d'argent, aspire tellement à être aimé, peaufine tellement son image. Alors, pourquoi tant de haine depuis le rachat du club?

IV

VENTE DU PSG : OPÉRATION ORYX

La vérité sur les négociations entre Colony et le Qatar

Lorsque les Qatariens se sont mis en tête d'acheter le PSG, il y a un peu plus de deux ans, ils ne sont pas allés chercher bien loin le nom de code de cette opération : Oryx. Cet animal, présent dans la péninsule Arabique et portant de longues cornes droites sur la tête, est un lointain cousin de la gazelle. Chez Colony Capital, l'ancien propriétaire du PSG avant le rachat par le Qatar, on a reçu plusieurs courriers à en-tête Oryx Qatar Sports Investments, filiale de Qatar Sports Investments (QSI). C'est cette société qui a racheté le club pour le compte du prince héritier sans que l'on sache si Oryx Qatar Sports Investments a jamais réellement existé.

Quoi qu'il en soit, la vente du PSG, en juin 2011, à QSI, société qui gère le club pour le prince héritier, cheikh Tamim Bin Hamad Al-Thani, était presque inespérée. « *Il n'y avait pas un acheteur et on a eu très peur*[1] », reconnaît Patrick Sayer, patron d'Eurazeo (NDA : groupe né en 2001 de la fusion d'Eurafrance et d'Azeo), associé à Colony Capital au sein de Colyzeo, le fonds d'investissement propriétaire du PSG avant la venue du Qatar.

« *Le fonds arrivait au bout,* nous explique Sayer, un passionné de cyclisme affable et enthousiaste. À l'origine, Eurazeo a mis 70 millions d'euros dans Colyzeo, avec pour objet d'investir dans des*

---

1. Entretien avec l'un des auteurs, mars 2012.

sociétés liées à l'immobilier. Un fonds lève de l'argent auprès de souscripteurs et, ensuite, il ne peut plus en demander davantage. Au contraire d'une société qui, elle, peut faire appel à l'argent des banques. Quand Sébastien Bazin a décidé d'acheter le PSG, il m'a dit : "On va gagner de l'argent avec le stade et ce serait incroyable qu'on n'arrive pas à équilibrer les comptes." Il avait pris des renseignements à droite et à gauche. »

Le PSG a coûté 10 millions d'euros à Sayer. Malgré l'enthousiasme à tous crins de Bazin, les dirigeants n'ont jamais réussi à équilibrer les comptes et ils n'ont pas non plus gagné d'argent avec le stade. Au final, le meilleur coup de Colony Capital dans ce dossier est d'avoir pu et su vendre le club aux Qatariens. Sayer abonde mais va encore plus loin dans son analyse : « *Colony s'est trompé sur la gestion du club de foot. On ne peut pas gagner d'argent si sportivement on n'est pas régulièrement dans les cinq premiers, car les rentrées d'argent sont trop faibles par rapport aux coûts de fonctionnement du club et plus particulièrement aux salaires des joueurs. Donc, on est en déficit quasi permanent. Malgré cela, Colony était l'étape obligée entre Canal+ et le Qatar. La chaîne n'était pas capable de vendre directement au Qatar. Et Colony a remis le club en ordre avant de le céder.* »

Le 12 avril 2006, dans le salon d'un hôtel cossu du XVIe arrondissement de Paris, à deux pas de l'avenue Foch, se tient la conférence de presse qui officialise la vente du PSG par Canal+ à un trio d'investisseurs méconnus du grand public et des supporters du club : Colony Capital, Butler Capital Partners (deux fonds d'investissements) et Morgan Stanley, une banque d'affaires anglo-américaine. Chacun prend 33,33 % des parts. Ce jour-là, Bazin et Butler présentent leur projet et confient vouloir ouvrir le capital, à hauteur de 40 %, à de nouveaux investisseurs, dans un délai rapide. Leur vœu, se voir rejoints pour partager les frais, reste vain. Jamais ils ne parviendront à dénicher l'oiseau rare. Il y aura bien des touches avec une société américaine fin 2007, qui était prête à prendre une participation, mais cela n'ira pas plus loin. Peut-être en raison de la crise financière mondiale de 2008. C'est la preuve que les investisseurs ne se massent pas à cette époque aux portes du club. Et quand Morgan Stanley vend ses 33 % à l'été 2009, Colony Capital doit les acquérir… faute d'acheteurs.

Revenons au début de l'année 2006. Avant que Colony Capital n'empoche finalement la mise, d'autres financiers s'étaient intéressés au dossier. Parmi eux, Luc Dayan. Cet ancien médecin a fait ses grands débuts dans le football au début des années quatre-vingt-dix en participant à l'achat du PSG par Canal+ avec son ami Charles Biétry, ancien responsable des sports de la chaîne cryptée, aujourd'hui vice-président de beIN SPORT. Dayan ne met pas d'argent dans les projets sur lesquels il se penche. Sa spécialité est de fédérer autour de sa personne des gens capables d'investir. Il l'a fait à Lille, Nice, Saint-Étienne. Le PSG constitue pour lui le coup de sa vie, le plus prestigieux assurément. Donc, au printemps 2006, il se démultiplie pour constituer le pool d'investisseurs susceptibles de racheter le PSG à Canal+, qui a mandaté la banque Lazard pour se séparer de son fardeau. Avec ses équipes, Dayan parvient à convaincre Morgan Stanley de s'associer au projet. Même si la banque d'affaires anglo-américaine va finalement être partie prenante de l'aventure avec Colony et Butler, c'est donc bien Dayan qui la « débauche » le premier. Colony Capital participe aussi au tour de table. Cependant, l'investisseur fort de cette première équipe est qatarien. Il ne s'agit pas de cheikh Tamim, mais de son frère aîné, le prince Jassim. Il ne manque plus que la lettre d'engagement des Qatariens pour finaliser l'opération, mais cette lettre tant attendue n'arrivera jamais. Plusieurs raisons ont été avancées pour justifier cette volte-face. Dans l'accord de principe, les Qatariens ne devaient détenir qu'une participation minoritaire (entre 20 et 30 %), alors qu'ils souhaitent en général le contrôle majoritaire ou total de leurs investissements. Cette question centrale autour du pacte d'actionnaires constitue à coup sûr l'un des éléments fondateurs de leur reculade. Autre motif, plus décisif encore : plusieurs commentaires relatifs à la présence du Qatar au sein du tour de table de Dayan, notamment venus de la mairie de Paris, sont particulièrement désobligeants. Les fonds qatariens sont à cette époque qualifiés « d'exotiques », certains s'interrogeant même à voix haute sur leur provenance. Il n'en faut pas plus pour vexer ces investisseurs très susceptibles. Sans le Qatar, le montage de Dayan ne tient plus. Colony Capital demande alors à sortir de ce tour de table et échafaude à la va-vite un plan B, en gardant Morgan Stanley mais en allant chercher Butler. Ce dernier s'était déjà penché sur le dossier quelques mois auparavant. Malgré sa passion pour le foot, Walter Butler, franco-américano-brésilien, n'avait pas voulu donner suite. Cette fois, pour offrir un coup de main à Bazin, sensible également à l'attractivité du prix de vente (26 millions d'euros), l'homme d'affaires se lance. La transaction est bouclée.

La suite est connue. Après cinq ans délicats à la tête du club, Colony Capital, devenu dans l'intervalle actionnaire majoritaire avec 95,8 % des parts (4,2 % revenant à Butler), parvient à conclure un accord avec Qatar Sports Investments (QSI) au printemps 2011. La vente définitive est signée le 30 juin de la même année. Pour que Bazin, qui a trouvé cet acheteur providentiel grâce à ses autres affaires (hôtels, cinémas) au Qatar, puisse parvenir à ses fins, il lui aura fallu beaucoup de patience : près de dix-huit mois, de novembre 2009 à juin 2011. Entre-temps, la mise en place du plan sécurité de Robin Leproux a aussi grandement contribué à faciliter la vente.

Les premières négociations directes remontent en réalité au tout début 2010, entre les mêmes protagonistes. C'est-à-dire Colony d'un côté et les représentants du prince Tamim de l'autre. La vente aurait très bien pu être effective à cet instant. En effet, les conditions, un an plus tard, seront exactement les mêmes. Mais, en ce printemps 2010, alors que la France espère voir briller ses Bleus au Mondial sud-africain, Sébastien Bazin croit encore qu'il est possible d'obtenir un meilleur prix. Un an plus tard, il ne refuse plus l'offre qatarienne. Et ce même si elle ne lui est pas très favorable. « *J'ai fait beaucoup d'allers-retours au Qatar et j'ai eu pas mal de discussions avec le prince Tamim, raconte Sébastien Bazin. Il avait envie du PSG mais ne voulait pas, au départ, l'acheter car il se veut discret. C'est un passionné, il connaissait tous les noms des joueurs et regarde beaucoup de matches de foot chez lui*[1]. » L'homme d'affaires nous révèle le dessous des cartes : « *L'achat du Qatar est rationnel. Je leur avais dit : "Attention, le PSG est un sparadrap, on ne peut pas l'enlever comme on veut." Je préférais ne pas avoir le Qatar au PSG plutôt que de ruiner mes relations, beaucoup plus importantes, avec eux dans les autres dossiers.* » Bazin met en garde les Qatariens : « *Si vous le faites, vous ne pouvez qu'être champion, il vous faudra mettre les moyens et c'est sans retour en arrière. Il faut aussi installer une structure. Là où ils m'ont surpris, c'est quand Nasser* (NDA : Nasser Al-Khelaïfi) *a pris la présidence. Je ne pensais pas qu'ils mettraient un Qatarien à ce poste car c'est une exposition importante quand même. Quand je regarde faire QSI, par rapport à nos dix-huit mois de discussions, ils vont plus vite que je ne le pensais. Le PSG appartient à un État, il représente un pays, désormais.* »

Sébastien Bazin, au fil de ses voyages dans le Golfe, a su convaincre ses hôtes de l'intérêt pour eux d'acheter le PSG. Mais un événement va rendre la vente inéluctable et mettre définitivement un terme à plusieurs mois de discussions agitées. C'est l'attribution de la Coupe du monde 2022 au Qatar par la Fifa, le 2 décembre 2010. Bazin poursuit son explication : « *Les Qatariens se sont lancés dans la candidature à la Coupe du monde 2022 sans*

---

1. Entretien avec l'un des auteurs, mars 2012.

vraiment y croire au début. Mais ils sont fiers d'avoir gagné et ils ont alors réalisé que le pays hôte allait devoir jouer trois matches au minimum. Et, pour eux, il est hors de question d'être ridicules lors de ce tournoi planétaire. Je leur ai dit : "Si vous voulez préparer 2022, vous devez utiliser un club européen dans lequel vous allez pouvoir créer des passerelles en termes de formation, d'éducation." De plus en plus, ils vont envoyer leurs jeunes, leurs entraîneurs, à Paris, au centre de formation, pour apprendre. Celui qui jouera le Mondial a 13 ans aujourd'hui et s'il évolue dans les équipes de jeunes du PSG, c'est tout bénéfice pour lui. Au travers du PSG, le Qatar se forge une crédibilité dans le football. »

Le Qatar hérite de la Coupe du monde et du PSG presque par la même occasion, si l'on ose dire, même si la finalisation du dossier durera encore plusieurs mois. « *Les négociations ont été âpres,* confirme un proche de cette affaire. *Les représentants de Tamim se sont montrés très durs.* » La plupart du temps, les discussions se déroulent au siège de Colony Capital, rue Christophe-Colomb, dans le VIIIe arrondissement de Paris, à deux pas des Champs-Élysées. À la table des pourparlers, on retrouve, pour Colony, Serge Platonow, Marie-Luce Geahchan, Guillaume Kuperfils, un avocat, et Sébastien Bazin ; de l'autre côté, pour QSI, il y a Sophie Jordan et Hervé de Kervasdoué, deux avocats du cabinet Redlink et Benoît Rousseau, spécialiste des audits de clubs. Nasser Al-Khelaïfi suit le dossier pour le prince Tamim mais ne participe pas à toutes les séances de travail. « *C'était parfois très tendu, les conseils des Qatariens négociaient tout, jusqu'au crayon à papier »,* se souvient, ironique, un protagoniste de la vente. Plusieurs fois, les débats se sont crispés. Au point que Nicolas Sarkozy a été brandi comme une menace par Sébastien Bazin. « *Sarko a mis un peu d'huile dans les rouages quand ça grinçait,* confie un familier du dossier. *Quand ça dégénérait, Bazin disait : "Ça va finir au Château", sous-entendu à l'Élysée, ou bien il*

lançait : *"Je vais devoir en référer plus haut".* *Il y avait aussi clairement un enjeu politique dans cette cession.* » Bazin a toujours nié
une quelconque intervention de l'ancien président de la République. Pourtant, tout dans cette affaire conduit, à un moment ou
un autre, à Nicolas Sarkozy. Son attachement au PSG est connu
de tous, de même que ses liens d'amitiés avec Sébastien Bazin, le
patron de Colony Capital, et sa proximité avec le Qatar et ses
dirigeants. Dans le quotidien *Libération*, début août 2011, Franck
Louvrier, conseiller en communication de Sarkozy, confirme
l'intervention présidentielle : « *Il s'est intéressé de près au dossier.
D'abord parce que c'est un État étranger qui investit en France et
puis, parce que c'est un supporter. S'il y a des fonds étrangers qui
peuvent aider le sport français, il y est favorable.* » Le chef de l'État
a-t-il tenu un rôle d'intermédiaire ? Louvrier dément formellement. Mais parler du PSG entre puissants n'est pas interdit, bien
au contraire. En mars 2010, Sarkozy élève cheikh Tamim au rang
de grand officier de la Légion d'honneur. « *Ils ont évoqué le sujet
quand ils se sont rencontrés* », confirme Louvrier. Une thèse également développée par le mensuel *So Foot*, qui en détaille les
mécanismes. En tout cas, ceux qui empiètent sur les plates-bandes
de Sarkozy sur ce dossier s'exposent à de graves désagréments. En
juin 2011, Chantal Jouanno, pourtant ministre des Sports, intervient sur RMC à propos de l'achat du PSG par les Qatariens : « *Il
n'y a pas de raison de les condamner a priori. On aurait préféré que
ce soit des fonds français.* » Selon *Libé*, elle aurait été à deux doigts
du limogeage.

Après les habituels revirements et coups de bluff inhérents à
toute négociation de ce genre, un accord pour la vente du PSG est
trouvé en mai 2011. Le 31, Sébastien Bazin, visiblement soulagé et
heureux, tient une conférence de presse dans l'amphithéâtre du
Parc des Princes pour annoncer que selon cet accord, 70 % des
parts du PSG seront cédées à une société d'investissement du

Qatar, sans en dévoiler le nom. C'est la mairie de Paris qui va griller la politesse à tout le monde, via un communiqué : le nouveau propriétaire s'appelle Qatar Sports Investments (QSI). Cette société, créée en 2005 pour investir dans le développement du sport au Qatar ou à l'étranger, doit désormais gérer le PSG pour le prince Tamim, véritable propriétaire du club. Avant que QSI ne soit désigné, une autre structure devait être constituée pour assurer la gouvernance du PSG.

Le dernier mois sert à parfaire l'audit du club et à régler les ultimes détails de la transaction. L'accord définitif est trouvé et la vente, conclue le 30 juin au matin, au cabinet d'avocats Mayer Brown où officie Guillaume Kuperfils, le conseil de Sébastien Bazin. Ces bureaux sont situés avenue Hoche, presque en face du palace le Royal Monceau, propriété du Qatar où, en début d'après-midi, Nasser Al-Khelaïfi, le patron de QSI et nouveau président du PSG, donne ses premières interviews dans un salon discret.

QSI a acheté les 100 % du club immédiatement mais, pour des raisons politiques, les protagonistes se sont mis d'accord pour affirmer que les Qatariens prenaient 70 % des parts le 30 juin et les 30 % restants plus tard. « *Tout était réglé fin juin,* confirme un acteur des pourparlers. *C'était un habillage politique pour la mairie de Paris, afin d'afficher une certaine continuité et ne pas donner l'impression que le PSG passait complètement sous contrôle qatarien du jour au lendemain.* » Dans ce découpage artificiel, le prix se décompose ainsi : 1) QSI a déboursé 40 millions pour 70 %. Colony n'en a touché que 22 millions car il lui a fallu soustraire 18 millions pour rembourser le compte courant d'actionnaires et la banque Natixis. 2) Les derniers 30 % ont été payés 29 millions d'euros, soit sur une base de valorisation du club à hauteur de 100 millions d'euros. « *On n'a pas compris pourquoi le Qatar avait accepté d'acheter plus cher les 30 % restants. Il n'y a pas de logique* », commente un bon connaisseur du dossier.

Un élément méconnu a compliqué les derniers jours des négociations. Le propriétaire qatarien souhaitait, on vient de le voir, détenir 100 % du PSG. Dans les faits, selon la loi française qui s'applique aux clubs de football, l'actionnaire possède toutes les actions du club moins une, celle de l'association PSG. Dans l'esprit des Qatariens, il n'y avait aucune raison qu'ils ne puissent pas obtenir celle-ci. La négociation a quelque peu retardé la finalisation du dossier et crispé les relations entre la nouvelle direction et Simon Tahar, président de l'association parisienne. Il a d'ailleurs été exclu, peu de temps après la vente, du conseil d'administration du PSG, alors qu'il est membre de fait sans droit de vote. Une exclusion en guise de représailles ? Pour manifester sa déception et sa désapprobation après son renvoi, Simon Tahar décide de ne pas participer au déjeuner annuel organisé à la mairie de Paris en l'honneur du PSG, mercredi 11 janvier 2012. Il prévient le maire de la capitale, Bertrand Delanoë. Ce dernier, désormais bienveillant envers le Qatar, fait passer le message. À partir de là, la direction qatarienne se montrera un peu plus respectueuse de l'association mais sans pour autant l'écouter vraiment. Quelques jours plus tard, le 27 janvier, les deux parties signent un avenant à la convention signée le 30 juin 2011 pour cinq ans. Cet avenant crée un comité de liaison de la présidence, qui doit permettre à la SASP, la section professionnelle, et à l'association de discuter et de se rapprocher. Cette défiance des Qatariens envers l'association a conduit Simon Tahar à quitter de lui-même son poste de président en décembre 2012. C'est Benoît Rousseau, ancien président par intérim du club de juillet à novembre 2011 et proche de QSI, qui lui a succédé.

Après de longues circonvolutions, le PSG est donc passé entre les mains de Qatar Sports Investments. C'est une révolution. Une nouvelle ère, pleine de promesses et d'ambitions, s'ouvre pour le club de la capitale qui va se lancer dans une campagne de recrutement d'envergure sous l'égide de Leonardo. Le passage de Colony à la tête du club s'apparente à un cinglant raté, avec des tragédies (deux morts) et des résultats sportifs globalement moyens. En termes financiers, aussi, puisque Colony a perdu un peu plus de 50 millions d'euros dans son aventure au PSG.

V

QUAND LEONARDO CHOISIT SON PRÉSIDENT

La vérité sur l'arrivée de Leonardo au PSG

Les arabesques barcelonaises l'indiffèrent. Dans sa chambre d'hôtel, Leonardo triture nerveusement son stylo. Pourtant, son travail est fini. Il a couché sur le papier les noms des onze joueurs de l'Inter Milan qu'il va titulariser le lendemain, dimanche 29 mai 2011, en finale de la Coupe d'Italie face au Palerme de Pastore et Sirigu. L'entraîneur interiste éprouve une grande confiance vis-à-vis de son groupe. Il a raison : l'Inter va s'imposer (3-1) au stade olympique de Rome.

Si Leonardo affiche une réelle fébrilité ce soir-là, c'est pour une autre raison. Il ne regarde que distraitement à la télévision Messi et Barcelone anéantir les espoirs de Manchester United en finale de la Ligue des champions à Wembley (3-1). Quelques mots reçus par SMS aiguisent sa curiosité. Il lit et relit le texte sur l'écran de son smart phone : « *Salut Leo, j'ai des clients. Ils ont acheté le PSG. Tu es intéressé ?* » Le Brésilien est connu pour communiquer inlassablement par SMS. Mais les mots qu'il a découverts ce soir-là l'ébranlent. Il ne sait pas quoi répondre. Alors, il téléphone à l'auteur du message : « *J'ai la finale de la Coupe demain, c'est trop important pour l'Inter, je ne veux me consacrer qu'à cela. Rappelle-moi lundi !* » À l'autre bout du fil, Franck Henouda sent qu'il a ferré son interlocuteur.

Henouda, prof de gym au Club Med en 1978, s'est mué depuis lors en un agent de joueurs respecté. Débonnaire, jovial, truculent, il conserve cependant un côté GO et affiche en permanence une certaine décontraction, rafraîchissante dans cet univers formaté, doublée d'un sourire affable. Il a sillonné le monde pour le Club Med, se créant un vaste réseau d'amitiés qu'il met progressivement à profit pour se lancer dans une carrière d'agent de joueurs. Polyglotte, ce Français installé au Brésil parle aujourd'hui sans complexe de Neymar ou de Ganso, s'affiche sur son site internet aux côtés de stars, avec toujours cette figure pateline et rassurante. Au milieu des années 1990, les journalistes qui suivaient le PSG et assistaient à toutes les séances d'entraînement au camp des Loges de Saint-Germain-en-Laye – le huis clos n'ayant pas encore été importé en France – étaient habitués à voir Henouda venir proposer des joueurs de seconde zone. Il apportait cassettes et articles, tentait de séduire le directeur sportif d'alors, Jean-Michel Moutier, s'évertuait à obtenir un article positif sur son écurie dans *L'Équipe*, *Le Parisien* ou *France Football*. Ses atouts? Un relationnel impressionnant, une absence d'ego qui lui permettait d'affronter les refus avec dignité pour mieux repartir à l'assaut le lendemain, une réelle opiniâtreté et une sacrée force de travail. Alors que le célèbre agent Manuel Barbosa transférait à l'époque les vedettes brésiliennes au PSG, Henouda grandissait dans l'ombre et garnissait le centre de formation. C'est au camp des Loges qu'il a vaguement connu Leonardo pendant sa saison parisienne. « *On s'était aussi croisés à Rio, dans un centre commercial, c'est à peu près tout* », note Henouda.

Cette fois, les deux hommes vont apprendre à se découvrir Vraiment et sans détours. Lundi 30 mai, ils se contactent donc comme prévu. Franck Henouda se souvient parfaitement de la teneur de leurs échanges. Il a mémorisé tous les épisodes, tous les dialogues de ce feuilleton palpitant. Il nous les raconte en avril 2012, au bas des Champs-Élysées, en buvant un café au Louis

25, lieu branché ouvert par l'ancien boxeur Louis Acariès : « *Nous avons passé trois jours à discuter avec Leo. Il partait ensuite en vacances. J'ai réussi à caler un rendez-vous, mais Khalifa ne pouvait pas se libérer.* »

Khalifa. De son patronyme complet Khalifa Khamis Al Sulaiti, superviseur général du club de Lekhwiya. Une figure importante et officielle du sport qatarien, présente aux premières loges lors de la visite des installations de son club par cheikh Hamad bin Khalifa bin Ahmed Al Thani, président de Qatar Football Association (QFA), le 4 mars 2012. Ce jour-là, il sourit sur la photo. C'est l'une des rares images qui le représentent. Khalifa préfère l'ombre à la lumière, la discrétion à l'ostentation. Proche des hautes autorités du pays, il fait partie du premier cercle, celui des décideurs. Pour travailler dans le sport au Qatar, il faut connaître Khalifa.

En 2008, Franck Henouda, comme quelques autres agents, sent que deux marchés émergents vont bouleverser le visage de la planète football, avant le prochain avènement de la Chine : l'Est de l'Europe et le Golfe persique. Ces nouveaux eldorados abritent des milliardaires qui investissent dans le football par passion ou par stratégie. La connexion entre Henouda et le Qatar porte un nom bien connu des passionnés de football : celui de Djamel Belmadi. Ce milieu offensif franco-algérien, né le 25 mars 1976 à Champigny-sur-Marne, a revêtu vingt fois le maillot de l'équipe d'Algérie et a notamment inscrit le but face aux Bleus au Stade de France, le 6 octobre 2001. La France menait 4-1 quand cette rencontre tant attendue avait dû être arrêtée en raison de l'envahissement du terrain par les spectateurs.

Après avoir évolué notamment au PSG, à Marseille ou Manchester City, le globe-trotter Belmadi a mis un terme à sa carrière à Valenciennes en 2009, en raison d'une blessure à un genou. Il a alors renoué le contact avec le Qatar, où l'on avait apprécié son passage en tant que joueur à Al-Gharafa et Al Kharitiyath Sports Club. Personnage énigmatique, assez peu enclin à s'épancher médiatiquement, très professionnel et pointilleux, Belmadi sait mener les hommes et possède de solides connaissances tactiques. Au Qatar, il entame une seconde carrière : conseiller. Il participe à l'ascension fulgurante d'un club doté du plus gros budget du pays grâce à son rachat par cheikh Tamim.

Ce club, Lekhwiya, est présidé par Khalifa. Voilà Henouda propulsé, grâce à ce rachat, à quelques encablures du prince. En effet, Belmadi est un ami de l'agent. « *Je connais Djamel depuis le centre de formation du PSG. À l'époque, j'avais des jeunes qui y jouaient et évoluaient en CFA. Puis, en 2000, quand j'ai amené Abel Braga pour entraîner l'OM* (NDA : le Brésilien n'a que brièvement dirigé la formation phocéenne, sans réussite), *il a relancé Belmadi qui était sur la touche.* » Ces gestes-là ne s'oublient pas. Quand le Franco-Algérien retourne au Qatar, il devient consultant du club princier. L'équipe évolue alors en deuxième division. Belmadi contacte Henouda. « *Il m'a expliqué que le prince Tamim montait une équipe. Djamel voulait des joueurs de moins de vingt ans, il en avait fait venir certains du Nord de la France et cela s'était bien passé.* » Lekhwiya accède à la première division et, en juillet 2010, le conseiller si avisé est promu entraîneur. C'est une réussite : Lekhwiya est sacré dans la foulée champion de D1 en 2011 et le sera également en 2012, grâce à son budget, certes, mais aussi au jeu séduisant impulsé par le coach qui s'appuie sur Bakary Koné ou Aruna Dindane. Le président Khalifa est enchanté. Henouda poursuit : « *Je savais qui était Khalifa, un ancien grand joueur au Qatar. Il est au Comité olympique et dirige une fédération, c'est un ami intime du prince. Djamel me l'a présenté officiellement, au moment de l'accession du club à la première division. Il a expliqué que je travaillais notamment avec le club ukrainien du Chakhtior Donetsk.* »

Au Qatar, il est indispensable d'être recommandé. Henouda le sait : « *Djamel m'a fait mon "papier" comme on dit.* » Belmadi fait l'article et voilà Henouda dans le cénacle, interlocuteur privilégié de Khalifa. Au moment où Lekhwiya truste les titres, les dirigeants étalent au grand jour leurs ambitions. Henouda passe à l'action : « *Ils voulaient Nene et Brandao et je leur ai organisé le rendez-vous. Comme ce sont des joueurs brésiliens, je leur ai téléphoné. Les gens du Golfe aiment voir le joueur et établir une relation directe.* » Les transferts ne se finalisent pas, mais la confiance se crée.

« L'opération PSG » qui va bientôt être menée doit beaucoup à cette complicité entre quelques hommes. Si Belmadi ne se « *mêle pas directement* » du dossier PSG, selon Henouda, il est à coup sûr consulté après le rachat du club parisien par le Qatar. N'est-il pas né en Île-de-France ? Ne connaît-il pas Paris et les banlieues ? N'a-t-il pas joué au PSG ? Les nouveaux propriétaires espèrent trouver l'homme capable d'incarner leur PSG, un leader ambitieux, comme eux, mais qui doit nécessairement s'inscrire dans l'histoire du club pour ne pas choquer ni inquiéter. Ils se tournent notamment vers Belmadi pour les guider (NDA : Belmadi sera viré de Lekhwiya après trois journées de Championnat en octobre 2012 et remplacé par Éric Gerets.)

Henouda poursuit son récit. « *Djamel me dit alors : "Il faudrait penser à quelqu'un." Je réfléchis et je sens qu'à la tête de ce PSG nouveau, il serait bon de placer des gens qui ont réussi au club, comme Michel Denisot et Jean-Michel Moutier. Les Qatariens, eux, avaient en tête Arsène Wenger, je pense d'ailleurs qu'ils l'ont contacté. Et peut-être d'autres personnalités aussi, mais je ne sais pas lesquelles.* » En effet, Wenger aurait pu devenir manager général du club. Les Qatariens apprécient ses prestations comme consultant sur Al-Jazeera, sa personnalité et sa conception du football. Mais il n'entend pas quitter Arsenal. D'un seul coup,

Henouda trouve LE nom, celui qui va fonder le PSG version Qatar. « *Je suis à Paris, je téléphone à Djamel et lui lance : "Que penses-tu de Leonardo ?" "P…, s'exclame Djamel, c'est un bon nom, ça !"* » Tellement bon qu'il est adopté à l'unanimité. « *Khalifa est d'accord, le prince aussi !* » Cheikh Tamim adore l'AC Milan, où Leonardo a été joueur puis entraîneur. Cela aide…

Franck Henouda tient le rôle de sa vie. Il est tout simplement en train de dessiner les contours du PSG du futur. La révolution est en marche, il en porte l'étendard. L'agent est donc mandaté pour contacter Leonardo. Il lui envoie le fameux SMS. Et il attend. Les heures s'écoulent et Leonardo poursuit sa réflexion sans se précipiter et surtout sans que le moindre rendez-vous puisse être fixé. Henouda se mue virtuellement en tour-opérateur, échafaude des plans de vol Paris-Milan-Doha qui demeurent chimériques. « *J'apprends que Leonardo repasse par Milan, mais doit ensuite repartir pour dix jours de vacances au Brésil. J'avertis le Qatar qu'il rentre en coup de vent. Là-bas, on me demande si Leonardo ne peut pas se déplacer à Doha. C'est Khalifa qui m'incite vivement à essayer de le faire venir. Je contacte donc Leo : "Ils t'invitent !" Lui me répond du tac au tac : " Je ne peux pas, il faut que je voie avec mon président. "* » Henouda ne se décourage pas. Il interroge les autorités qatariennes pour savoir s'il est possible d'affréter un avion privé entre Milan et Doha. « *J'ai bâti tout notre trajet, avec un départ le vendredi soir et une réunion samedi à Doha. Ensuite, direction le Brésil, car il existe un vol direct Doha-Sao Paulo le dimanche !* » Un parfait timing.

Pour le moment, Leonardo n'accepte toujours pas de rencontre directe. Il demeure inflexible, du moins en apparence. Sa relation avec Massimo Moratti, l'emblématique président de l'Inter Milan, club dirigé auparavant par son propre père, Angelo, dépasse largement le cadre professionnel. « *Ils sont extrêmement proches* », nous indique un bon connaisseur du Calcio. « *Leonardo* est allé à l'Inter car il avait envie et besoin de bosser, note un agent qui tient à rester anonyme. *Et surtout de travailler en Italie, car sa compagne, Anna Billò, était journaliste sur la chaîne de télévision Sky sur laquelle lui-même occupait un rôle de consultant (NDA : il a également travaillé pour des chaînes japonaises et la BBC). Il n'a jamais oublié l'opportunité offerte par Moratti, alors qu'il avait entraîné le club rival de l'AC Milan. Il ne voulait donc surtout pas froisser ou peiner son président.* » L'emploi du temps de Massimo Moratti est surchargé. Leonardo insiste pour qu'un créneau se libère sur l'agenda présidentiel. Unique opportunité : un dîner vendredi 10 juin.

Henouda n'attend plus en solitaire la décision du Brésilien. Belmadi l'a rejoint. C'est le sprint final. Jeudi 9 juin, les deux amis déjeunent ensemble. « *Je n'allais que dans des endroits où le téléphone passait parfaitement et je surveillais l'écran en permanence*, se remémore Henouda. *Tout à coup, alors que nous étions à table, le portable sonne. J'entends la voix de Leonardo. Il me dit : "C'est difficile, viens demain à Milan, mais ce n'est pas garanti." Je comprends qu'il tient absolument à obtenir le feu vert de Moratti.* » La dialectique de Leonardo se doit d'être subtile. Il espère un accord pour discuter avec le Qatar au sujet du PSG, sans officialiser pour le moment son départ de l'Inter. Rien ne certifie en effet que l'issue des discussions avec les propriétaires du PSG sera positive. Le dîner du 10 se déroule dans une atmosphère particulière. Moratti ne cache pas sa déception, mais il sait que le Brésilien vit mal l'hostilité de certaines personnes à son encontre, après son passage de l'AC Milan à l'Inter. À la fin du repas, Leonardo, qui possède la nationalité italienne et adore son pays d'adoption, affiche son soulagement : Moratti le comprend. Il n'y aura pas de clash mais un gentleman's agreement.

Dès qu'il a pris congé de son président, Leonardo contacte Henouda, qui tourne maintenant en rond dans sa chambre d'hôtel milanais, bagages bouclés, prêt pour un départ précipité. Le Brésilien lui explique brièvement qu'il accepte le rendez-vous fixé à Doha. Tous les feux sont au vert. Direction Malpensa, l'un des deux aéroports de la métropole lombarde. Sur le vol sont prévus Henouda, Leonardo et Anna Billò. L'embarquement des trois passagers s'effectue très rapidement. Après un vol sans histoire, pendant lequel le trio se repose, l'avion se pose le samedi matin à Doha.

Tout s'enchaîne alors, sans aucun répit. « *Khalifa nous accompagne au palais et nous sommes reçus par cheikh Tamim qui nous explique le projet* », se souvient Henouda. Leonardo ne masque pas sa surprise. Il s'attendait à une simple prise de contact, pas à une réunion de travail. Il définit plus tard son état d'esprit lors de ce voyage : « *Je me suis rendu là-bas après plusieurs coups de fil insistants. Ils m'ont dit qu'ils voulaient travailler avec moi, mais nous n'avons pas abordé ce qui concerne le contrat ni parlé de chiffres.* » Le prince dévoile très clairement les ambitions et la stratégie du Qatar pour le PSG. Il boucle son brillant exposé en proposant à Leonardo le poste de président ! « *Nous voulons quelqu'un pour diriger le club* », stipule-t-il selon Henouda. Leonardo rétorque qu'il souhaite être « *au contact des joueurs* » et préfère que soit nommé « *un président venu du Qatar* ». Henouda raconte la suite : « *Comme Nasser (Al-Khelaïfi) participait à la réunion, Leonardo a suggéré : "Pourquoi pas Nasser ?" Cela permettrait d'avoir quelqu'un proche des propriétaires.* » Le Brésilien poursuit son argumentaire, en forme de contre-proposition : « *Je ne veux pas la signature, il faut que quelqu'un vous représente.* » En clair, Leonardo n'entend pas disposer du carnet de chèques ni engager sa responsabilité alors qu'il ne s'agit pas de ses capitaux propres. Il est parfaitement entendu, puisque seuls Nasser Al-Khelaïfi et Jean-Claude Blanc détiennent aujourd'hui ce pouvoir au club.

L'offre du Qatar est ferme. Si Leonardo, qui vient de nommer Nasser Al-Khelaïfi président, répond oui, il est engagé sur le champ. Sa mission : construire une équipe de haut niveau. Le Brésilien est impressionné par le sérieux et l'implication personnelle de chacun de ses interlocuteurs, mais demande du temps. Il pose encore quelques questions puis promet d'étudier la proposition. À sa sortie du palais, sous les ors qui symbolisent le pouvoir en place à Doha, Leonardo hésite. Le lendemain, entre Doha et Sao Paulo, il se renseigne encore davantage. « *C'était un vol de jour,* précise Henouda, *alors on a beaucoup parlé des structures, de la presse parisienne, de l'environnement, de toutes les composantes du club.* » Au Brésil, les deux hommes multiplient les conversations pendant une semaine encore. Au fil des jours, l'agent et l'entraîneur s'éloignent l'un de l'autre. Henouda ne comprendra qu'ultérieurement les raisons de cette prise de distance : « *Leonardo a tout calé avec Nasser. Il a dit OK à la proposition du Qatar et moi, c'est Khalifa qui m'a prévenu après coup. Leo, lui, ne m'a plus téléphoné. Et j'ai appris la nomination d'un nouvel entraîneur à l'Inter* (NDA : Gian Piero Gasperini). » Leonardo l'Italien redevient parisien. Mais le tapis rouge est pavé d'épines de roses.

VI

L'ÉPREUVE DE FORCE

La vérité sur l'éviction de Robin Leproux

Leonardo respecte les formes. Malgré les incitations de ses futurs employeurs, pas question de faire aménager son bureau au Parc des Princes avant de s'être officiellement lié au PSG. Le 30 juin 2011, il résilie son contrat avec l'Inter qui courait encore sur une année. « *J'avais promis de ne rien négocier avec le PSG avant la fin de mon engagement avec l'Inter* », résume-t-il. Il évite de se brouiller avec Massimo Moratti et peut désormais s'atteler à finaliser son arrivée à Paris et à définir ses prérogatives exactes avec Nasser Al-Khelaïfi. Son salaire mensuel ? 400 000 euros brut, soit environ 205 000 net, même si lui contredit ce chiffre en affirmant haut et fort qu'il n'a pas signé « *aux conditions financières lues ici et là* » mais pour la même somme qu'à l'Inter. Et d'ajouter : « *Si ça ne marche pas, je serai le premier à démissionner* ». Quoi qu'il en soit, sa rémunération est digne d'une star, ce qui prouve la détermination du Qatar. À Doha, on voulait Leonardo. À Doha, on obtient ce que l'on veut.

Tout semble ficelé. Pourtant, le dossier s'enlise étonnamment pendant plusieurs jours. Point d'orgue de cette période trouble, la journée du jeudi 7 juillet à Milan. Leonardo sort de son silence médiatique en organisant une conférence de presse dans les entrailles du stade San Siro, comme un symbole. Devant les journalistes transalpins qui ne ménagent pas les critiques envers un homme considéré par certains d'entre eux comme une girouette, le Brésilien justifie son départ de l'Inter. Mais le véritable message s'adresse à ses (possibles) patrons qatariens. En costume noir et tee-shirt blanc, Leonardo, les yeux cernés, affiche publiquement son questionnement personnel : « *Je n'ai pas grand-chose à dire sur le PSG car je ne sais rien. Nous n'avons conclu aucun accord.* » Il refuse de répondre aux questions des quelques représentants de la presse française qui ont fait le voyage jusqu'à Milan pour l'occasion. Pourtant, Leonardo vient de passer deux journées studieuses à Londres avec les Qatariens, mardi 5 et mercredi 6, ébauchant même des pistes de recrutement. Les réunions se sont enchaînées. Henouda, qui, désormais, « accompagne » le Qatar dans ce dossier, sans avoir conservé de liens directs avec Leonardo, affirme que le projet se dessine « *entre Milan et Londres* ». Alors, où sont les obstacles ? Leonardo reste évasif : « *Il y a tant de choses à voir, à discuter.* » Il doute et le confirme aux Qatariens en quittant San Siro, ce stade qu'il adore. Il leur demande en effet un délai de réflexion avant de s'engager plus avant.

La raison de cette valse-hésitation est prosaïque : en coulisses, un véritable bras de fer s'engage. Leonardo souhaite purement et simplement les pleins pouvoirs sportifs, condition sine qua non pour garantir la réussite de sa mission. Il refuse toute interférence entre lui et le Qatar. En substance, il annonce qu'il a besoin d'une marge de manœuvre étendue. Traduction de cet état d'esprit lors de son point presse très politique – à lire entre les lignes –, lorsqu'il s'exprime à Milan sur ses relations avec la présidence actuelle du PSG : « *Je n'ai parlé ni avec le président ni avec aucun autre membre. Je ne connais pas la réalité du club, je ne sais pas qui ils veulent acheter, je ne connais pas les joueurs.* » De fait, un proche de la direction du PSG à cette époque nous confirme qu'il n'y a eu « *aucune surface de contact avec Leonardo* ». Alors que le Brésilien se targue d'avoir œuvré jusqu'au 25 juin sur le recrutement de l'Inter, celui du PSG n'avance donc pas. Ces atermoiements vont lourdement handicaper le club dans sa préparation et expliquer en grande partie l'absence de repères tactiques et d'automatismes au sein de l'effectif. L'imbroglio va aussi accréditer la thèse de la présence d'une deuxième équipe, basée au Qatar, œuvrant en parallèle sur le nouveau visage de l'équipe parisienne. Certains proches du prince, notamment Khalifa, tentent alors d'engager des joueurs, Raphaël Varane, Mehdi Benatia ou Adel Taarabt, sans attendre la réponse définitive de Leonardo.

Cette deuxième équipe ne va pas cesser ses « activités » après la signature de Leonardo, au contraire. Plus tard dans la saison, un contact indirect aurait ainsi été noué entre certains membres de cette équipe et la star montante de Montpellier, Younes Belhanda. De quoi relancer l'idée que Leonardo n'est pas le seul à recruter, mais que les cartes sont brouillées depuis Doha. Les autorités du Qatar souhaitent visiblement acquérir au plus vite un grand joueur d'origine maghrébine. Leo évoque cette situation confuse dans *L'Équipe* du 3 avril 2012 : « *Heureusement que l'actionnaire est passionné. Le cheikh Tamim a pu dire à un de ses amis que Belhanda est un bon joueur.* » Un soir, dans l'entourage du talentueux Eden Hazard, on reçoit un appel d'une personne qui se présente comme le neveu de cheikh Tamim. Puis l'agent du prodige belge est tout bonnement convié à une séance de discussions à Doha. D'autres épisodes comme celui-ci se produisent. Les rumeurs enflent et polluent le fonctionnement du nouveau PSG qui se voulait pourtant plus fluide. *L'Équipe* du 29 mai 2012 rapporte, opportunément, une anecdote illustrant ce flou artistique. Dans un courrier adressé à Jean-Claude Blanc, directeur général du club, l'ex-agent Marc Roger fait savoir qu'il réclame le paiement d'une facture de 180 000 euros, au nom de Foot Limited. Roger, ancien agent influent des années 1980 et 1990, passé par la case prison pour sa gestion du Servette Genève, ruiné depuis, explique qu'il a agi comme consultant pour cette société afin de se renseigner sur d'éventuelles recrues. Qui l'a missionné ? Roger précise dans sa missive avoir œuvré sur douze dossiers. Après l'arrivée officielle de Leonardo, il s'est rapproché de Claude Makelele et affirme que, fin 2011, il est « *intervenu sur demande de M. Makelele Claude, qui souhaitait la venue de M. Guardiola Josep à partir du mois de juin 2012* ». Cette précision paraît surprenante puisqu'avant de devenir adjoint de Carlo Ancelotti en janvier 2012, Makelele occupait un rôle de recruteur. Le mode de fonctionnement, très individualiste et secret, de Leonardo sur le recrutement aurait fini par lasser l'ancien coéquipier de Zidane au Real Madrid, au point que Makelele s'imaginait devoir quitter le club. Selon Roger, qui a longtemps été chargé des intérêts de Makelele, ce dernier ambitionnait de « *récupérer la place de directeur sportif qui devait initialement lui revenir* » sous l'ère Colony Capital, l'ancien propriétaire. Et d'ajouter que Leonardo aurait nommé Makelele entraîneur adjoint d'Ancelotti pour mieux le contrôler. Un véritable imbroglio. Blanc rétorque que Roger n'a « *jamais été mandaté* » par le PSG. Ce qui est la vérité.

Sur le fond, la thèse de l'existence d'une deuxième équipe n'est pas formellement démentie. Tout simplement parce que les Qatariens ont dès l'origine mis sur pied un plan B en cas de refus de Leonardo. Henouda sait ainsi que Khalifa s'est rendu de toute urgence en juillet 2011 à Paris pour anticiper une éventuelle reculade du Brésilien. Fin août 2012, après une série de résultats nuls en Championnat et un départ poussif du PSG, l'ombre de cette deuxième équipe planera de nouveau sur Leonardo. Visiblement, ce dernier ne possède pas que des amis à Doha.

Mais pour le moment, avant son entrée en fonction, son principal problème est franco-français. Il porte un nom : Robin Leproux, président depuis deux ans, nommé par Colony Capital en septembre 2009. L'homme qui, avec le concours de son actionnaire, a pacifié les tribunes du Parc des Princes au moyen d'un projet énergique baptisé « Tous PSG », visant notamment à ne plus autoriser les abonnements dans les virages et à distribuer les places de manière aléatoire.

Alors que les relations entre le club et ses supporters ont souvent donné lieu à des compromis, Leproux tranche dans le vif. Soutenu par les pouvoirs publics et la ville de Paris, l'homme de médias, ex-haut dirigeant de RTL notamment, éradique le hooliganisme dans les tribunes, une violence insupportable qui a terni la réputation du club et engendré des drames. Avec Leproux, la sécurité devient la priorité, au grand dam de certains fans historiques qui se détournent du PSG. Le président du club doit être protégé par la police après avoir reçu des menaces. Mais sa détermination paie. Les Qatariens ont soigneusement examiné le passé du club. Au terme d'une très longue étude, ils ont notamment choisi d'acheter le PSG en raison de la magnifique vitrine ouverte sur le monde que représente Paris et de l'amélioration sensible de l'image du club après la mise en œuvre du plan sécurité. Et aussi, selon Henouda, « *parce qu'il est plus facile d'y gagner un titre, alors qu'on leur avait également proposé Manchester United* ». Mais ils ont quand même hésité, au départ, à cause de la réputation de certains supporters. Impossible pour eux d'être à la tête d'un club médiatisé pour les exactions d'une partie du public. Dans un premier temps, Nasser Al-Khelaïfi décide donc officiellement de garder Leproux. Celui-ci se rend au Qatar du mardi 14 au jeudi 16 juin pour s'entretenir avec cheikh Tamim, et apprend par la presse l'arrivée de Leonardo juste avant son voyage-éclair. À ce moment-là, Leproux ignore ce qui se trame précisément dans son dos. À la limite, connaissant sa personnalité monolithique, cela lui importe peu. Il nous décrit son état d'esprit d'alors : « *Moi, je travaille avec le nouvel actionnaire et on voit* [1]. » Ni Nasser ni Leonardo ne souhaitent s'investir personnellement pour gérer le

---

[1]. Entretien avec l'un des auteurs, août 2012.

dossier « supporters ». Le Brésilien sait toutefois pouvoir compter en la matière sur Jean-Philippe D'Hallivillée, Monsieur sécurité, qui travaillait déjà au club comme responsable de la communication lorsque Leonardo portait le maillot parisien, sous l'ère Denisot.

Le 27 juin, alors qu'il présente les garanties financières attendues et rassure la Direction nationale du contrôle de gestion (DNCG), Nasser Al-Khelaïfi confirme qu'il souhaite maintenir en poste les dirigeants actuels : « *Je suis le président de QSI, nous sommes les nouveaux actionnaires, mais je ne suis pas le nouveau patron du club.* » L'audition dure ce jour-là 45 minutes. Leproux fait partie de la délégation parisienne, tout comme Sébastien Bazin et les avocats Sophie Jordan et Guillaume Kuperfils. Nasser réitère dans la foulée son engagement au sujet de Leproux devant le comité d'entreprise du club. Le 1ᵉʳ juillet, dans *Le Parisien*, il s'engage avec subtilité : « *Robin est le président et Kombouaré l'entraîneur, on va avoir le temps de discuter avec tout le monde, ce sont eux les dirigeants.* » Plus pour longtemps.

Alors que Leonardo s'exprime depuis Milan, une information cruciale filtre : un conseil de surveillance du club est convoqué pour le 12 ou le 13 juillet. L'un des points consignés à l'ordre du jour sonne par anticipation la fin d'une époque, la diminution des pouvoirs du directoire, composé de Leproux, de Philippe Boindrieux, directeur général, et d'Alain Roche, responsable du recrutement. Or, dans sa conception du management, Leproux refuse d'envisager toute mise sous tutelle ou réduction de ses prérogatives. Ce grand patron français né en 1959, fils d'Henri Leproux, qui a dirigé le Golf Drouot, ne transige pas avec sa conception de l'autorité qu'il nous énonce d'une voix courtoise mais ferme : « *Je suis un dirigeant d'entreprise. Soit je suis un dirigeant de plein exercice, soit je n'en suis pas un.* » Sa trajectoire professionnelle épouse les contours d'une ascension programmée. Diplôme de Sup de Co Reims, Procter et Gamble, Polygram, vice-président du directoire du Groupe M6, président de RTL Group, de Springer France… « *Au PSG, j'ai été président de plein exercice pendant deux ans. Quand on me confie une entreprise, je la dirige, je travaille avec des équipes. J'ai d'ailleurs été très heureux avec Antoine Kombouaré. Aujourd'hui, j'ai des filiales sous ma direction.* » En effet, après son mandat à la tête du PSG, Leproux a retrouvé de hautes responsabilités à M6, groupe au sein duquel son dynamisme est particulièrement apprécié. Pas question donc pour lui d'abandonner des parcelles de responsabilité pour s'accrocher à un poste. Il tonne d'ailleurs dès le 24 juin dans les colonnes du *Parisien*, en guise de défi ultime ou de baroud d'honneur : « *Qui décide du recrutement ? C'est moi. Je suis convaincu que Leonardo saura s'intégrer dans le dispositif.* » Le Brésilien ne peut accepter ce qu'il appréhende comme un oukase car le domaine sportif doit rester son apanage exclusif. Les dirigeants de QSI vont rebondir sur cet entretien pour sceller le sort de Leproux.

Un homme est de trop. Mercredi 13 juillet, le conseil de surveillance doit entériner la révolution qatarienne. Le président Nasser Al-Khelaïfi prévoit de nommer au poste de vice-président Sophie Jordan, avocate de Qatar Sports Investments. Autres nouvelles figures de proue : Abdel Mohd Mustafawi, Mohamed Al-Soubaye et Yousif Al-Obaidli, trois Qatariens proches du prince. Simon Tahar, président de l'association, en sera bientôt exclu, nous l'avons vu. Du passé, faisons table rase. L'un des personnages historiques du club, Charles Talar, qui avait jusque-là résisté à toutes les tempêtes, reste cette fois sur le bord de la route. Le conseil de surveillance détient effectivement le pouvoir de dissoudre le directoire et ambitionne de doter l'entité PSG d'un mode de gouvernance simplifié autour de Nasser Al-Khelaïfi et de Leonardo. Leproux sait que son aventure au PSG touche à sa fin. S'il reste, il sera humilié. Le conseil, qui se tient dans un cabinet d'avocats du XVIe arrondissement de Paris, va lui épargner cette situation. Au terme de deux heures de débats tendus, Leproux, bronzé après quelques jours de vacances, est débarqué. Il l'annonce lui-même. « *Êtes-vous encore président du PSG?* » lui demande-t-on. « *Non, non, c'est une révocation de ma fonction de président. Quand on vient au PSG pour son développement, on est de passage.* » Nasser Al-Khelaïfi commente sobrement, à sa manière : « *Il n'y avait pas d'autre solution. Vu notre ambition, on voulait quelque chose de différent.* » Consolation pour Leproux : il touche une indemnité significative et son plan sécurité lui survit. Dans ce domaine, « *nous allons travailler dans la même direction* », assure quelques heures plus tard au Parc des Princes Nasser Al-Khelaïfi, répondant ainsi à la demande expresse de l'hôtel de ville de Paris. Benoît Rousseau, ancien directeur financier du club sous l'ère Canal+, acteur du rachat du club par Qatar Sports Investments (QSI) et auteur d'un audit sur la situation du PSG, travail jugé très sérieux par les Qatariens, est nommé président intérimaire du club. Il refuse le poste de directeur général. Après convocation d'une assemblée générale modifiant les statuts, le club redeviendra une société anonyme et se dotera d'un conseil d'administration qui renforcera encore les pouvoirs des deux hommes liges, Nasser et Leo. Leproux, lui, estime dorénavant que cette nouvelle histoire n'est plus la sienne : « *Elle ne me regarde pas.* » Désormais ex-président, il n'en oublie pas son amour du foot, qu'il pratique régulièrement, et du PSG : « *Je vais au Parc, j'assiste à tous les matches, discrètement. Je n'oublie pas que le club a failli disparaître et qu'aujourd'hui, nous avons une équipe en Ligue des champions et des joueurs fantastiques.* » En homme des médias, il conclut par une jolie formule : « *Il faut que cette équipe danse ensemble !* »

Leonardo, lui, danse la samba. Il savoure son succès, même s'il indique à *France Football*, au sujet de l'éviction de Leproux :

« *Mais moi, je n'ai rien à voir là-dedans* ». Il a su manœuvrer en fin politique sortant de sa réserve juste quand il le fallait et mettant savamment la pression. Une campagne napoléonienne à fronts renversés. De Milan, un Brésilien conquiert à la hussarde Doha et Paris. En triomphateur, il arrive mercredi 13 juillet à 11 h 35 à l'aéroport du Bourget, en Seine-Saint-Denis, à bord d'un avion privé. Sur le tarmac, sa compagne, enceinte, lui tient la main. Le couple, qui prend place dans un van réservé, est visiblement prêt à emménager à Paris, si l'on se fie à ses nombreuses valises.

Leonardo signe un contrat à durée indéterminée avec le titre de directeur sportif (« sports director »), ce qui lui convient tout à fait. Voici l'intitulé de sa mission officielle, défini par un communiqué du club : « *Son rôle est élargi à toutes les activités sportives du club. Il devra assurer la coordination avec l'actionnaire et l'appuyer dans le choix et la mise en œuvre de ses orientations stratégiques.* » Le Brésilien prend rapidement ses quartiers au Parc des Princes. Ses premiers mots se teintent d'humilité : « *Le mercato est fou. On n'est pas pressés (…). Il ne faut pas s'attendre à la fête tout de suite. C'est le moment d'étudier et d'organiser. Il y a beaucoup de choses à faire.* » La première? S'entretenir avec l'entraîneur « *pour connaître la réalité de l'équipe* ». La première conversation téléphonique entre Leonardo et Kombouaré se déroule dans la soirée. L'entraîneur, alors en stage d'avant-saison au Portugal avec l'équipe, ne tarit pas d'éloges sur le nouvel arrivant : « *On a eu un très bon contact, mais on se connaissait, donc ça facilite les choses. Son arrivée est ô combien importante pour faire avancer les dossiers, c'est pour ça qu'il est là.* » Kombouaré, qui espère la venue du défenseur serbe de Valenciennes Milan Bisevac, dont il est proche, décrit son état d'esprit : « *Je ne suis pas inquiet et n'ai pas besoin d'être rassuré.* » Il va obtenir satisfaction pour Bisevac. Leonardo s'enquiert de la situation, demande quels sont les joueurs qui restent et ceux qui souhaitent s'exiler sous d'autres cieux. Le Brésilien se déplace le 15 juillet à Faro pour rassurer l'effectif et expliciter son projet. Il affirme aux joueurs qu'il compte sur eux et se félicite de l'accueil reçu. Il sent une adhésion massive. Les joueurs, qui avaient appris l'arrivée des Qatariens le jour de la reprise de l'entraînement, le 30 juin, sont satisfaits. Désormais, le Qatar porte un nom et arbore un visage, celui de Leonardo.

Comme pour marquer son territoire et répondre en filigrane à Nasser qui vient de déclarer que son rêve était de « *trouver le nouveau Messi* », Leo prévient qu'il ne s'agira pas « *d'acheter dix Messi* » : « *Ce n'est pas comme ça qu'on construit une équipe. Il y a beaucoup d'exemples dans d'autres clubs où les nouveaux propriétaires arrivent et achètent. Ici, il existe une base, il faut l'améliorer toujours pour se maintenir à haut niveau.* » Objectif : disputer la Ligue des champions « *et donc être compétitif en France et en Europe* ». Un objectif officiel, qui figure en toutes lettres dans le projet du club pour la première saison. Un objectif vital, bien plus que l'obtention éventuelle du titre de champion de France, ce qui n'empêche pas le Brésilien de livrer un début de confession intime : « *Je rêve de faire quelque chose de grand à Paris. C'est encore plus fort qu'ailleurs parce que Paris, c'est Paris !* » Dans sa tête, il l'avouera plus tard, il rêve tout simplement de remporter le titre de champion dès la première saison.

Après plusieurs semaines perdues, Leonardo sait qu'il court après le temps. Mercredi 13 juillet au soir, il a dîné en compagnie de Nasser Al-Khelaïfi. Il se consacre totalement au recrutement, muni d'une enveloppe de 80 millions d'euros pour acquérir entre quatre et sept joueurs, alors que Nicolas Douchez, libre, et Kevin Gameiro, acheté par QSI, ont déjà été engagés. Alain Roche, responsable du recrutement depuis huit ans, transmet les dossiers en cours. Leonardo se sent chez lui. « *Ce n'était pas facile de quitter l'Italie, mais j'ai toujours pensé que je pouvais revenir à Paris où j'avais passé quatorze mois très intenses comme joueur. D'ailleurs, j'avais été contacté en 2004 et 2006* (NDA : Alain Cayzac, qui l'apprécie énormément, avait souhaité l'engager comme directeur sportif). » Leo à Paris, comme une évidence.

VII

L'AMOUR DURE QUINZE ANS

La vérité sur Leonardo, celui de 1997 et celui de 2012

Qui est Leonardo Nascimento de Araújo, né le 5 septembre 1969? L'homme policé, le gentleman fair-play, surnommé en 1997 l'Aristocrate par Michel Denisot, qui vous adresse son éternel sourire de gendre idéal en levant le pouce et en vous appelant par votre prénom? Un polyglotte – il parle six langues –, érudit, amoureux des livres, séducteur et capable de débattre sur tous les sujets, choisi par la Fifa pour intégrer sa « task force » réservée aux serviteurs émérites du football. L'un des auteurs de ce livre se souvient de Leonardo, courtois, venant à sa rencontre sur le bord du terrain en 1997, à quelques minutes du coup d'envoi d'un match du PSG en Bretagne : « *Bonjour, comment vas-tu? C'est drôle, depuis quelque temps, je vois que tu es toujours seul près de la pelouse. Tu es fâché avec tes collègues? Ils t'en veulent? C'est à cause de la concurrence entre vous?* » Et de s'enquérir précisément des rapports entre les journalistes des différents médias qui suivent au jour le jour le club parisien avant d'aller s'échauffer!

Mais qui est-il vraiment? Le joueur qui assène un coup de coude à un adversaire en pleine Coupe du monde 1994? Celui dont ses détracteurs considèrent qu'il se vend au plus offrant, sans se préoccuper des susceptibilités, obsédé par son image? Un « *nettoyeur* », comme le caractérise *France Football* en décembre 2011, capable de renvoyer Antoine Kombouaré en choquant toute la France du football ? Est-il prêt à tout pour servir les intérêts des nouveaux propriétaires qatariens qui l'ont engagé ? En janvier, Diego Maradona l'attaque sur Canal+ : « *Je ne comprends pas très bien Leonardo. Je ne l'ai pas compris quand il est passé de l'AC Milan à l'Inter et encore moins aujourd'hui ce qu'il fabrique avec le PSG. Je me demande s'il est joueur, entraîneur, agent ou pétrolier. C'est la preuve que dans le football, quand vous savez faire du lobbying, aujourd'hui ça paye. Je n'aime pas ceux qui caressent dans le sens du poil.* » Leonardo réplique avec humour : « *Il a raison, moi-même je ne me comprends pas. Ma vie est un peu comme ça. Mais d'un côté, c'est bien, c'est le deuxième ou troisième plus grand joueur de l'histoire et il parle du PSG.* » Alors, qui est Leonardo ? Un visionnaire, un stratège, un bâtisseur ou un opportuniste ?

L'homme pèse chacun de ses mots. À tel point qu'un connaisseur du PSG le dépeint en petit Machiavel du ballon rond : « *Ses prétendues erreurs de communication sont en réalité faites pour offrir une fausse image de fragilité* ». Chez lui, le discours est vital. Pour comprendre Leonardo, il faut le lire. L'un des auteurs a réalisé de nombreuses interviews du Brésilien publiées dans *L'Équipe* en 1997. L'autre côtoie le nouveau Leonardo pour *Le Parisien*. À quinze ans d'intervalle, la similitude entre les paroles est frappante comme le montrent les comparaisons que nous avons effectuées.

C'est l'été de toutes les folies, l'été 1997, un été comme seul le PSG en connaît. L'équipe de la capitale vient de terminer deuxième du championnat de France et de s'incliner face à Barcelone (0-1) en finale de la Coupe des coupes. Ce soir-là, à Rotterdam, Leonardo ne brille guère et déçoit les dirigeants parisiens. Sa saison, inégale, ne suscite pas l'unanimité au sein du club. En revanche, tant au tournoi de France qu'à la Copa América, il réalise des prestations de grande classe avec l'équipe brésilienne, au poste de milieu gauche. Il peut tout faire, évoluer en latéral gauche, occuper le couloir droit, le gauche, l'axe, créer, centrer. Il n'est pas très puissant, n'élimine pas fréquemment ses adversaires par des dribbles chatoyants et marque assez peu. Pourtant, la polyvalence de ce joueur de 1,79 m le rend indispensable. S'il ne dispose pas d'un point extraordinairement fort, ses points faibles sont rares. Il sent le jeu, possède un sens inné du placement, une fulgurante intelligence situationnelle et n'a besoin que de trois jours pour s'adapter à tout nouveau club. Il s'emploie également à faire briller les stars de son équipe qui, par conséquent, l'adorent.

Alors, à l'été 1997, quelques-unes des plus grandes formations européennes tentent de l'engager, même s'il est sous contrat avec le PSG. « *J'avais eu Ariedo Braida au téléphone pour l'AC Milan et Joan Gaspart côté Barcelone, donc je savais que leur intérêt était réel*, se souvient Jean-Michel Moutier, alors directeur sportif parisien. *Leonardo était au courant. Il nous a dit : "C'est la chance de ma vie !" Nous avons vite eu le sentiment qu'il préférait Milan.* » Fabio Capello, l'entraîneur milanais, l'érige en priorité alors que son équipe, privée de coupe européenne, a soif de revanche. Pendant plusieurs semaines, Michel Denisot résiste habilement, se braque parfois. Milan n'est guère habitué à une telle fermeté. « *Le joueur veut rester à Paris et le club tient à le conserver*, assène ainsi le président délégué du PSG. *À moins d'une offre extraordinaire que le club étudierait alors, Leonardo sera avec nous la saison prochaine. D'ailleurs, il est encore sous contrat avec le PSG pour deux saisons et la clause libératoire qui figure dans son contrat ne vaut qu'en cas de départ pour le Brésil.* » Le quiz estival : une offre extraordinaire, c'est quoi ? La rhétorique ressemble à celle de

Galliani quinze ans plus tard pour Thiago Silva. Réponse de Denisot : au moins 70 millions de francs (10,7 millions d'euros), un chiffre qui montera à 80 millions (12,3 millions d'euros) par la suite ! Leonardo doit rentrer de vacances le 23 juillet. L'entraîneur Ricardo effectue un forcing effréné pour le conserver au sein de son effectif. Toutefois, le PSG a déjà choisi le joueur de Porto, Edmilson, pour le remplacer, preuve que l'idée d'un départ est quasiment actée. Leonardo glisse quelques éléments de langage bien choisis : « *Je suis flatté que Capello s'intéresse à moi, le PSG se félicite aussi que Milan convoite l'un de ses joueurs. Je suis au courant des discussions de club à club ; si le PSG veut me vendre, je le comprendrai.* » Barcelone entre à son tour dans la course, avant d'opter pour Rivaldo. Le transfert se complique, en raison des légitimes exigences financières du PSG qui fixe un premier ultimatum, non respecté, le 30 juillet. Lors d'un dîner entre toutes les parties, les discussions sont rompues. Un communiqué du PSG officialise même la « fin » des négociations le 31 juillet. Sur ce point-là également, le transfert de Thiago Silva s'apparente à un remake quinze ans plus tard. Denisot exprime alors son ras-le-bol à propos des méthodes milanaises (coups de fil incessants, campagne de « déstabilisation »). Leonardo débute donc le Championnat avec le PSG mais s'absente du 10 au 15 août pour rejoindre en Asie son équipe nationale. À son retour, il doit être fixé. Mais l'affaire Steaua, le bide de l'été, chamboule tout. Lundi 18 août, l'UEFA annonce en effet que le PSG est déclaré battu sur tapis vert (0-3) par le Steaua Bucarest, car Laurent Fournier a disputé le tour préliminaire aller de la Ligue des champions, le 13 août, alors qu'il était suspendu ! Paris s'était incliné (2-3) sur le terrain, ce qui lui permettait de croire en ses chances de qualification. Dorénavant, après ce qui est considéré comme une défaite par forfait, il faudra s'imposer 4-0 au Parc.

La bombe éclate alors même que le transfert de Leo vers Milan se dénoue. Mais Denisot prépare la contre-attaque. Leonardo en constitue l'une des armes fatales, comme le révèle aujourd'hui Moutier : « *Nous avons conclu un deal avec Leonardo : "Tu fais le match retour contre le Steaua et après, on s'assied autour de la table. Nous n'irons pas contre ton départ."* » Leonardo et Rai prennent en main la préparation du match du siècle, celui qui vaut si cher. Rai affirme : « *4-0, c'est faisable !* » Le jour du match, dans *L'Équipe*, Leonardo s'emballe : « *Je suis prêt pour vivre un moment inoubliable.* » Inoubliable restera Leonardo, ce 27 août 1997. Il est directement à l'origine de quatre buts. Le PSG s'impose 5-0 dans un Parc surchauffé, une ambiance de feu, alors qu'une averse tropicale s'abat sur Paris. Leonardo semble ce soir-là habité par une force intérieure, une foi inextinguible en la victoire. Vendredi 29 août, un titre barre en énorme la une de *L'Équipe* : « Leo, reste avec nous ! »

À l'intérieur, dans un article titré « *Leonardo au centre d'une nébuleuse* », le Brésilien donne son avis sur le bras de fer tripartite : « *Depuis les deux derniers mois, il s'est passé beaucoup de choses. À certains moments, on était très sûrs, à d'autres, les choses se compliquaient. Deux fois pourtant, on a fixé des dates butoirs. Ce n'est pas normal qu'un transfert comme ça n'aboutisse pas plus rapidement. Aujourd'hui, je ne sais toujours pas ce qui va se passer. J'attends. C'est très long. Si les deux clubs n'arrivent pas à s'entendre, ce sera à moi de finir tout ça.* » Un langage sibyllin, en forme de coup de pression habilement destiné aux deux clubs.

Dans sa fameuse conférence de presse du 7 juillet 2011 à Milan, alors que son arrivée au PSG tarde à se finaliser, Leonardo s'adresse aux Qatariens, via les journalistes : « *Je ne sais pas combien de temps cela va durer ni comment cela va se terminer. Je n'exclus rien, un contrat est bon quand les deux parties sont satisfaites. Si l'une des deux se sent lésée, ça ne va pas.* » Les mots ressemblent tellement à ceux du passé. Leonardo le politique est bien là, débusqué aux détours de ses propres mots.

Le Brésilien aime maîtriser les situations. Écoutons-le, en ce 26 août 1997. Il se confie à l'un des auteurs de ce livre, à quelques heures du match retour face au Steaua, au sujet de son éventuel départ pour la Lombardie : « *C'est difficile de savoir si cela va se faire. J'ai du mal à m'y retrouver. C'est très compliqué. Les deux clubs essayent de finaliser. Il faut se décider. Je vis un moment particulier et sensible de ma carrière et de ma vie. Leurs cours sont modifiés. J'ai hâte que tout soit fini.* » Deux jours plus tard, jeudi 28 août, Michel Denisot invite à déjeuner son état-major. Avec Jean-Michel Moutier, Claude Le Roy, Jean-François Domergue et Ricardo, il évoque longuement le cas Leonardo. L'affaire ne touche pas encore tout à fait à sa fin, le déjeuner ne tranche pas le cas « Leo ». Claude Le Roy : « *On essaye de peser le pour et le contre. À un moment, Leo avait des contacts directs avec Milan et on pouvait se demander s'il n'était pas déjà parti en Italie (…). Leo a peut-être été déstabilisé par les propositions qui lui ont été faites, mais il se rend compte qu'il appartient à un club fabuleux. Non, vraiment, rien n'est encore définitif. Si Leo part, c'est parce que lui-même l'aura voulu.* » Même si Milan tergiverse et souhaite vendre auparavant Zvonimir Boban, la situation se débloque le vendredi. Adriano Galliani et Ariedo Braida, respectivement vice-président et directeur sportif de l'AC Milan, se déplacent dans la matinée et finalisent le transfert lors d'un déjeuner à Canal+, sous l'égide de Pierre Lescure. Leo signe pour Milan, qui lui déroule le tapis rouge : 1,6 million de francs de salaire net mensuel (246 000 euros) sur trois ans, plus que la star George Weah. L'un des auteurs écrit dans *L'Équipe* : « *Leonardo et son double langage* (« Mon cœur est parisien ») *partent au Milan AC pour trois ans.* » Capello exulte. Denisot, fataliste, accepte son départ : « *Nous ne pouvions pas nous aligner financièrement même si la principale motivation du joueur est de relever un challenge sportif. Je regrette son départ, j'aurais préféré le garder. Nous étions d'accord avec lui pour réfléchir pendant deux jours après le match de mercredi. Mais il voulait partir malgré l'attachement manifesté par les supporters. Il me l'a redit jeudi, alors que je lui ai affirmé que nous voulions le conserver chez nous. Il avait la tête à Milan, était d'accord avec eux. Leo, c'est du champagne millésimé, il est rare. Nous avons négocié sans managers, les rapports humains ont été excellents. »*

Leonardo s'exprime alors dans *L'Équipe* pour distiller « sa » vérité et parler d'émotion, plus que d'argent. « *Il n'y a jamais eu d'accord secret. La qualification en Ligue des champions a toujours primé sur mon transfert. À la demande de Michel Denisot, j'avais accepté de jouer contre Bucarest. Ensuite, les contacts avec Milan ont repris et, en deux jours, tout était réglé (...). J'ai toujours pu conserver mon libre-arbitre. L'argent n'est pas le plus important dans cette histoire. Je suis arrivé à un moment de ma vie où je peux choisir un club sans y penser. Moi, ma motivation, c'est l'émotion. Dans la vie, il faut aller plus haut. »*

Le 14 novembre 2011, Leonardo reçoit. Il s'attable à l'intérieur d'un café de Saint-Germain-des-Prés, en familier des lieux car il habite à deux pas. Lui qui est d'habitude si ponctuel s'excuse de son retard. Il sort de la maternité de l'hôpital Saint-Antoine (Paris XIIe) où Anna Billò vient de donner naissance au quatrième enfant de Leo, un garçon prénommé Tiago. Le directeur sportif évoque la situation du PSG, celle d'Antoine Kombouaré, comme on le verra plus loin, et parle aussi de lui. « *L'image que tu donnes est toujours pire ou meilleure que la réalité. Mais si je pensais tant que cela à mon image, je n'aurais pas entraîné Milan dans les conditions de l'époque, je ne serais pas allé du Milan à l'Inter, le rival, et je n'aurais pas quitté l'Inter. Je cherche l'émotion, c'est tout. »*

Vendredi 29 août 1997, Leonardo s'apprête donc à quitter Paris avec le sourire : « *Je suis heureux de partir dans une telle ambiance. Ici, à Paris, je me suis toujours senti à l'aise. J'ai l'impression d'être resté cinq ans. Ma vie de famille y a toujours été exceptionnelle.* » La veille, alors qu'il n'était pas tout à fait certain de s'en aller, il versait dans l'affect : « *Depuis cette victoire 5-0* (NDA : face au Steaua), *c'est vraiment différent pour moi. Je suis quelqu'un de très sensible. Je me sens très proche du PSG. Le souvenir de ce club sera toujours présent dans ma mémoire.* » Voilà pourquoi certains taxent Leonardo d'opportunisme, prêt à aimer le plus pressant ou le plus rémunérateur. Il y a quinze ans, il ajoutait : « *Si je reste, ce sera très bien. Je suis content à Paris (…). Je n'ai jamais pensé à partir ! Je n'ai commencé à y réfléchir que lorsque les offres me sont parvenues (…). Pour moi, c'est fini, je me sens parisien. Je pense PSG.* »

Difficile de quitter Paris en 1997, difficile de quitter Milan des années plus tard. Leonardo détaille en novembre 2011 les raisons de ses hésitations, lorsqu'il tardait à donner sa réponse aux Qataris : « *Ma situation à l'Inter Milan était quand même bizarre. J'étais très heureux là-bas. Quand j'ai commencé à parler avec le Qatar, ma réponse, c'était non. Et puis, le président Moratti et moi avons discuté, et il m'a vraiment traité comme un fils. Il a vu que ce projet à Paris pouvait être bien pour moi (…). Je n'ai jamais négocié. Au début, j'ai dit : "Non, je ne peux pas." C'est après avoir discuté avec l'Inter que l'on a avancé.* » Moratti a tout de même soufflé le chaud et le froid, affirmant ainsi le 27 juin 2011 : « *Leonardo reste notre entraîneur, dans l'absolu je pourrais toujours le rappeler puisqu'il n'est pas encore parti définitivement. Je l'ai juste laissé étudier d'autres opportunités.* »

Sensible, émotif, Leonardo est-il craintif ? Ou, comme les Normands dans Astérix, ignore-t-il la peur ? « *Je n'ai jamais peur* », confie-t-il dans *L'Équipe* du 27 août 1997 avant le match retour face au Steaua.

Ce thème de la peur revient à la surface dans *Le Parisien* en novembre 2011, comme pour mieux l'exorciser : « *Je n'ai pas peur de perdre ma place. J'étais à Milan puis à l'Inter et là, je suis au PSG. Maintenant, c'est la cour des grands. Avant, il y avait beaucoup de politique et ici on a cassé tout cela. Je ne suis pas le patron du club mais, personnellement, j'ouvrirai la porte à n'importe qui de haut niveau pour aider le club (…). Le bon entraîneur ou le bon dirigeant n'a pas peur de perdre son poste. Si t'as peur, c'est fini.* » Autre tirade dans le *Journal du Dimanche* le 5 février 2012 : « *C'est très humain de se protéger de l'échec mais dans le football, tu n'as pas le temps.* »

Leonardo s'implique totalement, avec toute l'énergie dont il dispose. Son refus de l'échec est l'une des clés de sa personnalité, dévoilée dans la même interview : « *Mon travail est de contrôler tout ce qui se passe. Je suis quelqu'un d'exigeant, je suis là pour gagner et il faut créer les moyens pour ça.* »

Le 5 août 1997, rendez-vous est fixé avec Leonardo pour une interview au camp des Loges. À l'époque, les journalistes suivent de près la vie du club et ne sont pas parqués à des centaines de mètres des terrains. L'entretien, calé la veille, se déroule dans la petite tribune qui jouxte le terrain d'honneur du centre d'entraînement du PSG. Les propos de Leonardo, assis en haut des gradins, résonnent encore aujourd'hui comme un modèle d'entretien stratégique. Il marche sur un fil avec une habileté diabolique. Quelques heures après, il va retrouver sa sélection nationale en Asie. Il ne sait pas s'il reste au PSG, part à Barcelone ou à Milan et doit s'adresser aux clubs intéressés par sa venue sans compromettre son éventuel avenir parisien. Il ne laisse rien au hasard, avec déjà cette volonté de maîtriser l'ensemble des paramètres : « *J'ai envie de m'exprimer. Depuis un mois, les négociations se poursuivent. J'ai énormément réfléchi. J'ai vécu des* moments intenses lors de la présentation du PSG au Parc ou lors du match contre Châteauroux (2-0). *J'ai été touché, même si je sais que les gens me lanceront des tomates si je ne suis pas bon trois matches de suite. Je fonctionne à l'émotion, elle « bouge » tout, elle fait tourner le globe. Le transfert aurait été un challenge, mais je suis content au PSG. Je suis heureux de rester. Cela me convient. J'aime la vie ici, ma famille est bien, les gens me respectent, joueurs ou dirigeants. Il faut tendre vers le meilleur. Il y a toujours des choses à améliorer, même dans la meilleure équipe du monde, mais je pense très fort que je vais rester. Si un joueur du PSG a une offre du Milan AC, il réfléchit, c'est normal. »* La porte d'un départ ne se referme tout de même pas définitivement : *« C'est entre les clubs que cela n'a pas fonctionné (…). Il peut toujours y avoir une nouvelle offre. Mais moi, j'ai prévenu les dirigeants des trois clubs, j'ai dit : "FINI !" Un mois, c'est trop long. À un moment, il faut respecter le public (…). Même moi, je dois me respecter. »* Il s'énerve, véhément et mystérieux, vaguement menaçant : *« Il y a des choses que je ne dis pas. Des éléments entre les clubs que je n'ai pas le droit de révéler. Je sais tout, c'est compliqué. »* La voix est claire, le débit rapide. Pour porter de nouveau le maillot du PSG, il ne réclamera pas de revalorisation salariale : *« Je ne veux rien changer à mon contrat (…). Je ne ferai pas jouer ma clause libératoire pour le Brésil en fin de saison. »* Une bonne manière de rappeler à Michel Denisot l'existence de cette clause. *« En tout cas, ce n'est pas moi qui partirai. Si le public et les dirigeants veulent que je reste, je resterai, c'est clair ! Avec cette clause, je leur demanderai : "Alors, que voulez-vous ? Moi, je veux rester !" Je ne demande aucun argent supplémentaire, écrivez-le ! »* À l'instar d'un homme politique, déjà directif. *« Je ne suis pas du genre à profiter de la situation. Je ne veux rien. La seule façon de partir aurait été de satisfaire trois parties, le PSG, un autre club et moi. Cela ne s'est pas fait. »*

Cela se fait donc, in fine. Milan remporte la mise. Moutier : *« On a obtenu plus de 60 millions de francs (9,2 millions d'euros)*

(NDA : selon certaines sources, le transfert s'élève à 68 millions de francs). *Leo n'était déjà plus là et puis il disposait de sa clause. Nous, notre principe, c'est qu'il ne fallait pas perdre le joueur et l'argent.* » Ce théorème des années Denisot sera respecté pour Leonardo comme pour d'autres. Le président de l'époque pense qu'il est néfaste de s'opposer à la volonté inébranlable d'un joueur de s'en aller (Denisot : « *Nous n'avons jamais conservé un joueur contre sa volonté, ce n'est pas bon, même si Leo est honnête* »). Sinon, il risque de réaliser une mauvaise saison suivante ou de refuser de prolonger son contrat pour partir libre à la fin de son engagement. Et là, le club perd tout. Leonardo quitte donc le PSG fin août 1997, après 34 matches de Championnat disputés sous le maillot du PSG (7 buts) et 7 de Coupe d'Europe (3 buts). Comme pour relier une dernière fois les deux époques, il s'épanche dans le *Journal du Dimanche* du 5 février 2012 : « *Sans être démagogue, je suis revenu ici car j'ai vécu une saison formidable il y a quinze ans, la plus délicieuse du PSG.* »

VIII

LES PREMIERS DÉÇUS DE LEONARDO

La vérité sur les transferts

Si Jean-Michel Moutier écrivait ses mémoires, il faudrait se munir d'un atlas pour en suivre le fil, tant il a arpenté le monde afin de réaliser ses plus beaux coups. L'ami de Michel Platini, Pierre Blayau et Michel Denisot, par ordre d'apparition dans sa vie, possède le PSG chevillé au corps. Gardien de but du club lors de la finale de Coupe de France perdue face à Monaco en 1985 (0-1), directeur sportif emblématique proche de Denisot à partir de 1991, directeur délégué à l'été 97, conseiller sur le recrutement puis responsable de la section professionnelle entre 2003 et 2006, « Moumoute » a multiplié les fonctions. Il se penche toujours avec délectation sur ses plus retentissants faits d'armes. N'a-t-il pas berné la planète entière en 1992 lorsqu'il a engagé George Weah alors que des dizaines de journalistes le croyaient à Milan afin de recruter Jürgen Klinsmann ?

En 1996, Ricardo prend les rênes du PSG. Rai révèle que son compatriote et ami Leonardo lui a confié qu'il désirait « *revenir dans le circuit* ». Après la Coupe du monde 1994 aux États-Unis remportée par le Brésil, au cours de laquelle le latéral gauche s'est surtout illustré par son coup de coude asséné à l'Américain Tab Ramos, Leonardo signe aux Kashima Antlers jusqu'au 31 décembre 1996. Au Japon, il rejoint Zico, son père spirituel, directeur technique du club, mais il s'ennuie. Pour disputer le

Mondial 1998 en France, il sait pertinemment qu'il doit intégrer un championnat plus médiatisé que la J-League. Leonardo, c'est donc l'homme qui tombe à pic pour Moutier. Afin de lui remémorer les épisodes de ce spectaculaire transfert, nous lui proposons de relire les articles de l'époque. « *Pas besoin de regarder les archives, je préfère raconter ça de vive voix, j'ai tout en tête*, lance-t-il, tranquillement assis à une table d'une élégante brasserie de Saint-Germain-en-Laye, *Nous cherchions un joueur de haut niveau pour occuper le flanc gauche, un milieu « volante », comme ils disent au Brésil. On connaissait le potentiel de Leonardo, j'avais vu Brésil-Angleterre à Wembley et j'avais suivi avec attention son Mondial 94*[1]. » Lors d'une réunion entre Denisot, Ricardo et Moutier, la décision est prise : le PSG va tout tenter pour engager Leonardo. Moutier sillonne alors la planète pour convaincre le Brésilien de signer à Paris. « *Je suis parti au Brésil*, se souvient Moutier, *alors que Leo était au Japon. Avec un avocat, nous avons mis en place le contrat en compagnie de Zico, qui attendait juste de trouver une solution pour son club de Kashima Antlers.* » La discussion, courtoise, se déroule d'ailleurs chez Zico, qui accueille au Brésil de jeunes joueurs japonais. Le « Pelé blanc » sait que Leonardo est surdimensionné pour le Japon. Le PSG affiche une certaine sérénité sur ce dossier : pas de concurrence avérée, même si certaines formations comme la Juventus ou l'AS Rome se sont un temps positionnées, et surtout un joueur sans agent, qui rêve d'évoluer à Paris. Là où il va retrouver Rai et Ricardo, ce dernier aidant Moutier lors de son séjour brésilien. Un accord de principe est trouvé, sans déboucher sur la signature d'un protocole. Moutier rentre à Paris, débriefe Denisot, prend deux chemises et repart illico vers le Japon avec Christian Hervé, directeur financier. Dans les locaux des Kashima Antlers, Moutier rencontre l'avocat de Leonardo, venu pour sa part directement du Brésil,

---

1. Entretien avec les auteurs, mars 2012.

ainsi que les dirigeants japonais. « *Le club a dit OK et l'avocat avait le feu vert de Leo.* » Il ne reste qu'à apposer le paraphe du joueur. « *Il rentrait d'un déplacement pour un match et a signé à 7 heures du matin. Nous, on avait l'avion du retour à 11 heures,* indique Moutier. *Il était en costard-cravate, je lui ai fait écrire "Lu et approuvé".* »

Le Brésilien s'engage pour trois ans. Montant du transfert : entre 17 et 19,5 millions de francs (entre 2,6 et 3 millions d'euros) selon les sources. Son salaire ? « *Bon,* selon Moutier, *dans la norme des étrangers qui signaient au PSG. Il avait envie de venir et est arrivé quelques jours plus tard, après avoir été fêté à Kashima. Nous sommes descendus à Pouligny.* » Très exactement à l'hôtel Les Dryades de Pouligny-Notre-Dame, dans le sud de l'Indre, alors camp de base du PSG, près de la demeure berrichonne de Michel Denisot dans laquelle il adore écouter à l'époque le Wu-Tang Clan en poussant les enceintes à fond. Leonardo est déjà nanti d'un palmarès considérable (Coupe du monde 1994, Coupe intercontinentale 1993, championnats du Brésil 1991 et du Japon 1995, Coupe du Brésil 1990 après un slalom extraordinaire et une passe pour Zico) auquel il ajoutera la Coupe des confédérations et la Copa América 1997 en sélection et un titre de champion d'Italie avec Milan en 1999. Ce fils de commerçants de Niteroi, sur la baie de Rio de Janeiro (aujourd'hui, il possède un appartement qui donne sur la plage d'Ipanema, de l'autre côté), a déjà connu une expérience européenne peu concluante, en forme de défi de jeunesse, à Valence, en Espagne. Au Brésil, tant à Flamengo, avec Zico, qu'à Sao Paulo du temps de la prodigieuse « esquadrao tricolore » de Tele Santana, il a laissé d'excellents souvenirs. À Pouligny, il impressionne d'emblée par sa classe. Au bout d'une heure, il balbutie quelques mots de français. En une semaine, il s'exprime facilement avec ses coéquipiers sur le terrain. Il prend des cours et exploite à fond son don pour les langues.

Pendant sa saison parisienne, Leonardo marche dans le sillon de Rai. « *Ils avaient leurs habitudes ensemble* », se souvient un proche du club à l'époque. Leonardo « *n'est pas du genre à se comporter comme une starlette* » (Moutier), ni à s'afficher dans les boîtes à la mode. Casanier, installé à Mareil-Marly, il apprécie les moments de détente en famille. « *Sa première femme était quelqu'un de très bien* », selon Moutier. À l'époque, déjà, le directeur sportif considère que « *Leonardo est un homme de consensus qui soigne son image* ». L'agent Franck Henouda abonde dans ce sens : « *Pour lui, l'image, c'est ce qui compte* ». L'apparence bien sûr, hier et aujourd'hui, raillée par les Guignols de l'info sur Canal+. Le look, le costume Dolce et Gabbana, le sourire sur un visage avenant, la coupe de cheveux de garçon bien élevé, le langage corporel qui témoigne d'une certaine confiance en soi mais pas seulement, évidemment. Leonardo, c'est aussi la conscience de son environnement. Certains pensent que le Brésilien est obsédé par le jugement que les autres portent sur lui. Moutier en fait partie : « *Lorsqu'il fait venir aujourd'hui à Paris ou au camp des Loges Rai, Ronaldo ou Maldini, c'est pour qu'il soit valorisé, lui.* »

Leonardo recueille tous les suffrages à propos de sa vision à long terme. « *C'était un joueur intelligent, qui a totalement planifié sa carrière* », témoigne Moutier. Une carrière fructueuse, qui se poursuit donc à l'AC Milan après Paris. Les contacts entre le Brésilien et Moutier se raréfient. Les deux hommes parlent à cinq ou six reprises au téléphone, se revoient en Lombardie avec Galliani et Braida et une fois à Paris, lorsque Leonardo accompagne son ami et compatriote Kakà récipiendaire du Ballon d'or. « *Je ne pensais pas que Leo resterait dans le foot*, reconnaît Moutier. *Quand il a créé Gol de Letra, j'ai estimé qu'il s'agissait de sa première marche vers la politique. Ce qu'ils ont fait avec Rai dans cette fondation, c'est extraordinaire, ils se sont substitués à l'État.* » Mais la politique ne fait pas vivre. « *Leonardo aime l'argent,* estime Moutier. *C'est un aventurier, un mercenaire. Des mercenaires, il y en a de bons et de moins bons. Si tu as des ambitions, tu ne pars pas au Japon à vingt-quatre ans !* »

À la fin de sa carrière de joueur à Milan, Leonardo reste dans le giron de la prestigieuse formation transalpine, comme recruteur, participant au transfert de Pato, ambassadeur au Brésil, mais aussi secrétaire de la Fondation Milan mise sur pied en 2003. Il épaule le madré Galliani. Il bascule ensuite vers un rôle qui est peut-être de composition mais qu'il prend très à cœur : le voilà entraîneur de l'AC Milan en juin 2009 après l'obtention de ses diplômes. Il succède à Carlo Ancelotti et occupe ce poste très exposé jusqu'en juin 2010, adepte d'un jeu offensif à hauts risques, le « 4-2 Fantasy », qui manque parfois de rigueur. Leo s'évertue à rester proche de ses joueurs, mais ose résister à Silvio Berlusconi, sans en mesurer les conséquences. « *J'ai été surpris qu'il devienne entraîneur, car c'est un poste où il faut trancher,* lance malicieusement Moutier. *Ensuite, il est passé à l'ennemi.* » L'ennemi, c'est l'Inter qui s'en remet à Leonardo (juste avant, il avait été approché par Lyon) en décembre 2010. Le joueur de l'AC Milan Gennaro Gattuso l'insulte (il le traite d'« *homme de merde* »), certains crient à la trahison. « *Des gens écrivaient des choses sur le mur de chez lui* », témoigne Henouda. Il est même peint en Judas. Leonardo traverse une passe délicate. La rancœur se révèlera tenace. Mardi 15 mai 2012, Marco Materazzi, l'ex-interiste, compare le Brésilien au capitaine Francesco Schettino, qui a « abandonné » le navire Concordia lors de son naufrage.

Jean-Michel Moutier avait suivi de près le transfert de Leonardo du PSG à l'AC Milan en août 1997. Le revoilà au cœur du voyage retour, à l'été 2011. « *J'apprends par la presse que ça avance entre le PSG et Leonardo. Puis Franck Henouda me raconte qu'il part avec lui au Qatar et me dit qu'il a fait passer un message à*

Leonardo qui est : *"Tu dois t'appuyer sur des gens que tu connais et qui connaissent le club, comme Michel Denisot ou Jean-Michel Moutier."* » Henouda confirme cette version : « *Je pensais bien faire. J'ai donné trois idées principales à Leo : 1) Tu structures bien le centre de formation pour que les talents, notamment franciliens, ne t'échappent pas. 2) Tu fais un truc sympa pour la presse, pour que les journalistes se sentent bien. 3) Tu prends Denisot comme président pour qu'il puisse te conseiller et tu as un mec sur lequel tu devrais t'appuyer, c'est Jean-Michel Moutier. Leo me répond que Jean-Michel est son père, son frère.* »

Avant son intronisation officielle, Leonardo téléphone effectivement à ses anciens dirigeants ou contacts au PSG pour prendre de leurs nouvelles. Il leur demande aussi de lui dresser un état des lieux. Il appelle ainsi à plusieurs reprises Denisot, contacte Jean-Philippe D'Hallivillée, désormais responsable de la sécurité. Et, bien sûr, Moutier, qui nous livre le contenu de leur discussion : « *Leo me dit : "Voilà, je vais être directeur sportif, il faut qu'on travaille ensemble !" Je réponds que je peux être libre. On envisage de se voir dès son arrivée en France. Il me recommande de ne parler à personne de cette conversation. J'ai été étonné du coup de fil car Ricardo m'avait prévenu que Leonardo avait besoin de moi mais ne m'appellerait pas.* » L'ancien directeur sportif du club attend donc impatiemment un rendez-vous avec le nouveau patron. Le 13 juillet, au moment même de sa nomination officielle au PSG, Leonardo évoque leur complicité en toute sincérité : « *J'ai un très bon contact avec Jean-Michel Moutier* ». L'ancien joueur de Nancy, vainqueur de la Coupe de France en 1978, raconte la suite : « *Leo arrive à Paris et quatre jours après* (NDA : le 17 juillet), *il me téléphone en me disant : "C'est compliqué, on ne peut plus travailler ensemble, mais il faut qu'on déjeune." Je ne l'ai plus eu depuis.* » Le regard de Moutier s'assombrit, sa voix devient plus véhémente. Non, il n'est pas très désireux de partager un repas avec le

Brésilien. Il ne cache pas son amertume : « *Mais pourquoi m'a-t-il contacté ? J'ai beaucoup réfléchi. Je pense qu'il savait que j'allais être interrogé sur lui car je l'ai fait venir au PSG quand il était joueur et qu'il a voulu m'appâter. Je ne vois pas d'autres raisons.* » Moutier se renseigne en Italie, où Leonardo a laissé une impression contrastée mais a tissé des liens indéfectibles avec certaines personnalités du football. « *Là-bas, on m'a répondu : "Mais ça, c'est tout Leo !"* »

Existe-t-il d'autres raisons possibles à ce revirement ? Un veto d'une personnalité influente auprès du Qatar, ayant travaillé avec Doha sur le rachat du PSG ? Certains avancent cette hypothèse. Ou bien encore la peur de Leonardo d'être critiqué s'il s'en remettait à l'un de ses prédécesseurs au poste de directeur sportif, comme s'il reconnaissait implicitement ses propres limites ? Comme s'il ne pouvait pas décider ou agir seul ? Pourtant, il a tendance à se méfier des opportunistes et à se référer en permanence à ceux qu'il connaît depuis longtemps.

En tout cas, il faut tenir compte de la rancœur de Moutier à l'heure de lire son jugement sur les premiers pas de Leonardo en tant que directeur sportif du PSG version Qatar : « *Il ne se débrouille pas bien par rapport aux moyens dont il dispose. Quel est le projet et comment le mener à bien ? On ne sait pas. Au centre de formation, ils ne le voient pas. Il n'est pas au-dessus de la mêlée. Il se plaint de l'effectif et fait resigner tout le monde.* » Le discours sur la méthode est tout aussi saignant : « *Il se fout de la gueule du football français en ne réinjectant pas d'argent. Je lui aurais conseillé de prendre les meilleurs joueurs de la Ligue1, Lloris ou Hazard. C'est de l'argent remis dans le circuit, qui permet ensuite aux clubs de racheter d'autres joueurs.* » Leonardo a prévenu que sa problématique s'exonérait de ces transactions intra-Ligue1, d'autant que ses tentatives en la matière ont été infructueuses. Lui souhaite engager les meilleurs, point final. Il recrute souvent en Italie, où il connaît tous les joueurs. Il explique que les clubs de Série A sont vendeurs, et rêve parallèlement de stars brésiliennes. Il martèle ses convictions dans le *JDD* du 5 février 2012 : « *Le football n'est pas une question de nationalités. C'est un marché européen. Et sur le plan financier, c'est peut-être plus facile aujourd'hui d'acheter un étranger qu'un Français. De toute façon, les meilleurs Français sont à l'étranger. Comment je fais pour acheter Nasri ou Benzema ? On cherche des joueurs susceptibles de nous mener là où on veut aller, peu importe qu'ils soient brésiliens, uruguayens, philippins ou français. On peut avoir une équipe avec onze étrangers sur le terrain sans perdre son identité. Quoi qu'il arrive, le Paris Saint-Germain sera toujours culturellement français.* » Des propos discutables qui enterrent définitivement l'idée déjà surannée d'« amour du maillot ».

En tout cas, autour de cette thématique, se cristallise un malaise. Le président de la Fédération française de football, Noël Le Graët, tente de sensibiliser sur le sujet Nasser Al-Khelaïfi le 30 mai 2012. Lors d'une rencontre entre les deux hommes, le Breton outrepasse sa fonction pour le bien de « son » football. Il demande tout simplement au Qatarien de « recruter français », comme d'autres réclament de produire français. « *J'aimerais que son recrutement soit un peu franco-français car ça fait tourner la machine. Je ne voudrais pas que ça devienne une équipe basée uniquement sur l'extérieur.* » Évidemment, aucun moyen coercitif n'existe, mais en fin politique, Le Graët surfe sur une vague porteuse. En janvier 2012, le PSG, si l'on associe les joueurs et le staff, compose un ensemble hétéroclite de onze nationalités. Parmi les joueurs, déjà trois extracommunautaires (Bisevac, Ceará et Maxwell) alors que les règlements en autorisent quatre. Seule « protection » garantissant la pérennité d'un « contingent » français : l'UEFA impose dans la liste de vingt-cinq joueurs inscrits en Coupe d'Europe la présence de huit d'entre eux ayant possédé une licence pendant au moins trois ans dans le pays d'origine du club entre seize et vingt et un ans.

Le débat, passionnant, resurgit en juillet 2012 au moment de la signature de Zlatan Ibrahimovic au PSG. La L1 se félicite globalement du coup de projecteur porté sur elle mais redoute l'hégémonie parisienne. Mardi 17 juillet, Jean-Michel Aulas, que l'on a connu plus âpre en affaires, prend les devants sur OL TV et adresse une supplique au PSG : « *Aidez-nous, prêtez-nous des joueurs et investissez sur le territoire français.* » Un appel tout de même conjoncturel. En effet, Aulas tente alors d'engager Mamadou Sakho et Clément Chantôme. Mais d'autres grands dirigeants du football français partagent sa vision. Cependant, le manque d'exemplarité des Bleus durant l'Euro n'incite pas du tout QSI ni Leonardo à cibler les internationaux français. Doha ne dévie pas de sa route. Le PSG entend s'internationaliser, se mondialiser pour mieux se vendre en terme de marketing, mieux commercialiser les produits dérivés et rattraper son retard en terme de « personal branding ». Rien n'est trop beau : Paris n'hésite pas à assurer le spectacle avant le match amical PSG-Barcelone en inaugurant son superbe bus à 500 000 euros (NDA : il s'agissait d'un bus temporaire, le vrai a été livré en fin d'année 2012). Le club dépense aussi 300 000 euros pour installer une pelouse chauffante au Parc. Des gouttes d'eau par rapport au budget de la saison 2012-2013 de près de 250 millions d'euros hors transferts. Des gouttes d'eau aussi par rapport au recrutement de l'été 2012. L'effectif parisien compte alors 32 joueurs.

Les dirigeants du PSG n'ignorent pas la teneur éminemment politique du sujet « recrutement ». Ils prennent la peine de l'évoquer lors de la conférence de presse organisée à l'occasion de la présentation de Zlatan Ibrahimovic, légèrement perdu au milieu de cette dialectique. « *Monsieur Aulas connaît mon numéro, il peut m'appeler*, glisse sourire aux lèvres Nasser Al-Khelaïfi, qui déteste les polémiques sur ce thème. *Parfois, il y a des joueurs que l'on ne peut pas céder car on en a besoin dans son effectif. Ce que l'on fait, c'est aider la L1. Paris ne joue pas contre elle. Quand le PSG multiplie sa notoriété à l'international en recrutant Ibrahimovic, c'est aussi un investissement stratégique pour la L1. »* Leonardo adopte une posture davantage défensive. Ou caustique, au choix : *« Dès qu'on a voulu approcher un joueur de L1, on n'a pas eu l'ouverture. Et c'est un peu pareil pour les Français qui évoluent à l'étranger. Alors... »* Le Brésilien déplore l'attitude des clubs français qui s'évertuent à faire surpayer le PSG quand l'opportunité d'un transfert se présente. Il en prend acte : *« On veut bâtir une équipe compétitive sur le plan européen, donc il est normal de chercher des joueurs sur le marché mondial. »* Il se félicite que les États-Unis, le Japon se passionnent désormais pour notre Championnat. *« C'est peut-être le bon cycle de la France. »*

En spécialiste du recrutement, Moutier n'en est pas convaincu. Il décèle des faiblesses chez Leonardo : *« La première saison, il a joué l'Arlésienne en faisant croire que de grands joueurs allaient venir. Il ne connaît pas le système, ne travaille pas avec les agents alors que les grands joueurs leur font confiance. Beaucoup de ces agents me téléphonent pour entrer en contact avec Leo. Lui, il s'en méfie, mais se met beaucoup de monde à dos en voulant tout faire seul. Alors, c'est du pilotage à vue, du rapiéçage, il empile les joueurs. La meilleure recrue de la première campagne de recrutement, c'est Sirigu. Pastore a de la qualité mais porte toujours sur son dos les 42 millions d'euros de son transfert. Il est complètement surcoté. »*

Désormais, Leonardo évite Moutier. Une radio camerounaise a tenté d'organiser un débat entre les deux hommes. *« Leo n'est pas venu, il prétendait que j'allais l'allumer. »* Le Brésilien entendra-t-il l'avertissement de l'ex-gardien de but parisien ? *« Il n'est pas tout puissant. Je le sais, j'ai travaillé à Dubaï. Là, il a l'oreille du prince, mais le jour où il ne l'a plus, c'est fini. Celui qui est tout puissant, c'est le prince. »*

Un autre homme fait figure de véritable déçu du leonardisme : Franck Henouda, l'artisan du retour du Brésilien à Paris. Dès que Leonardo a pris sa décision, établi le lien direct avec Nasser Al-Khelaïfi, acté sa venue, il a donc commencé à snober Henouda. Ce dernier n'éprouve aucune rancœur vis-à-vis du Qatar. Il a été rémunéré par les propriétaires du PSG pour « *avoir travaillé sur le dossier* » et est persuadé à juste titre que ceux-ci « *mènent une politique à long terme, ne sont pas là pour s'amuser et vont remettre de l'argent* ». En revanche, il n'a pas pardonné au champion du monde : « *Je suis toujours fâché avec Leo sur le plan professionnel. Il me donne des arguments que je respecte, en me répétant que ce sont les gens du Qatar qui m'ont envoyé vers lui. Je lui rétorque : "Non, si l'idée était d'eux, ils n'auraient pas eu besoin de moi." C'est moi qui ai pensé à lui ! Et mon métier, c'est agent… »* Alors, Henouda se déplace au Parc des Princes pour régler le contentieux en tête-à-tête avec l'ancien arrière gauche de la sélection brésilienne : « *Au minimum, tu parles avec moi, Leo ! Je suis agent de club, je suis reconnu par la Fédération française de football* (NDA : ainsi, pour le joueur du PSG Ceará, Henouda n'était pas son représentant, mais l'a « amené en France » et a donc vu son nom inscrit comme agent français sur ce transfert), *ce qui protège le club dans les négociations. Pour toi, Leo, ça ne change rien de me mettre de temps en temps sur un dossier. C'est très transparent, je partage la commission avec les agents du joueur.* » Les intermédiaires du football ont la possibilité, selon les règlements de la Fifa, de travailler soit pour un joueur, soit pour un club. Parfois, il s'agit d'un habillage car ils représentent les footballeurs. Mais, dans les contrats, il est souvent stipulé qu'ils ont été mandatés par les clubs. Cette « astuce » ne vise qu'un objectif : diminuer les frais de financement liés au travail de ces intermédiaires. Si les joueurs devaient les rémunérer, ils auraient des impôts à acquitter sur ces sommes. Et, en général, nous l'avons vu, ils demandent aux clubs de le faire pour eux. Maquiller le mandat de l'agent permet à certains de dribbler les services fiscaux et d'économiser chaque fois quelques milliers d'euros.

Leonardo ne missionne jamais Henouda. Toujours sa légendaire méfiance vis-à-vis des agents, sans doute. Alors, Henouda réplique : « *Pour mon intérêt, j'espère que quelqu'un d'autre lui succédera au PSG. Mon impression est qu'il éprouve de la nostalgie à l'égard de l'Italie. Il y a passé presque quinze ans. Ici, pour lui, ce n'est pas facile.* » L'agent dresse la liste de ses autres griefs : « *Quand je lui parle de grands noms de joueurs évoluant au Brésil, il téléphone direct au président de Sao Paulo ! Alors je suis vigilant.* » Selon l'agent, à l'exception de Neymar, dont l'avenir semble pour le moment tracé, trois autres joueurs brésiliens sont « *exceptionnels* » : Leandro Damiao (né le 22 juillet 1989, buteur de l'Internacional), Lucas Moura (né le 13 août 1992, milieu de terrain droitier de Sao Paulo, véritable créateur de 1,72 m, dribbleur, bon frappeur) et Paulo Henrique Ganso (né le 12 octobre 1989, milieu de Santos). Henouda s'est donc positionné sur chaque dossier : « *Quand Leonardo a essayé de faire venir Ganso à l'Inter, il n'a pas été capable de donner un prix. Moi, j'ai un mandat de Ganso. Pour 27 ou 28 millions d'euros, je le sors du Brésil. Leandro, pour lui aussi, je suis calé avec son agent. En ce qui concerne Lucas, si son nom revient au PSG, Khalifa m'a envoyé négocier au nom du prince. J'ai protégé mes intérêts avec son agent.* » Une fameuse idée car le prodige, que Manchester United souhaitait également enrôler en alignant 36 millions d'euros, signe le 8 août 2012 un contrat jusqu'en juin 2017 avec le PSG. Montant : 40 millions d'euros plus 5 de bonus, Sao Paulo recevant immédiatement le premier versement. L'agent de Lucas Moura a passé trois heures dans le bureau de Leonardo pour finaliser une arrivée prévue en janvier 2013. Un joli coup car, au Brésil, Lucas Moura est considéré comme l'héritier de Kakà. Sélectionné pour les JO de Londres, il a longuement parlé du PSG avec Thiago Silva. Henouda, qui avait commencé à œuvrer sur ce dossier en 2011 lorsque le PSG s'était positionné pour la première fois, en est cette fois écarté. Il estime qu'on lui a fait « *un enfant dans le dos* ». La confiance est visiblement rompue entre le directeur sportif du PSG et celui qui est directement à l'origine de sa venue. Henouda, Moutier : deux déçus du leonardisme, comme si le Brésilien ne souhaitait pas s'entourer de ceux à qui il devait une partie de sa réussite.

IX

PASTORE, L'HOMME QUI A COÛTÉ 45 MILLIONS

Le vrai prix de l'Argentin de Palerme

Certains se targuent de valoir leur pesant d'or. Lui porte son prix comme une croix depuis l'été 2011. 42 millions d'euros écrasent ses frêles épaules. Javier Pastore, l'altier Argentin, a perdu son sourire, ce beau sourire qu'il arborait sans retenue, sa joie de vivre, mais aussi son toucher de balle soyeux et ses feintes irrésistibles. Même sa technique se volatilise.

Pastore vaut cher. Très cher, en comparaison des « modestes » 3,5 millions d'euros versés par le PSG pour obtenir le transfert de son ex-coéquipier à Palerme, Salvatore Sirigu. D'autant que nous sommes en mesure de révéler que le vrai prix de Javier Pastore n'est pas 42 mais 45 millions d'euros. En effet, son prix se décompose ainsi : 42 millions d'euros + 7 % qui correspondent à la TVA que les clubs français ne peuvent pas récupérer intégralement. Soit 45 millions ! Entre le PSG et Palerme, il a été convenu que cette somme serait payée en trois versements de 15 millions d'euros environ, le premier à l'été 2011, le suivant à l'été 2012 et enfin le dernier à l'été 2013.

Au cours de la saison 2011-2012, pour « déminer » alors que le joueur plonge et que la polémique enfle, Leonardo assure que le montant versé par le PSG est inférieur à 42 millions et ajoute : « *Mais une clause de confidentialité m'interdit de révéler le vrai chiffre.* » Ce qui n'aide guère à la transparence. Contrairement à

Zlatan Ibrahimovic, on parle nettement plus du prix du transfert de Pastore que de son salaire.

Pourtant, au moment de son arrivée, enregistrée juste après celles de Mohamed Sissoko et de Sirigu, les jugements dithyrambiques abondent. Leonardo l'arrache à Chelsea et à l'AC Milan. Pastore symbolise la campagne publicitaire initiée par le PSG : Rêvons plus grand. « El Flaco », le Maigre (1,87 m, 78 kg) est le prototype du milieu créatif axial sud-américain qui voit, sent et vit le jeu. Un pur numéro 10. À Córdoba, à Huracán, puis à Palerme depuis 2009, l'Argentin au passeport italien séduit les fans qui se délectent de ses passes décisives. En Italie, il passe à la postérité grâce à un triplé phénoménal contre Catane.

Sous le maillot parisien, Pastore réalise des débuts tonitruants avant de flancher. Quelques fulgurances empêchent toutefois sa déchéance, comme en mai 2012 à Valenciennes (4-3) où il met ensuite en avant avec jubilation « *les gestes justes faits aux moments justes* ». Mais combien de déceptions, de matches ratés ? Il évoque entre autres la fatigue, les longs déplacements pour rejoindre la sélection argentine. Le débat s'oriente parfois sur sa fragilité, comme en janvier 2012 alors qu'il se blesse au biceps fémoral de la cuisse gauche contre Sablé-sur-Sarthe (4-0) en Coupe de France et va se faire soigner au Qatar. À son retour, il souffre d'une gastro-entérite. Les interrogations portent aussi sur son manque de résistance physique, ou encore sur son positionnement. Est-il un neuf et demi ou davantage un milieu relayeur, qui devrait jouer plus bas, comme le suggère Johan Cruyff? Pastore laisse entendre que l'adaptation n'est pas évidente, que l'Italie lui manque. Les rangs de ses admirateurs s'éclaircissent singulièrement. Dans un entretien à *L'Équipe*, le 6 mai 2012, il confie : « *Il a fallu que je digère les attentes que je suscitais. Je savais qu'on me reparlerait du coût de mon transfert.* »

Contrairement à son compatriote Messi, Pastore ne déteste pas la communication. Il pose parfois en photo avec sa ravissante fiancée italienne, Chiara Picone, vingt et un ans, mannequin et ex-journaliste télé. Il twitte régulièrement. Au travers de quelques propos politiquement incorrects, l'Argentin provoque les réactions de son club. Comme lorsqu'il déclare à une radio italienne, mi-décembre 2011, qu'il veut « *progresser* ». Et d'ajouter, avec un zeste d'innocence ou un brin de perfidie : « *Peut-être que des clubs plus prestigieux que Paris m'appelleront plus tard.* » Antoine Kombouaré le recadre illico : « *Il est jeune (…), il est en train d'apprendre son métier, comment jouer au ballon, car il est encore à ce stade-là, mais aussi comment s'exprimer dans les médias. Et parfois, il fait des conneries comme les jeunes de son âge. Il faut qu'il fasse très gaffe à ce qu'il dit.* » Une réaction que le clan Pastore apprécie modérément. À partir du 6 novembre 2011 à Bordeaux (1-1), alors que plonge sa courbe de performances, Javier Pastore se démultiplie sur le front des interviews. Le 7, il se promène avec Chiara à Disneyland Paris et répond aux questions des journalistes : « *Il y a eu mon arrivée et tout ce qui s'est passé autour qui m'ont éprouvé (…). La vérité, c'est que dans mes clubs précédents, je n'étais pas habitué à jouer tous les trois jours.* » Il admet que « *les critiques font partie du jeu* » mais ne l'affecte pas. En revanche, il vient de vivre deux mois à l'hôtel, ce qui ne l'a pas enthousiasmé. Il se réjouit d'emménager chez lui, dans Paris. Le 22 novembre, il met en avant les mêmes arguments liés au physique dans *L'Équipe*. Mais aborde aussi les fameux 42 millions qui sont en réalité 45, comme vu plus haut : « *Quand j'ai pris la mesure de ce qu'il se passait autour de mon éventuel transfert, ça m'a fait un peu drôle (…). Ces 42 millions, jamais de ma vie je ne m'y attendais.* » Pour une fois, le PSG a pris les devants en termes de communication, mais la spirale négative ne s'enraye pas pour autant. Le 4 décembre, *Le Parisien* analyse « *les raisons d'un malaise* ». L'Argentin vient de sombrer à Marseille et n'est « *plus que l'ombre de lui-même* ». Arguments avancés : préparation incomplète, crise de confiance, manque de complicité avec les partenaires, relationnel tendu avec Nene (ce que Pastore a toujours démenti), positionnement sur les côtés qu'il n'apprécierait pas. Le mal-être se lit sur le visage de plus en plus fermé du joueur, qui n'a pas l'air heureux. Il bougonne, se traîne avec nonchalance sur le terrain sans se replacer. Il semble désemparé, comme rongé par une blessure intérieure. Le trouble s'accroît. *France Football* ne ménage pas l'Argentin douze jours plus tard : « *Surdoué ou surcoté ?* »

Dans *So Foot*, Pastore va plus loin et critique son propre positionnement sur le terrain, visiblement imposé par son entraîneur d'alors, Antoine Kombouaré. Il ne « *se sent pas libre* », las de bouger sans que ses partenaires ne le suivent. Pastore regrette de jouer collé à la surface de réparation adverse ce qui limite son influence et sa capacité d'expression. Il estime rares les fois où il a pris le ballon dans une zone propice pour « *faire mal à l'adversaire* ». Le milieu offensif joue les apprentis sorciers, à moins qu'il ne soit en service commandé pour fragiliser ou déstabiliser Kombouaré dont le départ se profile. Une thèse que personne ne confirme. Mais certains se demandent si cet athlète a priori flegmatique et discret ne cache pas en réalité un joueur politique, plus familier qu'il n'y paraît des intrigues de couloirs ou de vestiaires. Proche de Leonardo, a-t-il contribué à l'éviction d'Antoine Kombouaré, en le stigmatisant par quelques déclarations savamment distillées ou en ne donnant pas sa pleine mesure ? « *Javier n'a pas eu de problèmes avec l'entraîneur précédent, pas plus qu'il n'en a avec Ancelotti*, nous rétorque son représentant Marcelo Simonian, avec lequel nous échangeons des mails en avril 2012. *Pour moi, Ancelotti est l'un des meilleurs entraîneurs au monde et sa prestigieuse carrière le démontre.* » Et Kombouaré ? Pastore, à sa manière, n'esquive pas la comparaison à distance entre ses deux entraîneurs parisiens : « *Ancelotti a eu un très bon impact sur nous.*

C'est un entraîneur que tout le monde connaît. » Kombouaré appréciera.

En janvier, une lame de fond emporte Pastore. *Le Parisien* affirme que « *Sans Pastore, Paris peut être plus fort* ». Fin mars, *L'Équipe* se demande : « *Faut-il jouer sans Pastore ?* » Ancelotti, qui a succédé à Kombouaré, ne parvient pas à métamorphoser le joueur. « *Il n'est pas indispensable, mais aucun joueur ne l'est*, lance le coach. *Il doit toucher plus de ballons dans un match, être moins irrégulier.* » Pourtant, il joue. Alors, survient un nouveau débat : est-il protégé ? Ancelotti persiste-t-il à le titulariser coûte que coûte au premier trimestre 2012, alors que ses performances manquent cruellement de consistance, afin de satisfaire ses dirigeants qui ont déboursé une fortune pour l'engager ? Leonardo monte au créneau pour démentir dans *L'Équipe* du 3 avril : « *Je comprends qu'on pense cela parce qu'il a coûté beaucoup d'argent et qu'on devrait tout faire pour que ça marche bien. L'important, ce sont les résultats. Mais Pastore n'est pas protégé. S'il n'est pas bon, il ne jouera pas.* » Pastore n'est pas bon, puisqu'il est remplaçant à Auxerre (1-1) dimanche 15 avril.

Inéluctablement, un chiffre revient dans les conversations : 42 millions. Cette somme, alors record pour la L1, obsède le grand public et tourmente le jeune prodige qui devient pour l'opinion « *l'homme qui vaut 42 millions* » ou plutôt qui ne les vaut pas en raison de ses prestations. À la fin de la saison 2011-2012, une mauvaise blague circule : « *Pourquoi Paris a-t-il déboursé 46 millions pour Thiago Silva, un défenseur central, ce qui est le record de la L1 ? Juste pour que Pastore ne soit plus le joueur le plus cher du club !* » Le sujet est sensible.

Beaucoup d'argent circule depuis toujours autour de l'Argentin, un talent pur remarqué dès ses débuts. « *Je connais Javier depuis 2006, alors qu'il évoluait à Talleres de Córdoba* », nous raconte son agent, Marco Simonian. Cette année-là, Pastore effectue un essai infructueux à Saint-Étienne. Simonian est un homme d'affaires établi à Buenos Aires, qui s'est également occupé jusqu'en 2009 des intérêts de Lucho. Il entretient parallèlement des relations amicales avec Fernando Cavenaghi. S'il ne l'a jamais représenté, il a participé avec son manager, Nestor Sivori, aux négociations avant ses transferts au Spartak et à Bordeaux. Simonian porte à son paroxysme le système sud-américain de division des joueurs en parts, un pourcentage de leur contrat étant détenu par un ou plusieurs agents via une société, une méthode lucrative mais qui rend tout transfert vers l'Europe extrêmement complexe. Sur le plan moral, de telles constructions sont contestables. En effet, le joueur – et même l'homme – ne s'appartient plus. Simonian utilise en fait son réseau et sa parfaite connaissance du maillage régional du football argentin pour repérer de futurs cracks et « acheter » leurs droits, en partie ou en totalité. Ainsi, pour détenir 50 % des parts de Pastore, il débourse initialement 250 000 dollars. La justice s'intéresse à ce montage et Pastore est cité à comparaître à Córdoba en 2007, avant de migrer vers le club de Huracán.

Le Parisien raconte que Simonian, prenant conscience du talent de Pastore, souhaite alors posséder la totalité des droits sur le joueur. Pour cela, il débourse 800 000 dollars. En 2009, lorsque Palerme manifeste son intérêt, il est donc indispensable de procéder à une nouvelle répartition. L'homme d'affaires cède 50 % des parts à Maurizio Zamparini, président de Palerme, pour 4 millions d'euros. La hausse du prix de Pastore est exponentielle. Le « meilleur » reste à venir pour les investisseurs, ils le savent. Palerme ne représente qu'une étape dans la fulgurante carrière du numéro 10. Anticiper est donc une priorité absolue. Comme Zamparini et Simonian détiennent désormais la moitié des parts chacun, il est apparemment prévu que le président de Palerme reverse à l'homme d'affaires 50 % de l'argent obtenu lors du prochain transfert. C'est alors que Leonardo et le PSG entrent en scène.

« *Leonardo et moi avons commencé à discuter de Javier avant la Copa América 2011* », nous précise Simonian. Des discussions constructives et suivies à distance, au moment de leur finalisation dans la nuit du 29 au 30 juillet 2011, par le joueur qui passait alors ses vacances en République dominicaine. Pastore est enchanté et Palerme motivé financièrement par une substantielle indemnité de transfert. Leonardo n'ignore rien de la complexité du contrat de Pastore. D'emblée, il prévient ses interlocuteurs qu'il ne reconnaît qu'une entité en matière de paiement : le club de Palerme. La signature du contrat tarde car il faut du temps pour régulariser la situation. À Doha, concernant ce dossier comme d'autres, on ne veut surtout offrir aucune prise à d'éventuelles poursuites ultérieures. Le 4 août, le document officiel stipule donc bel et bien que les droits du joueur sont octroyés en totalité et sur tous les plans au PSG. Les avocats du club parisien ont longuement planché sur le sujet. Ni Simonian ni Zamparini ne pourront réclamer quoi que ce soit si le PSG vend à son tour El Flaco. Leonardo affiche sa satisfaction le 11 août au Parc des Princes : « *Javier Pastore est un très grand joueur. Avant, la France ne se mêlait pas à ce marché-là (…). On a aussi payé ce qu'on pense que Pastore peut devenir.* » Une promesse ou un mirage ?

Pourtant, l'affaire ne touche pas encore à son terme. Palerme « bloque » le versement de la part revenant à Simonian, malgré un accord qui aurait été entériné par fax le 6 août. Accord selon lequel, a priori, Simonian réduit ses prétentions. Maurizio Zamparini, président de Palerme, qui a conseillé au joueur de rejoindre Paris en raison de la présence de Leonardo, ne semble pas satisfait. Selon lui, il ne doit que 3 millions à Simonian. Nouvelle escalade lorsque le bouillant président dénonce une « *tentative d'extorsion de fonds* ». Il porte plainte en septembre 2011 à Palerme, saisit même le Tribunal arbitral du sport et accuse subitement l'agent d'avoir empoché près de la moitié du transfert du joueur, au lieu de 17 millions comme le stipulait selon lui le contrat. Zamparini s'en prend vertement à Simonian et sa société Dieci Football Corporation via l'agence de presse Ansa : « *Ils nous réclament quelque chose qu'ils n'avaient pas à réclamer et le tout avec la menace de ne pas faire signer le contrat dans le cas contraire. Nous avons été pris en otages dans cette affaire.* » Pastore, accompagné de Leonardo, est même entendu comme témoin par un juge sicilien, le procureur adjoint de Palerme Maurizio Scalia, en octobre 2011.

Simonian ne comprend pas les attaques de Zamparini, comme il nous le confie en avril 2012 : « *Tout d'abord, je précise que nous n'avons jamais eu le moindre problème au niveau d'une commission avec lui, car il ne s'agissait pas d'une commission. Le problème est venu d'une rupture de contrat et il va bientôt trouver une issue.* » À sa sortie du tribunal de Palerme, en octobre 2011, il s'était adressé aux journalistes : « *Je suis totalement étranger aux faits qui me sont reprochés* ». Après un examen minutieux des documents en sa possession, le procureur de Palerme préconise le 14 avril 2012 de classer l'affaire. Il sous-entend qu'une négociation va s'ouvrir et qu'une annonce pourrait être faite en juillet. Effectivement, trois mois plus tard, l'affaire est soldée, conformément donc aux souhaits de la justice et aux prédictions de l'agent argentin. Le président de Palerme doit verser à la société de Simonian 15,5 millions d'euros, selon un accord signé devant le tribunal qui met définitivement fin au litige, comme le révèle le *Giornale di Sicilia* dans son édition du 3 juillet 2012. Simonian offrira une partie de cette manne à l'hôpital des enfants de Palerme. Zamparini peut sourire : « *Nous redevenons de vieux amis comme avant et (revenons) à une collaboration entre nous, c'est ça le plus important.* »

Après une première saison en demi-teinte, Pastore accomplit une préparation prometteuse à l'été 2012 au cours de laquelle il est le joueur le plus utilisé par Carlo Ancelotti, signe de la confiance accordée inlassablement par l'entraîneur transalpin à l'ex-joueur le plus cher de la Ligue1. Pastore est aussi le Parisien qui possède les meilleures données médicales et physiques de l'effectif, selon les GPS posés sur chaque joueur par le staff parisien. Il encaisse les efforts et peut les multiplier. L'Argentin inaugure un nouveau positionnement, milieu relayeur côté gauche, ce qui lui permet de toucher davantage de ballons et de multiplier les renversements de jeu au moyen de longues transversales. Suspendu lors de la première journée de Ligue1 face à Lorient (2-2), Pastore est titulaire à Ajaccio dimanche 19 août (0-0) mais ne brille guère. Leonardo s'exprime à ce sujet dans *L'Équipe* du 23 août : « *Il évolue, il se montre disponible. À Ajaccio, il n'a pas été incroyable, mais c'était un match bizarre : 85 % de l'équipe n'était pas bien. Ce qui compte, c'est d'avoir une mentalité de vainqueur (…). Javier est arrivé dans la situation la plus compliquée, au début de ce projet. C'était LA recrue. Mais, cette année, il a tous les moyens pour faire une grande saison (…). Ou tu entres dans le système et la culture de la gagne ou tu sors. Je ne parle pas que de lui.* » Ses prestations suivantes, en position haute cette fois, contre Bordeaux (0-0) et à Lille (succès 2-1) ne sont pas plus concluantes même si l'Argentin délivre la passe décisive pour Ibrahimovic sur le second but parisien dans le Nord, le 2 septembre. Il est de nouveau performant face à Toulouse et Kiev pour son premier match de Ligue des champions (4-1), le 18 septembre. La suite se révèle moins brillante. L'apogée de sa nouvelle baisse de rythme se situe à Marseille (2-2), le 7 octobre, pour le fameux « clasico ». Inexistant en première période, il est remplacé à la mi-temps. Pastore cristallise de nouveau les critiques. En externe, comme depuis son arrivée. Mais aussi en interne. Plusieurs de ses partenaires le considèrent comme protégé et favorisé. N'a-t-il pas fait venir, avec l'accord du staff d'Ancelotti, son préparateur physique personnel, Diego Giacchino lors de la seconde partie de sa première saison parisienne? Cette décision stupéfait de nombreux techniciens. Comment justifier qu'il continue d'être régulièrement titulaire si ce n'est parce qu'il bénéficie d'un traitement de faveur en ce début d'exercice 2012-2013? Ce sentiment de favoritisme est d'autant plus exacerbé que sa compagne est vue à plusieurs reprises aux mises au vert de l'équipe et est autorisée à rentrer de Porto dans l'avion du PSG, le 3 octobre. Sa fin d'année 2012 n'échappe pas au paradoxe Pastore. Transparent sur le terrain en raison, selon des proches en Argentine, des problèmes de santé de sa mère, l'ancien de Palerme ressuscite à la faveur de PSG-Porto, le 4 décembre. Titularisé milieu gauche dans un inédit 4-4-2, comme par miracle, Pastore est bon. Et il enchaîne les performances de qualité jusque fin décembre. Mais alors qu'il semble enfin lancé à Paris, voilà qu'il fait des déclarations à un média italien sur son amour pour le Milan AC, un club qu'il souhaite rejoindre et où il confie qu'il jouera un jour. Une polémique ne manque pas d'éclater. Sur son compte twitter, il tente de minimiser l'importance de ses propos mais encore une fois, son image en ressort brouillée.

Antoine Kombouaré, Carlo Ancelotti... Les entraîneurs changent, les matches se succèdent, mais l'éternelle interrogation subsiste : Javier Pastore vaut-il 45 millions d'euros?

X

KOMBOUARÉ VIRÉ AU BOURGET

La vérité sur le départ d'Antoine Kombouaré

C'est un comble. Ou tout au moins un clin d'œil comme le football aime en adresser de temps en temps. Viré par le Qatar en décembre 2011 alors que le PSG était leader de la Ligue 1 à la trêve avec trois points d'avance sur Montpellier, le futur champion, Antoine Kombouaré a rebondi à l'été 2012 en Arabie Saoudite, pays voisin de l'émirat qatarien. Il a rejoint l'équipe d'Al-Hilal. Si, en Europe, le club saoudien est méconnu, il s'agit d'un mastodonte du football moyen-oriental et asiatique, l'équivalent du Real Madrid ou de l'AC Milan dans le Golfe persique. Vainqueur de 13 championnats saoudiens, de 9 Coupes nationales et de 2 Ligues des champions asiatiques, Al-Hilal a été désigné « meilleur club asiatique du XXe siècle » par la Fédération internationale d'histoire et de statistiques du football (IFFHS). Antoine Kombouaré s'est donc engagé en faveur d'une formation particulièrement exigeante et ambitieuse. C'est là que l'ancien défenseur de Nantes pourrait décrocher le premier titre de champion de sa carrière d'entraîneur. Au PSG, la direction qatarienne ne lui a pas laissé le temps d'atteindre cet objectif.

Retour plus d'une année en arrière. Le 31 mai 2011, Sébastien Bazin convoque la presse pour annoncer qu'un accord portant sur la cession de 70 % des parts du PSG a été trouvé avec un investisseur du Qatar. Le lendemain, dans son édition du 1er juin,

Le Parisien a pu interroger Antoine Kombouaré, l'entraîneur en exercice, à propos du changement de propriétaire et des conséquences de cette révolution. Celui-ci, sans jamais avoir eu le moindre contact avec les acquéreurs, déclare, pragmatique : « *On va bien voir ce que le nouveau propriétaire veut et va faire. Moi, je suis comme Saint-Thomas, je ne crois que ce que je vois (…). Est-ce qu'il va nous faire confiance* (NDA : à lui et Robin Leproux, le président à cette époque) *? Je l'espère mais je n'en sais rien. S'il veut continuer avec nous, tant mieux. Si c'est sans nous, son arrivée est de toute façon une très bonne nouvelle pour le PSG. Il va y avoir des moyens nouveaux et importants.* »

Les interrogations du technicien seront levées quelques jours plus tard. Samedi 11 juin, se déroule au Parc des Princes le jubilé Bernard Lama. Antoine Kombouaré fait, bien évidemment, partie des joueurs conviés à l'après-midi festif en compagnie des anciens partenaires du gardien de but international. George Weah, très proche de Lama durant ses années parisiennes, se déplace pour l'occasion. Sauf que le jour J, Kombouaré n'est pas là. Il s'est excusé auprès de son grand ami pour son absence. L'entraîneur parisien a été convoqué à Doha par le prince Tamim. Ce déplacement imprévu ne perturbe pas trop son programme de vacances. Kombouaré a prévu de partir à l'île Maurice avec sa famille et des amis proches du milieu du foot comme Xavier Gravelaine et Franck Dumas, entraîneur de Caen à l'époque. La halte à Doha ne constitue donc qu'une escale sur la route d'un repos bien mérité. Ces quelques heures passées dans l'émirat vont rassurer Kombouaré. Le prince Tamim lui réserve un accueil chaleureux, en toute simplicité. Surtout, après lui avoir présenté son projet et fait part de ses ambitions, il le confirme à son poste d'entraîneur et dit devant plusieurs témoins : « *C'est lui mon coach* ». C'est donc l'esprit tranquille que le coach parisien se rend dans l'océan Indien avec ses proches. Détente et golf – c'est un passionné – figurent au menu de ses journées.

Le Kanak, né en 1963 à Nouméa, peut attendre et préparer sereinement la reprise de l'entraînement prévue jeudi 30 juin, à 16 heures, au camp des Loges. Grâce à Tamim, Kombouaré connaît le projet dans ses grandes lignes et sait qu'il aura au-dessus de lui dans l'organigramme un directeur sportif, sans doute Leonardo. Sauf que l'officialisation de l'arrivée du Brésilien tarde. L'ancien coach de l'AC Milan et de l'Inter est finalement intronisé mercredi 13 juillet.

Les premiers contacts entre le directeur sportif et l'entraîneur sont chaleureux. De toute façon, approcher Leonardo n'est jamais désagréable. Souriant, il sait mettre ses interlocuteurs à l'aise et leur donner confiance. Lorsque Douchez se blesse, Leonardo souffle à Kombouaré le nom du gardien de but italien Salvatore Sirigu. L'entraîneur acquiesce. Sakho et Bisevac sont sur le flanc, courant août. Le coach et Leonardo s'entendent pour enrôler l'Uruguayen Lugano, proposé par Leo, qui ne convaincra personne en raison de ses faibles prestations. Pour l'heure, la collaboration du tandem se déroule sans anicroche. « *Au départ, tout se passait bien,* se remémore un proche de Kombouaré. *Leonardo était sympa et il y avait un vrai dialogue entre eux deux. Et puis, d'un coup, ça a changé.* » La rupture a été brutale, c'est vrai, mais elle peut s'expliquer chronologiquement. Elle se produit le 6 novembre 2011, jour de la rencontre Bordeaux-PSG (1-1). Mais, deux mois et demi plus tôt, dès août, des doutes semblaient escorter l'avenir d'Antoine Kombouaré au PSG. *L'Équipe* annonce alors que Leonardo a pris contact avec Carlo Ancelotti. Le quotidien sportif écrit même que si Kombouaré ne remportait pas les deux derniers matches du mois d'août après l'inattendue défaite inaugurale contre Lorient (0-1) et un nul à Rennes (1-1), il serait remercié. La question ne se pose pas, puisque Paris gagne contre Valenciennes (2-1) et Toulouse (3-1). Mais en fait, même sans ces deux succès, Kombouaré n'aurait pas été congédié à ce moment-là. Ce n'était pas le plan des Qatariens comme le confirme l'attitude du prince Tamim, venu rendre visite à l'équipe la veille du match de Valenciennes, lors de son dernier entraînement. En français, ce jour-là le propriétaire du club a certes encouragé ses joueurs mais il s'est surtout montré très chaleureux avec Kombouaré. Rien ne l'y obligeait puisque la séance se déroulait à huis clos.

Les deux succès de la fin août amorcent une période d'invincibilité qui s'étend sur 11 matches (9 victoires et 2 nuls) en Championnat. Après le partage des points à Annecy (2-2) contre Évian-Thonon-Gaillard lors de la 6ᵉ journée, le PSG de Kombouaré engrange six succès de rang. Ce superbe enchaînement s'arrête à Bordeaux. En cette soirée du 6 novembre, Armand et ses partenaires, qui viennent de disputer 7 rencontres en 20 jours, livrent une prestation moyenne sous les yeux de Nasser Al-Khelaïfi. Surtout, le jeu parisien est poussif, sans saveur, et le spectacle n'est pas au rendez-vous. La direction parisienne quitte le stade Chaban-Delmas furieuse. D'autant que ce résultat nul intervient dix jours après l'élimination en Coupe de la Ligue à Dijon (2-3), le 25 octobre.

Au lendemain du déplacement en Gironde, le débriefing du match entre Leonardo et l'entraîneur prend une tournure houleuse. « *La discussion a été acharnée,* confirme Kombouaré dans l'entretien qu'il a accordé au *Parisien* et à *L'Équipe* le 20 janvier 2012, quelques semaines après son limogeage. *Elle portait sur le jeu de l'équipe. On est allés au bout de ce qu'on pouvait se dire. Il m'a dit : "Aujourd'hui, tu es entraîneur, mais ça peut s'arrêter à tout moment."* » Cette phrase est lourde de sens quand on apprend quelques jours plus tard que Leonardo et Nasser Al-Khelaïfi ont rencontré Carlo Ancelotti à Paris. Le coach italien effectue avec sa compagne un aller-retour en Eurostar entre Londres et Paris. Il arrive en France le mardi 8 novembre à 12 h 47 à la gare du Nord, repart le lendemain à 13 h 04 et loge dans un hôtel proche de l'Odéon, le très réputé Relais Saint-Germain de Claudine et Yves Camdeborde. Son concept est prometteur : « *Il y a des lieux qui se décrivent et ceux qui se vivent.* » Leonardo et Nasser exposent leur projet et leurs ambitions à Ancelotti qui écoute d'une oreille attentive.

La révélation de cette réunion pendant la trêve internationale de novembre plonge le club dans une ambiance délétère, malgré la première place au classement avec 30 points et trois longueurs d'avance sur Montpellier. « *Après Bordeaux, on ne travaillait plus ensemble avec Leonardo*, confie Kombouaré lorsqu'il rompt le silence, en janvier 2012. *Les deux derniers mois, j'ai travaillé seul.* » Plus exactement, avec son staff, sa garde rapprochée à laquelle il accorde une confiance inébranlable : Yves Bertucci, son adjoint, Raphaël Fèvre, le préparateur physique, et Gilles Bourges, le coach des gardiens de but. Kombouaré, lorsqu'il était joueur, faisait preuve d'une loyauté sans faille envers ses couleurs et ne fonctionnait que dans la clarté avec ses entraîneurs. Avec lui, pas de faux-semblants. Il acceptait la concurrence, comme celle de Roche – avec lequel il est très lié – et de Ricardo au PSG, si elle était juste. Son superbe but face au Real Madrid (4-1 au Parc le 18 mars 1993) est inscrit dans la légende du PSG, où il a joué de novembre 1990 à 1995 avant de donner une autre orientation à sa carrière. Plus tard, « Casque d'or » a dirigé avec brio la CFA du PSG avant de prendre en main l'équipe première quelques années plus tard. Kombouaré est un homme de principes, droit et détestant les luttes politiques. Alors, dans le contexte difficile du PSG, il redouble de vigilance vis-à-vis de « l'extérieur », le siège du club. Il se tient à distance de Leonardo et des dirigeants.

Kombouaré se méfie aussi d'Angelo Castellazzi, ancien de l'AC Milan qui sera surnommé par certains « *l'œil de Moscou* », recruté par Leonardo pour le travail vidéo et la tactique. Interrogé sur ce recrutement en conférence de presse, Kombouaré lâche, direct et ferme comme il sait l'être : « *J'ai donné mon accord à son arrivée, mais en aucun cas il ne s'occupe de tactique. La tactique, c'est moi et personne d'autre.* » Le destinataire de ce message est bien entendu Leonardo. « *Cet épisode Castellazzi a été bizarre, raconte un ancien membre du staff de Kombouaré. Leonardo ne l'a jamais présenté comme cela doit être fait quand on recrute un nouvel élément. Et, alors qu'au début la collaboration se passait bien avec Angelo, à la fin, quand on lui demandait des informations, il ne les donnait plus.* » Il faut préciser que Kombouaré a fini par l'ignorer une fois qu'il a su qu'il pouvait menacer ses prérogatives.

L'atmosphère est pesante. Samedi 12 novembre, le Kanak participe au Trophée de la fondation Gol de Letra (qui vient en aide à des enfants défavorisés au Brésil) organisé par Rai au stade Pierre de Coubertin, dans le XVIᵉ arrondissement de Paris. Il reçoit une ovation du public. Leonardo, cofondateur de Gol de Letra avec Rai, a préféré se décommander. La raison : sa femme est sur le point d'accoucher. C'est la vérité, mais elle n'accouchera pas ce jour-là. De toute façon, le Brésilien a sans doute bien fait de ne pas se déplacer. Si son entraîneur a été applaudi, lui aurait très certainement été hué par le public. À cette époque, l'opinion ne comprend pas le management des Qatariens : pourquoi vouloir se débarrasser d'un entraîneur premier du Championnat ? Le milieu du football soutient aussi l'entraîneur en poste. L'Unecatef, le syndicat des entraîneurs, publie un communiqué en ce sens. *Le Parisien* du 11 novembre offre la parole à des collègues de Kombouaré. Ils défendent unanimement leur confrère. « *Laissez-le travailler tranquille. Sur ce coup-là, je suis solidaire* », clame Rudi Garcia, le coach de Lille. Bernard Lacombe, le conseiller de Jean-Michel Aulas à Lyon, lâche : « *Que va faire Ancelotti de plus ?* » Partout, c'est l'étonnement, pour ne pas dire l'indignation.

Cible de nombreuses critiques, Leonardo décide de contre-attaquer en donnant, lundi 14 novembre, une interview commune au *Parisien* et à *L'Équipe*. Il choisit même ses interlocuteurs. C'est comme ça. À prendre ou à laisser. Leonardo ne se démonte pas. Avec son sourire angélique, il assène ses messages lapidaires. « *Antoine connaît sa situation depuis le début. Elle n'a pas changé. On a déjà parlé mille fois de tout, et tout est vraiment clair entre nous. Je sais ce qu'il pense, il sait ce que je pense.* » Et quand il est poussé à confirmer Antoine Kombouaré comme entraîneur, le Brésilien s'agace. « *L'idée, c'est celle-là. C'est aussi de tout gagner, dans le sens, en tout cas, d'être compétitif dans toutes les compétitions.* » Pas de chance pour Kombouaré, il a été éliminé une vingtaine de jours plus tôt de la Coupe de la Ligue.

« *Non, il n'y a jamais eu de propositions directes* », affirme également Leonardo – mais nul n'est obligé de le croire – au sujet de sa rencontre avec Ancelotti. Le Brésilien poursuit : « *On se doit de construire. Et on se doit aussi de penser à l'avenir.* » À l'aise à l'oral, l'ancien Milanais se sort de cet exercice avec talent. Mais certaines de ses réponses ne paraissent pas très positives pour Kombouaré. Jamais Leonardo ne garantit formellement sa présence jusqu'à la fin de saison. De son côté, Kombouaré ne se berce pas d'illusions. Il est en sursis permanent. Mais, dans un coin de sa tête, il pense aussi que seuls les résultats le sauveront. Erreur.

Si la direction parisienne avait voulu déstabiliser Kombouaré ou fragiliser sa situation, elle n'aurait pas adopté une autre stratégie. Alors que tout va bien, même si le jeu pratiqué n'est pas toujours flamboyant, l'autorité du coach est indéniablement sapée. Le doute s'installe aussi dans la tête des joueurs. Comment expliquer la série noire (trois revers) après le déplacement à Bordeaux? Sans doute par la gestion calamiteuse de la situation par Leonardo et les propriétaires du club, en cette première quinzaine de novembre.

Après ces deux semaines agitées, Paris retrouve le Championnat le 20 novembre contre Nancy, au Parc des Princes. Les Lorrains éprouvent des difficultés en cette première partie de saison. Leur réception doit ressembler à une formalité pour le PSG qui livre une partition correcte ce soir-là. Mais voilà, les montants repoussent les tentatives de Nene et de ses partenaires et un but exceptionnel de Calvé permet aux hommes de Jean Fernandez de l'emporter sur le score de 1-0. Paris plonge dans la crise. Encore une fois, c'est Leonardo, et lui seul, qui l'a provoquée. Une semaine plus tard, les Parisiens ne se présentent pas à Marseille, pour le fameux clasico, dans les meilleures conditions. Pourtant, l'OM peine, avec une modeste 10e place au classement de L1, à 12 longueurs du PSG. Les Olympiens n'ont qu'une envie, faire chuter leur meilleur ennemi. Le match suscite un véritable engouement médiatique. Dans les jours qui précèdent le choc, Al-Jazeera dépêche ses équipes à la rédaction de *La Provence* pour suivre le travail des journalistes marseillais. Comme elle le fait à chaque affiche de L1, puisqu'elle dispose des droits du Championnat à l'international, la chaîne qatarienne envoie en France son duo de commentateurs vedettes et ne lésine pas sur les moyens techniques. Ce choc sera suivi de près à Doha à commencer par le prince Tamim devant son écran de télévision. La direction parisienne descend au grand complet sur la Canebière. Au stade Vélodrome, la tribune officielle se trouve au milieu des supporters. Nasser Al-Khelaïfi se souviendra longtemps de sa soirée marseillaise. Déjà, son équipe est laminée (0-3), inexistante techniquement et tactiquement. Dans les duels, elle est dépassée par des Marseillais qui ont choisi de durcir le jeu. Mais le boss du PSG découvre aussi les « méthodes » de certains fans de l'OM. Pendant toute la rencontre, et particulièrement à chacun des buts phocéens, il se fait copieusement insulter de la voix et du geste. Le dirigeant se fige, son visage se crispe. Une humiliation. L'une des pires de sa vie.

Antoine Kombouaré est lui aussi abasourdi. Les critiques le visent. Sans raison apparente, il a décidé d'aligner au coup d'envoi l'Uruguayen Diego Lugano. Médiocre depuis le début de son aventure parisienne, le capitaine de la Celeste est coupable sur le premier but. Le choix de Kombouaré paraît incompréhensible. Voulait-il faire plaisir à Leonardo en lançant l'une des recrues du Brésilien, alors qu'il se sait sous la menace? L'explication, l'ex-entraîneur de Valenciennes la donne quelques semaines plus tard, après son licenciement, dans *L'Équipe* : « *Pour moi, c'est* (NDA : Lugano) *un très grand joueur. Il était en difficulté. Les grands joueurs sont souvent transcendés par ces rendez-vous. Mais il aurait fallu, ce jour-là, qu'il réponde ensuite présent sur le terrain. Ce match m'a valu des reproches. C'est normal. J'assume.* » En tentant ce pari finalement perdu, Kombouaré s'attire, au moins pour quelques heures, la rancune de ses joueurs qui n'ont pas saisi la pertinence de son choix. Ce match laisse des traces indélébiles au sein de l'effectif. Dans les vestiaires, Claude Makelele, conseiller de la direction, invective quelques joueurs présents autour de lui, leur assénant que leur production au Vélodrome est inadmissible.

Une actualité chassant l'autre, le PSG n'a pas le temps de se morfondre sur cette claque marseillaise. Quatre jours après, il dispute un match capital en Ligue Europa à Salzbourg, en Autriche. Une défaite par un but d'écart « suffit » à Paris pour être presque assuré de sortir de sa poule et se qualifier pour les seizièmes de finale de l'épreuve. Comme pour accroître la pression, l'état-major parisien se déplace dans la patrie de Mozart. L'entraîneur exige des « guerriers ». Il n'est absolument pas entendu. L'équipe délivre encore un match approximatif, sans rythme ni idées directrices. Menée à l'approche du temps additionnel, elle limite, malgré tout, les dégâts. Jusqu'à un but venu d'ailleurs inscrit par Salzbourg dans les toutes dernières minutes et une défaite cinglante (0-2).

Paris n'est pas encore éliminé, mais il n'est plus maître de son destin. Il devra battre l'Athletic Bilbao et prier pour que Salzbourg ne s'impose pas à Bratislava dans le même temps. Treize jours plus tard, il n'y a pas de miracle. Paris écarte bien Bilbao (4-2) mais Salzbourg l'emporte en Slovaquie. Après la Coupe de la Ligue, le PSG est éliminé prématurément de la scène européenne alors qu'il devait y briller, pour satisfaire les attentes du Qatar. « *Nous étions mal après Salzbourg mais moi, j'y croyais encore,* nous affirme un ancien membre du staff. *J'ai dit à Antoine que si l'on finissait en tête à la trêve, ils allaient nous garder!* » Cette soirée autrichienne, le 1er décembre, marque toutefois une nouvelle étape dans la dégradation des relations entre les patrons du club et leur entraîneur. Nasser Al-Khelaïfi, Leonardo et leur suite ne s'attardent pas au stade et filent promptement à l'hôtel. Leurs visages sont fermés. À leur retour au Crowne Plaza, au cœur de la nuit, quelques joueurs-cadres improvisent de leur côté une réunion. Bodmer, Ceará, Camara, Sissoko et Sakho ont bien conscience qu'il faut réagir. Quelques heures plus tard, toute la délégation parisienne repart en avion pour la France. Les dirigeants s'installent au premier rang de l'appareil. Lorsqu'ils croisent Kombouaré, ils lui adressent un bonjour poli. Cela n'augure pourtant rien de bon pour le technicien. Un témoin de la scène se souvient avoir eu l'impression qu'il y avait bel et bien deux camps, voire deux clans, au sein du club durant le voyage. Les pro et les anti-Kombouaré. Pourtant, à Roissy, quand ils se séparent, le coach est toujours en place et se prépare donc à défier Auxerre, dimanche 4 décembre au Parc des Princes.

Les rumeurs les plus folles circulent alors. Claude Makelele serait pressenti pour prendre les commandes du PSG dès la rencontre face à Auxerre. Depuis le revers cinglant à Marseille, le nom de l'ancien capitaine du PSG revient souvent. « *Il n'a jamais été question de Makelele* », confie à l'un des auteurs, en novembre

2011, un proche d'Al-Khelaïfi. L'ex-international ne possède aucune expérience du poste et ne correspond pas du tout au profil recherché par les Qatariens. En outre, Makelele ne souhaite pas brûler les étapes. Succéder à Kombouaré l'embarrasserait plus que tout, les deux hommes entretenant, depuis le FC Nantes, de bonnes relations. Makelele est tellement gêné que, le jour du match à Salzbourg, juste avant la causerie, il a demandé à voir l'entraîneur pour lui assurer qu'il ne prendrait pas sa place au PSG. À ce sujet, Kombouaré s'exprime franchement après son départ : « *J'aurais été vexé s'ils avaient mis Makelele* ».

« Casque d'or » est bien aux commandes de son équipe contre Auxerre. Elle s'impose 3-2. En ce mois de décembre incertain, le PSG réalise même une nouvelle (belle) série avec quatre victoires, trois en Ligue1 et un en Ligue Europa, et un nul. L'équipe, grâce à un ultime succès à Saint-Étienne (1-0) le 21 décembre, finit champion d'automne avec 40 points, sous les yeux de Leonardo et de Jean-Claude Blanc, le directeur général délégué du club, en poste depuis quelques semaines. Au coup de sifflet final, Kombouaré serre le poing, comme il le fait après chaque victoire. Peu après, une vive discussion en italien a lieu entre Leonardo et Pastore. Cela ne surprend guère le staff puisque, depuis quelques semaines déjà, l'attitude de l'Argentin a changé. Son comportement irréprochable du début de saison laisse la place à des bouderies. « *Il ronchonnait tout le temps* », déplore un familier du vestiaire. Ce soir-là, il utilise même des mots grossiers. Qui vise-t-il ? Leo et le milieu de terrain dialoguent souvent. Le Brésilien ne « taille » jamais l'ancien joueur de Palerme. Bien au contraire. « *Nous avons appris que Leonardo était souvent critique à propos du jeu de l'équipe, lorsqu'il était dans la tribune,* révèle un ancien salarié du club proche de Kombouaré. *Plusieurs fois, il a fait des commentaires négatifs sur Nene car celui-ci ne mettait pas assez en valeur Pastore. Makelele a même souvent pris la défense du milieu brésilien.* » Leonardo manifeste parfois ostensiblement sa mauvaise humeur après les performances du PSG. Même les soirs de victoire, il se montre rarement totalement satisfait. Autant de signaux négatifs. Le changement se prépare. En ce 21 décembre, il semble imminent.

De retour dans le vestiaire visiteurs de Geoffroy-Guichard, et en concertation avec son staff, Kombouaré décale la reprise au 31 décembre au lieu du 30 comme prévu initialement. Leonardo surgit à son tour, félicite les joueurs et annonce que la reprise aura finalement lieu le 1er janvier. Sans plus d'explication fournie à son entraîneur. Leonardo demande alors à voir Kombouaré en particulier et lui propose de rentrer avec Blanc et lui en avion privé. L'ex-coach de Strasbourg refuse et lui répond qu'il n'est pas question qu'il abandonne ses joueurs. L'avion des dirigeants atterrit au Bourget une demi-heure environ avant celui de l'équipe. Leonardo attend pourtant Kombouaré, échange quelques mots avec lui et le prévient qu'il va être limogé. « *C'est fini* », lui lance le Brésilien dans la nuit du Bourget. Rendez-vous est pris dans la matinée. Antoine Kombouaré rentre chez lui pour repartir presque aussitôt. Il accompagne en effet sa petite famille à l'aéroport à l'aube, car il part en vacances à Marrakech pour les fêtes de fin d'année. Il annonce à sa famille qu'il n'est plus l'entraîneur du PSG. Maeva, son épouse, Sandra, sa fille, et son fils, Yann, sont finalement soulagés par cette nouvelle. Kombouaré prévoit de rejoindre les siens au Maroc après son entretien avec Leonardo. Comme convenu, il le rencontre en tête-à-tête à l'hôtel Intercontinental près de l'Opéra. Avec lui, est viré son adjoint Yves Bertucci. Pour les autres membres de son staff, c'est ouvert. Ils seront finalement conservés. Cette décision ne surprend pas outre mesure Kombouaré qui, le matin de la rencontre à Saint-Étienne, avait réuni son staff pour annoncer que c'était son dernier match. « *Je le sentais* », révèlera-t-il plus tard. « *Le fait d'être évincé, je ne peux pas l'accepter. On était premier et j'aurais voulu être champion de France »*, confie-t-il le 20 janvier 2012. Selon certaines sources, Leonardo aurait agi rapidement de peur de perdre la main et de se voir imposer par Doha un entraîneur qu'il n'aurait pas choisi.

L'après-midi de son éviction, ce jeudi 22 décembre, Kombouaré règle les détails de son départ avec son avocat, Jean-Jacques Bertrand. Les deux parties ont négocié la séparation sans faire de vagues. L'ex-entraîneur touche près de 4 millions d'euros de dédommagement de la part du PSG. Après son éviction, le Kanak reçoit un appel de Nasser, très cordial, puis un de Leonardo, qui prennent de ses nouvelles. Lors de sa nomination à Al-Hilal, les deux dirigeants le recontactent pour le féliciter. À Paris, Antoine Kombouaré a gagné une Coupe de France (2010) et est resté deux ans et demi, de juin 2009 à décembre 2011. Pour un entraîneur parisien, cela vaut presque un titre de champion.

XI

ANCELOTTI, UNE DEMI-SAISON BLANCHE ET SÈCHE

La vérité sur les débuts de Carlo Ancelotti

Il aime le bon vin et ne déteste pas griller une cigarette en refaisant les matches. Il arque immanquablement son sourcil gauche en signe de réflexion. Il est capable de passer un brevet de secouriste au camp des Loges pour se mettre en règle. Il connaît tout, « *même la couleur du slip de ses adversaires* », dixit Leonardo. Il adore Milan, Londres, Vancouver, Paris, son pain et sa tour Eiffel sur laquelle il montera si le PSG gagne un titre important, apprécie toutes les grandes villes, leur architecture, leur anonymat. Il, c'est Carlo Ancelotti, qui symbolise parfaitement l'omnipotente constellation des grands joueurs devenus grands entraîneurs. Durant sa carrière, ce milieu de terrain relayait déjà les consignes de ses coaches sur le terrain, à la manière d'un Didier Deschamps. Son mentor : Arrigo Sacchi. Avec lui, il remporte comme joueur la Coupe des champions en 1989 avec l'AC Milan, aux côtés de Baresi, Maldini, Rijkaard, Van Basten et Gullit, puis récidive en 1990. Il rejoint Sacchi comme entraîneur adjoint de l'équipe nationale italienne en 1992 et modélise ses conceptions tactiques tout en les accordant avec pragmatisme aux contingences du réel. Il prône un football technique, offensif, basé sur la possession de balle, ourlé de passes et de mouvement. Ancelotti incite les latéraux à participer à l'élaboration du jeu et exige de ses défenseurs centraux une grande qualité de relance. Il déteste la médiocrité footballistique mais sait intelligemment s'adapter à son effectif, passant du 4-4-2 à son fameux arbre de Noël en 4-3-2-1 ou au 4-3-3 sans avant-centre de métier. Ancelotti revendique un sens aigu de la psychologie, flatte l'individu au sein du collectif, motive ses joueurs qu'il écoute et conseille, titulaires ou remplaçants, stars ou éléments de l'ombre. Il cherche à les convaincre de suivre ses plans tactiques, pas à imposer brutalement ses méthodes. Il adore prendre ses hommes par l'épaule pour les réconforter ou leur faire croire qu'ils sont décidément indispensables. Il a côtoyé les Ballons d'or néerlandais à Milan et connaît par cœur les exigences et les états d'âme des champions. Les transcender sans jamais les affronter, voilà sa griffe. Le roué Ariedo Braida, directeur technique de l'AC Milan, définit le personnage : « *Carlo arrive à Paris car il connaît Leonardo. Avec le Qatar, ils peuvent bâtir une grande équipe, mais Ancelotti n'est pas Dieu. C'est quelqu'un de très agréable, de sympa et de très pro. Il a la classe pour diriger une grande équipe.* »

Animal politique rompu à l'exercice médiatique, diplomate, il parle longuement sans jamais rien dire et surtout sans froisser ses employeurs. Si sa langue de bois proverbiale pouvait servir de modèle aux joueurs, il s'en féliciterait. En attendant, il ne tolère aucun écart de langage public de leur part. De même, les comportements non professionnels l'agacent au plus haut point. De l'AC Milan (2001-2009) à Chelsea (2009-2011), il a forgé le système Carlo. Il travaille avec un staff très étoffé à dominante anglo-italienne, conduit par un adjoint principal, Paul Clement, qui dirige les séances d'entraînement avec un enthousiasme communicatif en militant pour une utilisation du ballon à une touche. Nick Broad gère le « projet performance » (diététique, statistiques), Giovanni Mauri, compagnon de route d'Ancelotti depuis 1996 à Parme, l'homme fidèle qui s'assied à ses côtés en avion, se charge de la préparation physique, ultra-pointue.

Ancelotti, bercé par la culture italienne, rêve d'un Saintgermainello, un Milanello à la parisienne, lieu d'entraînement synonyme de lieu de vie intégré. Comme un manager à l'anglaise, Carlo délègue, supervise, observe et tranche, véritable général en chef. Il applique aux autres l'exigence qu'il s'impose et règle chaque détail pour que son club soit, en tous domaines, supérieur aux autres.

L'homme choisi pour entraîner le PSG répond parfaitement au profil défini par le Qatar, avec son palmarès impressionnant : deux Coupes des clubs champions comme joueur, on l'a vu, et deux Ligues des champions comme entraîneur (2003 et 2007). Il présente aussi l'avantage d'être « Leonardo compatible ». Les deux hommes se respectent énormément. L'un a entraîné l'autre, avant que l'autre n'endosse un rôle de dirigeant à Milan. « *On peut parler d'amitié entre nous* », s'avance Leo. Pas de problèmes de préséance, mais un binôme sans aspérité. En plus, Ancelotti n'exige pas les pleins pouvoirs, ce qui arrange le Brésilien. Quand Leo a pensé à lui, l'Italien était libre, un immense avantage, tout en continuant à percevoir son salaire de Chelsea.

Mercredi 21 décembre dans la soirée, Ancelotti se décide et donne son accord au PSG qui le presse de se décider. Leonardo peut donc le soir-même annoncer son limogeage à Kombouaré. Il prend la peine de téléphoner aux joueurs cadres, pendant la trêve, pour les avertir de la signature imminente du technicien italien. Mais la finalisation se révèle délicate. Ce n'est qu'une semaine plus tard, après de nombreux échanges téléphoniques et de fax, qu'Ancelotti tient sa première réunion formelle au siège du PSG avec les dirigeants parisiens. Il loge alors à l'hôtel Intercontinental et se rend en parka dans les locaux du club, assis dans une berline aux vitres teintées. À ses côtés, Leonardo. Ancelotti rencontre avec lui Jean-Claude Blanc, directeur général délégué. L'Italien discute chaque détail de son contrat de deux ans et demi pendant presque six heures. Son salaire net annuel s'élève à plus de 6 millions d'euros. Le 29, après d'interminables discussions, le club entérine implicitement l'arrivée d'Ancelotti en annonçant la tenue d'une conférence de presse pour le lendemain. Le 30, l'Italien devient donc le 24e ou 25e (selon les statisticiens) entraîneur du club de la capitale. Lors de la présentation officielle, Ancelotti déboule en costume cravate, sobre et chic, pour une conférence débutée en français : « *Bonjour Mesdames et Messieurs…* » Leo le chambre en faisant remarquer que « *ça fait trois jours qu'il apprend son texte* ». Plaisanterie du Brésilien qui n'est pas dénuée de toute vérité. Le Mister apprenait des mots de français lors de ses trajets entre son hôtel et la Porte de Saint-Cloud.

Ancelotti trace ses objectifs en italien et en anglais devant les médias : « *On vise le titre de champion, je veux un jeu dynamique et plaisant.* » Leo, vigilant, rectifie : « *L'objectif est la qualification en Ligue des champions.* » Ancelotti évoque son salaire de 500 000 euros par mois : « *L'argent est certainement un facteur important, mais pas le plus important.* » Selon lui, la rétribution de son travail est définie par les circonstances, basta : « *Le salaire de l'entraîneur et du directeur technique, c'est le marché qui le décide.* » Il ne parle sûrement pas de lui en lançant dans le bihebdomadaire allemand *Kicker* en avril 2012 qu'à Paris, « *il ne faut pas croire que les salaires sont mirobolants* ». Cet homme d'une honnêteté irréprochable, fils de métayers modestes d'Émilie-Romagne, estime mériter ce qu'il perçoit. Il confirme qu'il souhaitait, dans un premier temps, demeurer en Angleterre mais que le challenge parisien « *l'excite* ». Le matin même, il a visité le camp des Loges et a pu constater que c'était bien loin de rivaliser avec Milanello. Avant de repartir pour Londres, il foule la pelouse du Parc, un maillot du PSG à la main.

L'aventure commence à Doha par deux séances d'entraînement, lundi 2 janvier 2012. La veille, le groupe s'est retrouvé au camp des Loges avec valises et paquetages pour gagner Roissy puis Doha en douze heures via Dubaï, en Airbus A 380-800 Emirates. Les joueurs ont alors découvert Ancelotti. Claude Makelele, promu adjoint chargé d'établir le lien entre le nouvel entraîneur et le groupe, fait partie de la délégation. Voilà un véritable rôle pour celui dont la reconversion restait floue jusque-là. « *Il va nous apporter son expérience et son charisme* », se satisfait l'Italien. Ancelotti est arrivé dès 9 heures au camp des Loges en survêtement officiel, très corporate, une heure quarante avant le premier joueur Milan Bisevac. Sur son compte Twitter, l'entraîneur se fend d'un « Que la nouvelle aventure commence ! »

À Doha, la délégation retrouve cinq joueurs blessés (Hoarau, Sissoko, Matuidi, Chantôme, Gameiro) qui suivent un protocole de soins sous l'égide du docteur Hakim Chalabi, ancien médecin du club, et ont le privilège de dîner avec Nasser Al-Khelaïfi. Zoumana Camara, en vacances à Dubaï, rejoint directement le groupe, tout comme Nene et Lugano. Lors d'une causerie, en forme de véritable journal de campagne, Ancelotti martèle ses exigences : ponctualité, travail, implication, professionnalisme. La première séance d'entraînement se déroule bien entendu sur les pelouses impeccables du luxueux complexe Aspire. Tranquillement assis sur un fauteuil de jardin, Nasser, en tenue traditionnelle, entouré d'Ancelotti et de Leonardo, regarde l'éveil musculaire conduit par Mauri. L'après-midi, Ancelotti, Makelele et Castellazzi concoctent un travail technique lors d'une opposition à neuf contre huit. Le soir, les joueurs assistent au tournoi de tennis de Doha. Ils ne s'attardent pas car les séances du mardi s'annoncent éreintantes. Ancelotti laisse son groupe se préparer pour se livrer à un exercice qu'il affectionne, la conférence de presse au Dôme, sur l'air du Parrain ! Il précise ne « *pas prendre un risque particulier en acceptant d'entraîner une équipe leader de son championnat, d'autant que les joueurs ont la qualité pour gagner le titre en L1.* » Paroles bien imprudentes a posteriori. À sa gauche,

Mamadou Sakho, pas encore en disgrâce, porte un casque et ne perd rien de la traduction des paroles du coach. Il est demandé au défenseur de servir de relais auprès du groupe, en tant que capitaine. Pour rejoindre la pelouse, Ancelotti prend place dans la voiturette conduite par cheikh Tamim, tout heureux de suivre l'entraînement avec Nasser et Leonardo. Mercredi 4, le PSG affronte l'équipe de l'AC Milan dans le cadre du Dubaï Football Challenge et s'incline (0-1). Buteur : Pato.

Le PSG est confronté à un adversaire moins huppé pour les débuts officiels d'Ancelotti. Face à Locminé (CFA 2) en Coupe de France, Paris s'impose (2-1) grâce à un but de Lugano dans le temps additionnel. Premier accroc dans la délicate cohabitation Ancelotti-Sakho, l'entraîneur sort son capitaine, auteur d'une faute occasionnant un penalty, pour le remplacer par Ceará (75ᵉ). *« Ce n'est pas une humiliation, juste un changement tactique »*, jure Ancelotti. Son équipe écarte Toulouse (3-1) en Championnat, alors que Gameiro n'est pas titulaire, le PSG évoluant avec un trident Ménez-Nene-Pastore. Dans la corbeille officielle, Nasser et Leonardo ont invité Paolo Maldini, l'ex-défenseur de l'AC Milan, un proche de Carlo Ancelotti. *« Je suis content, j'étais excité,* lâche le coach. *C'était ma première au Parc des Princes. »*

Le 4 février, le PSG s'impose devant Évian-TG (3-1) après avoir été mené à la mi-temps. Carlo Ancelotti a trouvé *« les mots justes »* pour motiver ses joueurs à la pause, selon Mamadou Sakho. Mots justes, sans doute, grosse colère, probablement. *« Nous devons améliorer notre jeu. Il faut que l'on joue plus en confiance et avec plus d'ordre sur le terrain »*, reconnaît l'entraîneur. Méthode et ordre, le credo d'Ancelotti, coach respectueux de la hiérarchie, du travail de la presse, curieux de tout et adepte de méthodes scientifiques.

Le 12 février, le PSG coince à Nice (0-0) et Ancelotti enregistre son premier match sans victoire. Signe de fébrilité, Claude

Makelele, son adjoint, est expulsé du banc de touche. Paris inquiète déjà par son absence de style, de jeu collectif, de maîtrise, d'organisation même, alors que des défaillances individuelles plombent son rendement. Ancelotti tâtonne en défense, déplore un manque de fluidité dans l'animation offensive et d'agressivité au milieu de terrain. Ses méthodes d'entraînement sont conçues pour préparer un seul résultat : la victoire. Ce compétiteur né n'est programmé que pour cela. En cas d'échec, le système se grippe. Les exclus expriment leur courroux. Le 13 février, le latéral brésilien Ceará balance dans *France Football* : « *Je voudrais qu'il me dise ce que je dois faire pour avoir une chance d'être dans l'équipe. Mais cela ne changera rien. Tout cela est une stratégie pour que je pète un plomb et que je parte.* » Ancelotti, qui fonde une bonne partie de sa réputation sur son grand sens du management lui permettant de gérer les ego dans le vestiaire, mais aussi Leonardo le recadrent. Ceará s'excuse. Le PSG est en train de perdre le titre, mais ne s'en rend pas compte, pollué par l'extra-sportif alors qu'il ne parvient pas à régler ses propres insuffisances et que Montpellier et sa fulgurante trajectoire enchantent la France. Entre rumeurs de transfert pour la saison prochaine (Luis Suarez en attaque) et piétinements sur le terrain, le PSG ne s'extirpe pas d'une nasse insidieuse qui sape ses espoirs. Il enchaîne des performances irrégulières qui conduisent à l'abdication officielle d'ambitions fastueuses, nées de l'arrivée du Qatar et de l'obtention du titre de champion d'automne. Finalement, Ancelotti n'amassera « que » 39 points contre 40 à Kombouaré, une comparaison peu flatteuse pour l'Italien. Son équipe arrache un point contre Montpellier (2-2) le 19 février au Parc des Princes, sous les yeux de cheikh Tamim escorté par une impressionnante délégation. Mais l'allant est héraultais, tout comme l'aisance technique, alors que Paris pratique par inspirations individuelles, souvent brillantes, trop intermittentes. À l'aller, l'équipe de Kombouaré avait surclassé Montpellier (3-0)! Petit à petit, Sakho est déshérité par Ancelotti et perd son statut d'intouchable capitaine de vingt-deux ans. Il s'exprime publiquement le 22 février mais, dans l'intimité, ne masque pas son désarroi, sentant l'Euro lui échapper. « *C'est vrai que je suis un peu moins bien en ce moment (…). On ne peut pas toujours être au top dans une saison ou dans sa carrière. Et il faut savoir y faire face.* » Comment expliquer sa baisse de forme? « *C'est peut-être mental.* » Ancelotti l'estime trop lent et mal coordonné dans ses interventions. Gameiro, lui, court après son passé à Lorient. Les ex-titulaires perdent de leur influence, alors que le très fantomatique Lugano alimente les conversations. Ancelotti l'aligne parfois pour ne pas renier le recrutement de Leonardo. Sinon, quelle autre justification? Le feu couve, alimenté par le hiatus originel. Pour Ancelotti, c'est l'an 1 de la reconstruction, celle-ci ayant débuté en janvier 2012. Le titre? Tant mieux s'il l'obtient, mais il lui importe moins que ceux à venir. Le recrutement? Il le compose en songeant à la saison 2012-2013. Il met en place sa structure, cherche son système, d'où l'impression de perpétuelles innovations dictées par les circonstances. En réalité, Ancelotti se sert de ces quelques mois comme d'un laboratoire. Il passe du dispositif en sapin de Noël, sa spécialité, au 4-2-3-1 ou au 4-4-2, déplace les joueurs. Son coaching, notamment défensif, interpelle, alors que, dans ce secteur, tous les entraîneurs recherchent la stabilité. Il change de charnière centrale en permanence. En privé, Ancelotti déplore les errements sur coups de pied arrêtés défensifs.

Les Fantastiques, notamment Nene, réalisent des exploits, mais paraissent parfois fantastiquement égoïstes et leur vision de l'équipe semble hautement perfectible. Dans l'engagement, les duels, le PSG souffre de la comparaison avec ses opposants. Le fabuleux Lyon-PSG du 25 février (4-4), avec un Guillaume Hoarau exceptionnel, fausse la perception. Match de légende, envoûtant, avec un quatuor offensif parisien euphorique, match débridé, à rebondissements, mais match paradoxal qui voit le PSG perdre à distance la tête de la Ligue1 car Montpellier a battu Bordeaux (1-0). Certes, Paris profite allègrement de la 26ᵉ journée en s'imposant (4-1) contre Ajaccio, alors que Gameiro n'entre même pas en jeu. L'attaquant donne la victoire aux siens à Dijon (2-1), le 11 mars. C'est un PSG verni, ou opiniâtre selon les versions, qui marque des buts et empoche donc de précieux points dans les derniers instants de chaque rencontre. Une sorte de résurgence moderne de la « chance du champion ».

Éliminé de la Coupe de France en quart par Lyon au Parc (1-3), Paris découvre qu'Ancelotti n'est pas invincible. Le club met un terme à une série de dix-sept rencontres sans défaite. Parfois, l'attitude nonchalante de certains joueurs interpelle, comme face à Bordeaux (1-1). Un parfum de début de crise flotte sur le camp des Loges. Mohamed Sissoko, qui s'accroche à l'entraînement avec Gameiro, reconnaît que son équipe ne « *joue pas bien* » et « *n'est pas bien* ». Il a raison, comme le prouve la triste défaite à Nancy (1-2) lors de la 30ᵉ journée de Championnat. Ancelotti modifie sa composition d'équipe, laisse Nene et Sakho sur le banc, Alex et Thiago Motta, blessés, en tribune, et revient à son sapin de Noël. Un échec patent qui débouche sur sa première défaite en Ligue1. Le coach désamorce le grondement naissant après la rencontre en riant : « *Il n'y a pas de crise à Paris.* » Pas de crise, mais guère de progrès non plus et une impression de lent délitement. Paris glisse, encaisse trop de buts. Un clasico de toute petite facture remporté face à l'OM (2-1), devant 46 252 spectateurs, estompe la grisaille, au moins sur le plan mathématique. En effet, après quatre rencontres sans victoire – une série insupportable pour Ancelotti –, le PSG qui évolue sans véritable avant-centre se relance grâce à deux réalisations d'un Ménez de gala et d'Alex. Mais que de déchet technique ! Montpellier bat à son tour l'OM

(3-1) en match en retard et compte trois points d'avance sur son rival parisien. Pourtant, le PSG ne renonce pas, à l'image de Milan Bisevac : « *Si on perdait le titre, ce serait un échec* ».

Le destin du PSG est scellé à Auxerre (1-1) lors de la 32ᵉ journée, match charnière qui met en scène son propre renoncement. L'arrogance de certains joueurs face à la lanterne rouge suscite l'ire de leur entraîneur. « *Je suis énervé contre les joueurs, je pense que nous devons changer d'attitude.* » Il déplore leur « *suffisance* ». On se demande pourquoi l'entraîneur a fait entrer Lugano, fébrile, à la 83ᵉ minute, décalant ainsi Bisevac côté droit. Plus tard dans la saison, la défaite à Lille (1-2), causée notamment par un penalty concédé par Sakho, exclu sur l'action, illustre les faiblesses défensives récurrentes d'une formation qui n'est plus désormais reine du money-time, mais se laisse déborder par l'adversaire sur le plan mental. Que de buts encaissés par une défense friable, finissant même par fragiliser Salvatore Sirigu, le gardien de but jusque-là irréprochable. Alors que la lutte à trois entre Montpellier, le PSG et Lille, pour le titre passionne la France, le PSG reçoit la visite de Nasser avant son déplacement à Valenciennes. Ancelotti commente : « *Les dirigeants nous laissent très tranquilles. Le club espère finir premier, mais il ne nous met pas une pression excessive (…). En fait, qu'on soit premier, deuxième ou troisième, ça ne change rien pour le futur.* » Le magistral succès dans le Nord (4-3), œuvre collective des trois Fantastiques, permet au club de la capitale de reprendre provisoirement la tête du classement. Javier Pastore s'emballe sur RMC : « *Ne pas être champions, ce serait horrible.* » Le 12 mai, Ancelotti ironise sur la suite en conférence de presse : « *La dernière fois que j'ai fini deuxième, j'ai été viré.* » L'adversaire n'était pas Montpellier, mais Manchester United et lui-même dirigeait Chelsea. Ancelotti ne le sait pas encore, mais l'issue sera la même pour son équipe et radicalement différente pour lui. Le PSG écarte Rennes (3-0) sur un triplé de Nene. Comme pour conjurer le sort, Nasser martèle que « *l'objectif est de remporter le titre de champion.* » Mais Montpellier sèche Lille (1-0) et se rapproche encore du Graal. Avant la dernière journée, Ancelotti exige de ses joueurs une implication sans faille. « *Ce serait incroyable si Montpellier allait perdre à Auxerre et que nous, nous n'allions pas gagner à Lorient.* » Le PSG rêve d'imiter Manchester City, sacré dans le temps additionnel en Angleterre. Mais les Parisiens vont finir beaucoup plus tristement, les yeux rivés sur un poste de télévision dans un couloir.

XII

L'IMPOSSIBLE MONSIEUR NENE

La vérité sur le gaucher brésilien

Un paléontologue, une jeune femme fortunée, l'opposition entre le monde de la recherche et celui du luxe. En 1938, Howard Hawks réalise *L'Impossible Monsieur Bébé* (*Bringing up Baby*) avec les exceptionnels acteurs Katharine Hepburn et Cary Grant. Un film célèbre pour son rythme trépidant et ses quiproquos en série.

Les quiproquos, les méprises, les vraies brouilles et les faux départs, l'impossible Monsieur Nene en est coutumier. Adoré des supporters, roi des statistiques, capable à lui seul, comme pour les grands joueurs, de faire basculer les rencontres, il multiplie aussi les comportements maladroits, se brouille avec ses entraîneurs, s'attire les foudres du club et subit brimades et sanctions. Au fil de sa carrière parisienne, finalement, il ne cesse de se défendre contre les accusations d'égoïsme qui l'accompagnent comme un voile d'ombre et de doutes. Mais aussi contre la réputation d'être une diva n'aimant pas qu'on vienne le challenger.

Ses buts ne parviennent pas à faire oublier ses actions individualistes et ses passes décisives n'éclipsent pas ses « oublis » qui exaspèrent ses coéquipiers, ses dirigeants, et coûtent souvent cher. Dimanche 15 avril 2012, à Auxerre, le PSG est rejoint à la 86e minute (1-1). Un tournant dans la course au titre à six journées du terme du Championnat. Symbole du collectif qui se délite : Nene. À la 69e minute, lancé idéalement par Ménez dans l'espace libéré par la pataude défense auxerroise, il tente un dribble superflu, une roulette visant à humilier l'adversaire plus qu'à libérer son équipe et ignore totalement l'infortuné Gameiro qui lève le bras de désespoir, de dépit et de colère, là-bas, sur la gauche de son coéquipier. Pourtant, Nene avait placé son équipe sur la route du succès en inscrivant le premier but du match. Leonardo préfère partir avant la fin de ce spectacle pitoyable. Les vestiaires du stade de l'Abbé-Deschamps tremblent encore de la colère de Carlo Ancelotti. L'entraîneur peste : « *On a été suffisants.* » Il stigmatise la prestation inadmissible et le comportement inapproprié de ses joueurs. Nene, sans être nommé, sait qu'il est la principale cible de son courroux. Encore une fois, il éprouve un sentiment d'injustice. Certes, à la manière du tennisman John McEnroe à l'époque, il trouve matière à dépassement lorsqu'il se sent victime d'une erreur. Mais il s'épuise lui-même dans des luttes incessantes pour se justifier et s'enferme parfois dans une dévastatrice paranoïa. Lui répète inlassablement qu'il joue pour le club, pour le maillot, pour les supporters, pour le Parc, ce stade adoré où il brille de mille feux. Quand il se querelle devant toute la France du football avec Javier Pastore contre Bordeaux (1-1), le 25 mars 2012, ou tarde trop à lui adresser une passe à Auxerre, ce ne sont pour lui que quiproquos entre coéquipiers au milieu d'une rencontre et surtout pas l'expression d'une brouille préjudiciable ou d'une véritable mésentente.

Tout Nene se résume à l'entretien qu'il accorde en tête-à-tête à l'un des auteurs de ce livre samedi 20 août 2011 au Parc des Princes, avant une rencontre face à Valenciennes. L'interview se déroule peu après sa prise de bec avec Antoine Kombouaré à l'issue d'un match à Rennes (1-1). L'altercation publique le contraint à s'excuser le lendemain devant ses partenaires. Il est néanmoins sanctionné et reste à Paris alors que le PSG dispute un barrage aller de Ligue Europa au Luxembourg. Sur la photo qui accompagne le questions-réponses publié dans *Le Parisien*, Nene, avec ce sourire farceur si caractéristique donnant parfois l'illusion qu'il se moque de tout, se livre à un exercice qu'il maîtrise, l'acte de contrition. « *J'ai dépassé la ligne blanche. Je ne dois pas répondre à mon patron, l'entraîneur. Je le regrette et je me suis excusé. Dans une famille, il peut y avoir parfois des tensions.* » Déçu par l'égalisation rennaise alors qu'il ne joue pas en raison d'une douleur à la cheville, il a craqué. Il reconnaît que son caractère le pousse aux débordements : « *Je n'aime pas perdre. Aux jeux vidéo aussi, je suis comme ça. Mais ça n'avait rien de méchant. Je sais que je dois mieux me contrôler.* » Son cri du cœur prouve que Nene possède une absolue conscience de l'image qu'il projette : « *Je me fiche d'être la star de l'équipe. Les gens pensent que j'ai des problèmes d'ego, mais ce n'est pas le cas. Je suis ravi de l'arrivée au PSG de grands joueurs. Ça va m'aider personnellement, je serai moins surveillé. Et je préfère que le PSG gagne plutôt que de marquer des buts.* » Cette tirade, prononcée d'un trait avec une indéniable sincérité, les yeux rivés à ceux de son interlocuteur, résume toute la problématique de Nene, aussi irritant qu'attachant. Pour lui, le but conduit à la victoire qui mène au titre. Et il joue au football pour gagner des trophées. Donc, il doit marquer des buts. CQFD.

Mais, si Nene se montre déroutant sur le terrain grâce à sa patte gauche subtile et ses dribbles chaloupés, il peut l'être aussi dans son comportement. Après l'incident de Rennes, à l'été 2011, il avait juré à l'un des auteurs qu'il avait « compris » et qu'on ne l'y reprendrait plus. Patatras, quelques mois plus tard, le 31 mars 2012, à Nancy. Les temps ont pourtant changé au PSG. Antoine Kombouaré a laissé sa place à Carlo Ancelotti. Furieux d'être remplaçant en Lorraine, le Brésilien boude ostensiblement. Il passe de longues minutes, avant le match, dans les douches du vestiaire visiteurs. Seul. Comme un enfant qui s'isole pour laisser retomber sa colère. Ce soir-là, il ne se met en tenue que quelques secondes avant le coup d'envoi. Et, sur le banc de touche, entre ses compatriotes Maxwell et Ceará, alors qu'il assiste à la défaite (1-2) de ses partenaires, sa mine fermée fait le bonheur des diffuseurs télé de la L1. Mais pas celui de ses dirigeants. Nene se fait vertement tancer par Leonardo et Ancelotti. Il s'excusera une nouvelle fois devant ses partenaires.

Nene ignore la langue de bois. N'annonce-t-il pas lors de la saison 2010-2011 que le PSG peut être champion, ce qui lui vaut les reproches du club ? Faut-il se taire, se cacher ? Le Brésilien a le mérite de refuser l'hypocrisie dans un monde de faux-semblants et de déclarations stéréotypées. Il reste lui-même, en toutes circonstances, enthousiaste, voire frondeur, comme un garnement capricieux qui exaspère son entourage et que ses excès font surnommer TPSG (Tout pour sa gueule) par plusieurs de ses partenaires. « *Mais s'il était si fort que cela, il aurait gagné des titres et aurait joué ailleurs avant d'arriver au PSG* », entend-on souvent à son sujet de la part de coéquipiers préférant garder l'anonymat.

Le jeu de ce gaucher, tout en dribbles, percussions et déstabilisation de l'adversaire va de pair avec des pertes de balle et un inévitable déchet. Il ose, tente, frappe, cherche à obtenir des fautes, arpente le terrain dans sa latéralité sans rester systématiquement scotché à son couloir gauche. Pour cette inlassable activité, il récolte parfois l'indulgence du jury. Ainsi, dans la semaine qui suit sa sombre prestation auxerroise, Carlo Ancelotti le sent fragilisé et le défend publiquement. Il n'entend pas « *perdre* » un tel buteur et passeur. « *J'ai parlé avec lui, il m'a dit qu'il n'avait pas vu que Gameiro était démarqué, raconte le Mister. C'est pour ça qu'il ne lui a pas donné le ballon. Nene n'est pas un joueur égoïste ou individualiste. C'est un joueur généreux.* » Thiago Motta avait déjà tenu à dédouaner Nene : « *On ne peut pas tout mettre sur le dos d'un seul joueur.* » En réalité, son talent est grand. Dimanche 22 avril, une semaine après le fiasco bourguignon, le

PSG lamine Sochaux (6-1) et Nene inscrit un doublé, d'une reprise du gauche puis d'un crochet (cette fois parfaitement réussi) devant Richert. Il délivre aussi une passe décisive sur coup franc pour Thiago Motta, monté au créneau les jours précédents pour le soutenir, et sort sous une standing ovation du Parc à la 85ᵉ minute.

À la fin de la saison 2011-2012, le PSG laisse filer le titre de champion et Leonardo décide de se lancer dans un recrutement stratosphérique. L'heure de la concurrence sonne, il n'y a plus d'intouchables au niveau des postes offensifs, à l'exception très certainement de Zlatan Ibrahimovic. Par voie de conséquence, plus personne n'est indispensable. Dès le mois de mai, Leonardo taille en pièces les exigences de Nene au moment où doivent s'engager des discussions relatives à sa prolongation de contrat. Il est difficile d'imaginer qu'il n'y a pas de lien entre l'épisode survenu à Nancy et l'intransigeance des dirigeants. Pourtant, le Brésilien rêve de rester à Paris et ledit contrat expire en juin 2013. Dans sa première interview de la saison, quelques jours avant Lille-PSG (1-2) le 2 septembre, il confie à l'un des auteurs : « *Je ne sais pas si ma bouderie de Nancy m'est encore préjudiciable aujourd'hui. Cette affaire a pris des proportions qu'elle ne devait pas prendre. Cette maladresse, ils ne vont pas me la reprocher tout le temps. Je n'ai pas eu une bonne attitude. Je me suis excusé. C'est vraiment dommage car ce n'est pas juste.* » Avant de préciser que ce côté boudeur fait partie de sa personnalité et qu'il ne va pas « changer » : « *Après, je dois savoir équilibrer les choses. Je ne suis pas parfait et je sais que j'ai à apprendre sur moi-même.* » Le Brésilien, âgé de trente et un ans, souhaite resigner pour deux années supplémentaires. Il escompte une revalorisation ainsi que des garanties en cas de changement de la fiscalité française. Recruté en 2010 à Monaco pour 5,5 millions d'euros, le milieu offensif met comme à l'accoutumée ses statistiques en avant. Leonardo coupe les ponts ou se livre à une manœuvre dilatoire. Il suggère de reparler d'une éventuelle prolongation plus tard, indique que rien ne presse, puisque Nene jouit encore d'un bail d'un an. Le joueur y voit du mépris, un manque absolu de considération.

Dans leur volonté de mener le PSG au plus haut niveau, Leonardo et Ancelotti ambitionnent l'excellence, ne jurent que par un professionnalisme poussé jusqu'au paroxysme. La victoire se forge aussi dans la préparation invisible, la diététique, le mode de vie. La polémique au sujet de Nene se prolonge aussi – surtout – hors du terrain. Nene irrite son entraîneur italien par un apparent dilettantisme qui se traduit par des retards aux entraînements. Dans la conception du football d'Ancelotti, où l'individu n'existe que dans le cadre collectif, il n'y a ni place pour l'égoïsme forcené ni pour les sorties nocturnes.

Sans traquer ses joueurs, Leonardo connaît assez la capitale pour être le récipiendaire de « retours » déplaisants, relatifs aux escapades de certains joueurs de l'effectif. Rien de commun avec l'époque Ronaldinho, mais il pointe cependant ce problème dans *L'Équipe* du 3 avril 2012 : « *Je pense qu'il n'y a pas toujours la culture du détail au PSG, chez certains joueurs. Les discothèques existent à Londres, à Rome… Mais là-bas, tout le monde te contrôle. Ici, à Paris, après 22 heures, personne ne te dit : "Rentre chez toi." Il reste huit matches, il faut être carré et je n'ai pas d'inquiétude sur le fait que les joueurs soient sérieux.* » Un avertissement en bonne et due forme, même si la direction du PSG porte sa part de responsabilité dans les dérives constatées chez certains joueurs. Mardi 10 janvier 2012, Ronaldo se déplace au camp des Loges à l'invitation de Leonardo. Évidemment, les nuits sont plus belles que les jours pour Il Fenomeno lorsqu'il se rend à Paris. Lundi 9, il sort ainsi en boîte de nuit en compagnie de Nene. Dimanche 4 mars, Leonardo et Nasser se rendent à l'Atelier de France, sur les quais de la Seine, où Guillaume Hoarau fête son vingt-huitième anniversaire après un succès contre Ajaccio (4-1). Implicitement, le duo donne son aval aux fêtes, sans même en être conscient. Évidemment, une sortie après un match, alors que les joueurs ne parviennent pas à dormir de toute façon, n'est nullement condamnable, pas plus que des dîners au restaurant. Mais certains parmi les plus grands ont brisé leur carrière dans les volutes des nuits parisiennes et de leurs tentations. Nene, lui, ne dédaigne pas découvrir les endroits à la mode de la capitale comme le sublime hôtel Mandarin Oriental, rue Saint-Honoré. Le bar extérieur aux allures de paradis hollywoodien vaut le détour, l'ambiance y est délicieuse. Ce penchant pour les virées nocturnes, il le partage avec un autre Sud-Américain, Ezequiel Lavezzi. L'Argentin ne s'en cache pas. Dans le magazine *Surface* de septembre-octobre 2012, il déclare : « *Si j'ai la possibilité de faire la fête, je la ferai.* » Si, chez Nene, cela n'altère en rien les performances, on ne peut pas en dire autant pour l'ancien Napolitain. Il se blesse, en l'espace de deux semaines, deux fois aux adducteurs et manque ainsi plusieurs matches avant un retour prometteur.

Ces infos en provenance du monde de la nuit fragilisent certains joueurs, parfois aperçus dans des nouvelles boîtes « hype » de Paris. Ancelotti n'entend pas tolérer indiscipline ou laisser-aller. Il ne milite pas pour la prolongation de contrat de Nene, qui ne semble pas compter à ses yeux parmi les éléments prioritaires, d'autant que d'autres cadors sont susceptibles d'évoluer dans son couloir. Le gaucher ne bénéficie donc pas du soutien inconditionnel du coach. Du directeur sportif non plus, car les deux Brésiliens n'ont jamais entretenu de relations proches. Il faut dire que la maladresse sémantique originelle du milieu gauche a été rapportée à Leo. En juillet 2011, alors que ce dernier est dans le flou quant à son arrivée à Paris et vient de tenir une conférence de presse à Milan, les dirigeants du PSG imposent le silence médiatique à l'effectif parisien. Trois joueurs bravent l'interdiction dont

Nene : « *On ne sait même pas ce qui se passe. S'il (Leonardo) vient, ça peut nous aider, sinon, on travaillera quand même. Cela montre en tout cas l'ambition de faire une grande équipe.* » Comme déclaration d'amour, on a connu plus chaleureux.

Nene, lucide, ne perçoit pas d'affect à son endroit de la part de ses dirigeants. Il envisage donc un départ. Mais aucune offre satisfaisante pour les deux parties n'atterrit sur le bureau de Leonardo. L'AS Rome et Lille ne font qu'étudier le dossier. Le directeur sportif ne se presse pas, persuadé de sortir gagnant d'un éventuel bras-de-fer. Il se contente d'assurer que « *Nene reste la saison prochaine, c'est tout* ». Non, ce n'est pas tout. Lors du stage préparatoire à la saison 2012-2013, qui se déroule à partir du 4 juillet en Autriche, Nene rate les premiers entraînements à cause d'une douleur au mollet droit. Peu après, dans la nuit du 19 au 20 juillet, alors que le PSG s'est déplacé aux États-Unis, il déplore sur son compte officiel Twitter que son club se soit opposé à son transfert aux Corinthians (Brésil), en parlant de lui à la troisième personne : « *Nene a été informé aujourd'hui par Leonardo qu'il ne serait pas libéré pour aller aux Corinthians.* » Le joueur s'épanche même sans fard, preuve de son désarroi et de sa détermination, sur son site internet. « *J'ai eu des discussions avec des représentants des Corinthians et j'ai cru à une perspective réelle de retourner dans mon pays et disputer le Mondial des clubs au Japon, en fin d'année. Mes enfants qui vivent à Jundiai près de Sao Paulo m'ont même demandé de venir au Parque Sao Jorge (le stade du club brésilien) mais j'ai encore un an de contrat et cette décision ne dépendait pas que de moi.* »

En fait, le vainqueur de la Copa Libertadores souhaite recruter Nene sans débourser d'indemnité de transfert, arguant de la seule année de contrat le liant encore au PSG. Ancelotti, conscient du risque de pourrissement, discute longuement avec son milieu de terrain après l'affaire Twitter, sans lui adresser d'ultimatum : « *On ne veut pas le prolonger aujourd'hui. On veut prendre notre temps. Après, Nene peut choisir de partir ou de rester. S'il veut rester, on sera très contents, car il est techniquement fantastique. Mais c'est à lui de se décider.* » Des propos sibyllins qui ne reflètent pas une absolue volonté de garder le joueur. Leonardo reste fidèle à cette ligne de conduite dans *L'Équipe* du 23 août : « *C'est lui qui a réfléchi à un départ. On a donc discuté et étudié des possibilités, mais on n'a jamais reçu d'offres pour moi conformes à son niveau. Jusqu'à présent, il n'y a rien eu de concret. Mais la situation est très claire. Il n'y a aucun problème s'il veut partir. Mais s'il reste, on est contents. Quand il est sur le terrain, il fait son boulot.* » Et hors du terrain ? L'exégèse des déclarations de Carlo Ancelotti et de Leonardo ne laisse planer aucun doute : Nene n'incarne plus l'avenir du PSG. Ses statistiques canons (21 buts dont 9 penaltys en L1 en 2011-2012, 11 passes décisives, soit une implication dans 43 % des buts du PSG) ne le sauveront pas longtemps. Pourtant, en compétiteur, il ne renonce pas, accepte de se remettre en question en août 2012 sans revendiquer son poste de prédilection couloir gauche. Au contraire, il s'investit, migre vers la droite comme face à Bordeaux (0-0), là où il peut utiliser son pied gauche pour des frappes « rentrantes ». Ancelotti apprécie : « *Nene a changé d'attitude, je suis content. Il a compris que, dans un grand club, il peut n'être utilisé que trente ou quarante minutes.* »

Il a compris, mais a-t-il apprécié ? Il a surtout pris conscience qu'en 2012-2013, comme le prouve la composition du coach italien à Lille le 2 septembre (victoire 2-1 du PSG), il ne serait plus un titulaire indiscutable. Pour le premier rendez-vous majeur de la saison, l'ex-Monégasque prend place sur le banc. Il entre une petite demi-heure, à la place d'un Pastore transparent de bout en bout. La diminution significative de son temps de jeu l'exaspère d'autant plus que l'Argentin, lui, semble bénéficier d'un statut privilégié. Dans les dernières heures du marché des transferts estival, Nene reçoit une offre du Besiktas Istanbul. Si, d'un point de vue salarial, elle est a priori susceptible de l'intéresser, le club stambouliote ne peut pas satisfaire les exigences du PSG qui réclame une indemnité de transfert de 8 millions d'euros. Parallèlement, Galatasaray, positionné sur le joueur depuis des semaines, effectue un baroud d'honneur pour le convaincre de signer. Cette fois, le PSG est, selon une source proche du dossier, prêt à entamer les discussions, mais Nene refuse. Leonardo affirme in fine à l'un des auteurs de ce livre n'avoir reçu « *aucune offre* ».

Malgré des heures agitées dans la soirée du 5 septembre, Nene décide donc de rester au PSG. Le choix du cœur. De la raison aussi. S'il ne prolonge pas, il sera libre à compter du 1ᵉʳ janvier 2013 de signer dans le club de son choix, qu'il pourra rejoindre après le 30 juin, au terme de son contrat parisien. Le Brésilien touchera alors sans nul doute une importante prime à la signature.

Ce rôle d'intermittent sur le terrain ne convient pas à l'ambitieux Brésilien. Il s'épanche dans *L'Équipe* du 14 septembre avec un humour bien à lui. Qu'a-t-il appris ces derniers temps au PSG ? « *À rester sur le banc.* » Il révèle que l'AC Milan était intéressé par son profil mais que Leonardo a expliqué que ce n'était « *pas possible en raison du montant du transfert que le PSG souhaite.* » En fait, Milan n'entendait pas débourser plus de trois millions d'euros d'indemnité de transfert contre les sept alors réclamés par Leonardo. D'autres formations italiennes pourraient se positionner, comme l'AS Rome. Fataliste, Nene conclut : « *Je sais que cette saison, ce sera comme ça de temps en temps. On apprend tous les jours, non ?* » Dimanche 20 octobre, face à Reims (1-0), le Brésilien se blesse. Il quitte le Parc sur un brancard à la suite d'un choc en première période. Il décide dans un premier temps de continuer à tenir son poste, avant de quitter ses coéquipiers à la mi-temps. Opéré la nuit suivante d'une fracture du massif facial droit, Nene est indisponible pour plusieurs semaines. Quelques jours avant le déplacement à Montpellier, il va se faire fabriquer un masque de protection sur mesure à Parme et retrouve le groupe pour la réception de Rennes le 17 novembre. Sans aucune certitude quant à son avenir. Mais ce jour-là, il est titulaire aux côtés de Pastore, avec lequel, en l'absence d'Ibrahimovic, il s'entretient longuement à l'échauffement. C'est lui d'ailleurs qui inscrit le but égalisateur sur passe de Pastore, avant le naufrage final.

Ancelotti ne digère pas son mouvement d'humeur contre Porto (2-1) en Ligue des champions, alors qu'il est remplaçant. « *Il n'a pas eu la bonne attitude* », lance froidement l'Italien. La rupture est consommée le lendemain. Dans les couloirs du camp des Loges, devant plusieurs témoins, Leonardo reproche à Nene son attitude. Le milieu gauche explose et prononce des mots très durs envers le directeur sportif. C'en est fini de Nene au PSG. Il est écarté pour les matches qui suivent. Une blessure au mollet est même évoquée pour justifier sa non-convocation dans les groupes retenus par Ancelotti. Le 19 décembre, sur son site internet, Nene annonce qu'il espère quitter le PSG fin 2012 ou début 2013, six mois avant l'expiration de son contrat. La fin d'une relation tumultueuse. Pourtant Nene aura marqué l'histoire récente du club tant il l'a porté à bout de crampons pendant deux saisons.

XIII

LE PRÉSIDENT, LE PRINCE ET LE DIRECTEUR

La vérité sur les patrons du PSG

À quoi pense-t-il, en cette matinée de décembre, au beau milieu du désert ? Vêtu de sa dishdasha, la longue chemise blanche descendant jusqu'à la cheville, ceint de la ghutra, le voile blanc, il contemple au loin le faucon saker. L'oiseau prédateur, réputé pour son agilité et sa férocité, peut repérer une proie à une distance de trois kilomètres pour fondre ensuite sur elle à trois cents kilomètres-heure. Au Qatar, la fauconnerie s'apparente à un art remontant au temps où les Bédouins se déplaçaient à dos de chameau avec un faucon juché sur leur épaule. Cette discipline qui consiste à dresser l'animal jour après jour pour qu'il attrape du gibier dans son environnement naturel est transmise de génération en génération. Les fauconniers initient leurs enfants dans le désert afin qu'ils gagnent la confiance du prédateur. Une grande compétition très attendue oppose les meilleurs spécialistes, dans une profusion de couleurs, au rythme des musiques et des poésies scandées avec enthousiasme. Ce sport réservé autrefois aux nobles attire désormais les hommes d'affaires. Ils se mesurent aux émirs. Le Qatar, pays du roi faucon, se félicite sur le site officiel de son ambassade à Paris du plan des Nations Unies visant à renforcer les contrôles sur le commerce des faucons sauvages. Ils peuvent coûter jusqu'à 160 000 dollars et conférer un réel prestige à leur acquéreur. Si un oiseau se blesse, il est immédiatement soigné dans le centre médical spécialisé ouvert en 2001.

Alors, à quoi pense Nasser Al-Khelaïfi, ce passionné de fauconnerie, en contemplant le saker, identifiable grâce à un passeport et aussi à la puce électronique implantée dans son cou ? L'oiseau est né pour devenir une star. Le meilleur de tous. Nasser l'espère en tout cas, lui, le compétiteur. Il adore relever de nouveaux défis. Et les mener à bien, comme celui qui consiste à propulser au firmament du football le PSG. Le rôle de sa vie, c'est de convaincre. Convaincre qu'il n'entre pas dans la catégorie des factotums de princes du désert ou dans celle des présidents godillots, que son rôle est effectif et qu'il ne se contente pas de transmettre à Paris les ordres de Doha. *« Il est décisionnaire jusqu'au point où il doit demander au fils de l'émir,* souligne un responsable du football français qui le connaît bien. *Il est intelligent, très bien élevé. On s'embrasse quand on se voit. Son style ? Il est en jeans, sans gardes du corps et apprécie les discussions en tête-à-tête devant un Coca dans un bar d'hôtel. Il s'exprime toujours en anglais, même s'il apprend le français* [1]. » En février 2012, il reçoit ainsi *France Football* au restaurant ultra-chic La Maison Blanche, avenue Montaigne, à Paris, dont la particularité est d'offrir une superbe vue sur la tour Eiffel. « *Nos rêves n'ont pas de limites »,* déclare-t-il. Cela tombe bien, le slogan d'Al-Jazeera est « We have no limits ». « *Nous, on veut faire du PSG l'un des plus grands clubs du monde. »* Il ne déteste pas non plus donner ses interviews dans un salon privé du Royal Monceau, à Paris. Il n'oublie jamais la courtoisie, fruit de la parfaite éducation reçue en compagnie de ses quatre frères et de sa sœur.

À trente-huit ans, le président du PSG est un ami proche du prince héritier cheikh Tamim bin Hamad Al-Thani. Nasser arbore souvent le sourire diplomatique des négociateurs internationaux. Derrière ce masque affable, une détermination sans faille, et de mémorables colères qui témoignent parfois du souci

---

1. Entretien avec les auteurs, mars 2012.

de sa propre image ou de la volonté d'affirmer son autorité. Comme ce soir de match au Parc des Princes en fin de saison dernière où il aperçoit dans le carré Vip du stade, lieu sélect où sont invités les hommes politiques, personnalités du show-business et autres sportifs de renom, un individu qu'il ne souhaite pas voir et qui, pour y pénétrer, a usé de son pouvoir de persuasion. Le patron parisien passe un savon aux équipes de sécurité. Jean-Claude Blanc, le directeur général, intervient pour calmer les choses.

L'homme, qui a reçu le 9 février 2012 le prix Sport Business 2011, consacrant l'action d'un dirigeant de l'univers du sport, ne s'est pas fait tout seul, sans doute, mais il a su, comme Leonardo, réussir sa reconversion en surfant sur sa carrière de sportif de haut niveau. Ses différentes vies mêlent ainsi sport, business, politique et fauconnerie, dans un maelström de passions et d'ambitions, au service de l'État du Qatar. Ses études lui permettent de fréquenter la famille de l'émir. Il devient rapidement membre du premier cercle du prince héritier. Cheikh Tamim a commencé le tennis un an après lui et tous deux, pour se perfectionner, sont partis en stage d'été sur la Côte d'Azur, accueillis par le TC Combes Giordan comme le raconte le *JDD* le 12 février 2012. Le prince suit Nasser dans les tournois de tennis auxquels il participe dès 1992. Sans être numéro 1 mondial, plutôt millième, Nasser porte en ce temps-là à bout de raquette l'équipe du Qatar de Coupe Davis et ce pendant dix ans.

Lors de l'édition 2012 de Roland-Garros, tournoi que Al-Khelaïfi adore, il offre sur le plateau de France Télévisions un maillot du PSG à son ami Rafaël Nadal pour son vingt-sixième anniversaire. Nasser apprécie particulièrement la France et Paris, où il vit quinze jours par mois en moyenne, dans un hôtel particulier transformé en appartements luxueux. Il a toujours travaillé avec des Français, même si l'un de ses ex-associés dans les achats de droits sportifs lui réclame 25 millions de dollars pour avoir été viré un jour sans ménagement.

Ses atouts ? Une force de travail phénoménale et la capacité de gérer simultanément plusieurs dossiers complexes. Dès qu'il rencontre un obstacle, il entend le résoudre sur le champ quitte à se rendre au bout du monde en avion. Il délègue mais tient à être mis au courant de tout. Il avait prévenu d'emblée lors de son intronisation au PSG, le 1ᵉʳ juillet 2011, qu'il n'aurait « *pas un rôle au quotidien au club* ». Il entendait alors tracer les grandes lignes de la politique générale comme il le signifiait ce jour-là dans les colonnes du *Parisien* : « *On a voulu acquérir le PSG car c'est le seul club de la capitale de la France. C'est un grand club avec une histoire, des fans super. C'était un rêve. Nous sommes très fiers. Tous ensemble, nous, le management, les fans, les joueurs, on va tout faire pour que le rêve devienne réalité (…). L'objectif premier est de nous qualifier pour la Ligue des champions. On fera ce qu'il faut pour être les meilleurs en France et un exemple en Europe (…). Nous sommes là pour longtemps, notre stratégie est basée sur un plan d'au moins cinq ans.* » Il affine ses ambitions dans *L'Équipe* du même jour : « *Notre objectif est de participer à chaque Ligue des champions dès 2012. À partir de 2015, on veut jouer un rôle majeur dans cette compétition (…). On est au club d'aujourd'hui jusqu'à… toujours ! Il n'y a pas d'échéance fixée pour la revente du PSG. Dans dix ans, vingt ans ? Je n'en sais rien.* » Il assène également des vérités bonnes à entendre à Doha : « *Nous espérons que notre investissement sera rentable d'ici trois à cinq ans.* » Propos réitérés, on l'a vu, lors de la présentation officielle de Zlatan Ibrahimovic. Le boss s'appuie sur Leonardo, qui a d'ailleurs suggéré son nom à Doha, le 11 juin 2011, en le considérant comme l'homme idéal pour occuper le poste de président du PSG. Au début, Nasser demeure en retrait, laissant son directeur sportif constituer l'ossature de l'équipe préférant s'imprégner du particularisme du club. Leonardo se charge de la communication et prend la parole devant trente journalistes le 11 août pour son « discours de la méthode ». En chemise blanche, costume sombre, il cherche à séduire. Les ambitions du club ? « *Se qualifier pour la Ligue des champions la saison prochaine.* » Et la remporter ? « *Aujourd'hui, ça ressemble à un rêve, mais je ne crois pas que ce soit si difficile que cela. Ce qui doit changer, c'est la mentalité. Le PSG n'a gagné que deux championnats en quarante et un ans. Il n'y a pas d'autre capitale dans ce cas en Europe. On se doit de comprendre et de chercher des solutions pour changer ça (…). C'est le moment de faire un saut en avant.* » Au niveau du fonctionnement, il dévoile les arcanes de sa collaboration avec Nasser Al-Khelaïfi. Sa préoccupation ce jour-là est de conforter le président pour ne pas froisser Doha et… Nasser : « *Je n'ai pas la formation pour cela. Je n'ai jamais rêvé de ce poste (…). Nasser est le président du club. Il décide de tout, il est présent, il s'investit complètement dans le club. Il est actif, sait tout ce qui s'y passe. Il donne la ligne et parle avec tout le monde. Mon rôle, c'est directeur sportif. La structure fonctionne très bien et elle est très claire pour tout le monde.* » Pas question non plus pour lui de se muer un jour en entraîneur du PSG : « *Je ne dis pas que ça n'arrivera plus car, à Milan, je n'étais pas programmé pour être entraîneur et je le suis devenu. Mais c'est sûr que je ne le ferai pas au PSG. Et je sais qu'ils ne me le demanderont pas.* »

Pas de sentiment, des résultats. Il définit son credo le 15 novembre 2011 : « *Les ego seront toujours là. Le football, ce n'est pas une utopie, on n'est pas à l'église, et moi, je ne suis pas candidat au prix Nobel de la paix.* » Leonardo sait que le management vertical instauré au PSG l'oblige à monter en première ligne. Sinon, il n'existe pas et passe sous les fourches caudines des Qatariens. Nasser Al-Khelaïfi se rend souvent à Doha et en rapporte fidèlement les consignes ou les directives de cheikh Tamim même si Leo garde le lien direct avec l'héritier du Qatar. Mais, pour renforcer sa position, le Brésilien se « blinde » dans son recrutement extrasportif, fortement imprégné d'italianité : Jean-Claude Blanc, ancien patron de la Juventus, est intronisé directeur général. Leonardo tisse sa toile.

Nasser, lui, est parfois emporté comme tant d'autres par l'actualité bouillante du club et sa présence est souvent requise au siège. Un observateur privilégié note un énorme changement comportemental chez lui : « *Il commence par être "attrapé" par l'excitation des matches, il bouge, il se manifeste, alors qu'avant il restait impassible.* » Le foot crée l'addiction. « *Je suis surpris de le voir si souvent à Paris* », témoigne un dirigeant du sport français. Mais Nasser n'oublie jamais de regagner Doha pour ne pas s'éloigner de la famille régnante et de ses proches. Aujourd'hui, son CV multicartes découle de cette capacité organisationnelle et intellectuelle. Président du PSG, de la fédération de tennis de son pays, vice-président de la fédération asiatique de tennis, et directeur général d'Al-Jazeera Sport. Spécialiste ès négociations de droits sportifs pour la chaîne depuis 2003, il est en effet promu au sommet trois ans plus tard. Il lance de nombreuses filiales, obtient les droits de diffusion des grandes compétitions, d'abord pour le Moyen-Orient – le monde arabe étant sa première zone de diffusion – et l'Afrique avant d'étendre sa galaxie. Il fait la connaissance de ceux qui comptent dans le milieu du football, comme Cruyff ou Wenger. Ce musulman pratiquant, père d'une famille qui vit à Doha, possède la tranquille assurance des puissants, jamais teintée d'arrogance. Discret dans les conférences de presse, il préfère écouter que discourir. Les apparats ostentatoires du pouvoir ne l'intéressent guère. Il correspond parfaitement au style du Qatar. Sa fidélité aux Al-Thani ne tolère aucune exception. Nasser Al-Khelaïfi, administrateur de Qatar Sports Investments (QSI), la branche dédiée au sport de Qatar Investment Authority (QIA), doit tout à ce clan. Les études, un MBA obtenu au Qatar, l'ont encore rapproché du richissime prince héritier cheikh Tamim, né en 1980, quatrième fils de l'émir, officiellement vice-émir depuis 2004, année de la modification dans l'ordre de la succession avec la mise en retrait de Jassim. Tamim cumule d'innombrables fonctions : président honoraire de QIA, président du comité olympique du Qatar, membre du Comité international olympique, commandant en chef adjoint des forces armées du Qatar... Ce père de quatre enfants (trois filles et un garçon appelé à devenir émir) de deux épouses différentes dont l'une est sa cousine, s'exprime en anglais, en français et en allemand. Il a été formé à la Royal Military Academy de Sandhurst au Royaume-Uni, comme les princes William et Harry. Il prend de plus en plus de poids dans les décisions stratégiques de son pays. En mai 2012, c'est lui qui ordonne la formation d'une commission spéciale pour enquêter sur l'incendie du plus grand centre commercial de Doha, le Villagio Mall, qui a causé la mort de treize personnes dont onze enfants. Tamim représente souvent le Qatar à la table des négociations internationales. Lui-même adore le sport, comme la majorité des membres de la famille Al-Thani. Le championnat de football national met aux prises douze formations dont sept de Doha et devient presque une joute familiale où chacun prend le contrôle d'un club pour battre ses frères ou cousins. Pour le moment, les affluences restent modestes dans des stades pourtant neufs. Le clan rêve-t-il d'exporter ces derbys à l'international ? En tout cas, un cousin de cheikh Tamim, Khalid Al-Thani, ministre de l'Intérieur, a rencontré le bras droit de Roman Abramovitch, propriétaire de Chelsea, afin d'envisager une alliance en vue de construire le nouveau stade des Londoniens.

Nasser et le prince communiquent en permanence, par SMS ou au téléphone. « *Il aime le PSG, ça, c'est sûr* », indique Nasser au sujet de Tamim. Le président du PSG avait d'ailleurs tenu à souligner la préséance de son supérieur hiérarchique dès son intronisation : « *En tant que président de Qatar Investment Authority, il* (NDA : cheikh Tamim) *est chargé de tous les investissements du pays à l'étranger. Sur ce dossier, on fait ce qu'on doit faire, mais il le suit de près. Cela lui tient à cœur. Il adore Paris et le PSG.* » À tel point qu'un large sourire se lit sur le visage du prince lorsqu'il se déplace lundi 12 décembre 2011 au camp des Loges, à la surprise générale. Les joueurs, qui effectuent un exercice physique, l'aperçoivent au bord du terrain, lunettes de soleil sur le crâne, en tenue décontractée. En l'absence de Nasser Al-Khelaïfi, seul Leonardo l'accompagne. Le prince n'avait côtoyé les joueurs qu'une fois, le week-end de PSG-Valenciennes au Parc des Princes les 20 et 21 août. La veille de la rencontre, il avait assisté à l'entraînement à huis clos et avait dit quelques mots aux Parisiens dans un français excellent, leur demandant « *de prendre du plaisir, de jouer sans pression* » et réitérant sa « *confiance en l'équipe* ».

En cette journée de décembre, venu en Mercedes Classe S, il salue chaque joueur en français, discute avec Antoine Kombouaré. Hoarau témoigne de l'impact de cette visite sur l'effectif : « *Il m'a appelé Guillaume, ça m'a fait tout drôle. Cela prouve qu'il nous connaît bien. C'est important de rencontrer le patron du club. Cela veut dire qu'il y a un humain derrière tout ça. J'ai pu mettre un visage sur un nom. Le père Noël n'existe pas, mais le prince, lui, existe.* » Après avoir salué le personnel administratif, le prince s'éclipse à 12 h 20. On perd sa trace dans Paris. Les voies du Qatar restent décidément impénétrables.

XIV

LA DIPLOMATIE DU 9-3…

La vérité sur la stratégie politique et économique du Qatar

Il est incontournable mais s'en passerait bien. Guy Delbès EST le Qatar en France. En tout cas, il l'incarne via la société Elypont SA. « *C'est la société française du fonds souverain du Qatar, Qatar Investment Authority*[1] *(QIA)* », explique-t-il, affable mais pressé, comme toujours, entre deux déplacements à l'étranger pour affaires.

L'histoire d'Elypont permet de mieux appréhender la stratégie du Qatar. Cet état-confetti grand comme la Corse (11 437 km2) est peuplé de 1,7 million d'habitants dont seulement 300 000 sont qatariens et travaillent dans la fonction publique. Les autres viennent majoritairement d'Asie (Inde, Pakistan, Sri Lanka…). Le Qatar, péninsule du désert d'Arabie, quasi désertique, obtient son indépendance en 1971, après avoir été sous protectorat britannique. Donnant sur le Golfe persique, le pays est richissime grâce à ses réserves de pétrole et surtout de gaz, avec notamment le North Dome, gisement partagé entre ses eaux territoriales et celles de l'Iran. Devenu premier exportateur mondial de gaz naturel liquéfié, d'où l'importance vitale du passage par le détroit d'Ormuz, l'émirat affiche des statistiques à faire pâlir d'envie la France : son taux de chômage flirte avec les 0,5 % et le PIB par

---

1. Entretien avec l'un des auteurs, mars 2012.

habitant est le plus élevé de la planète (56 000 euros). De plus, l'impôt sur le revenu n'existe pas. Alors, le Qatar investit énormément. Pour cela, il compte sur Elypont.

Elypont (contraction de Élysée-Ponthieu) est l'émanation d'une ancienne société civile, la SAI 26 Champs-Élysées. En 1975, la société est rachetée par le Koweït et le Qatar. La SAI appartient donc pour 50 % à chacun des deux États. Le Liban se désiste lors de cette vente. La situation perdure jusqu'en 2004. Entre septembre et décembre de cette année-là, Koweït Investment Authority demande au Qatar s'il accepte de vendre une partie de ses actions. Réponse : on ne vend pas, on va plutôt acheter les vôtres ! En décembre 2006, le Qatar restructure donc l'ensemble. Apparaissent alors Elypont SA et Élysée 26, la société civile qui possède l'immeuble des 24, 26 et 28 avenue des Champs-Élysées, ce qui donne une idée de l'ampleur du périmètre.

Guy Delbès, président de la société avant son achat par le Qatar et le Koweït, reste immuablement à sa tête depuis 1975. « *J'ai un secteur pétrolier que j'ai été autorisé à conserver* », révèle-t-il, avant de décrire le fonctionnement précis de sa société. « *Elypont transmet des propositions au fonds souverain qui a pour objectif d'obtenir de fortes rentabilités, en général au-dessus de 5,3 %, afin de subvenir à la marche de l'État quand les ressources énergétiques seront taries. Il ne s'agit pas de prestige mais de rentabilité. Je le répète, chaque projet doit répondre à cet impératif.* » Tête chercheuse en permanence aux aguets, Delbès se charge donc de repérer des ensembles immobiliers. « *On prend en compte la localisation et la qualité des locataires.* » Vendredi 1er juin 2012, QIA achète à Groupama l'immeuble de 27 000 m² qui abrite Virgin et Monoprix au 52-60 avenue des Champs-Élysées pour plus de 500 millions d'euros. Deux fonds américains et un autre du Qatar s'étaient également portés acquéreurs. En vain. Puis tombe dans l'escarcelle de l'émirat l'immeuble du *Figaro*. « *Mais vous savez, les Qatariens ne sont pas demandeurs. En France, ce n'est pas très attractif, de meilleures conditions existent ailleurs* », renchérit Delbès. Il répond directement à Marine Le Pen, qui avait dénoncé la ratification par le Parlement d'une convention exonérant d'impôts les plus-values immobilières réalisées par les Qatariens suite à leurs investissements en France : « *C'est juste un alignement sur d'autres conventions. En France, pour un projet, on va d'un ministère à l'autre, c'est compliqué. En Grande-Bretagne, un agent anglais s'occupe de toutes les formalités!* » Voilà sans doute pourquoi le Qatar investit massivement au Royaume-Uni, injectant des dizaines de milliards d'euros via notamment Qatar Holding et Qatari Diar, dans les supermarchés, la banque, la Bourse, l'immobilier, chez Harrods ou dans la Shard, la plus haute tour d'Europe (310 m), sur les rives de la Tamise. Les prises de participation en France ne s'apparentent pas à quantités négligeables, loin de là : Suez Environnement, Vinci, Lagardère, Veolia Environnement, Altis… Anne Lauvergeon résiste à l'arrivée du Qatar au capital d'Areva, lorsqu'elle en est présidente.

QIA a racheté des sociétés comme Cegelec, ou pris des participations dans des multinationales. Les hôtels de luxe ou casinos constituent une autre cible de choix, tout comme le marché de l'art. Début 2012, la rumeur, démentie par l'entourage de Nasser Al-Khelaïfi, court même que le Qatar, via QSI, cherche à racheter à Vinci et Bouygues la majorité du capital du consortium gérant le Stade de France, pour 300 millions d'euros. Cette opération aurait porté sur la société de gestion, le bâtiment restant propriété de l'État.

L'émir, francophile, possède plusieurs biens en France, dont une splendide villa à Marnes-la-Coquette. À Paris, l'acquisition de l'hôtel Lambert par un membre de sa famille avait provoqué une longue polémique. L'activisme économique forcené du Qatar intrigue, gêne parfois et suscite en tout cas un vif intérêt. « *Le Qatar "rachète" la France* », proclame *Metro* (du 7 février 2012), alors que *Challenges* du 16 février vend en une « *Les secrets du plus gros investisseur du monde* » et que *Le Monde* titre, les 26 et 27 février, « *Le Qatar rachète le monde* ». Le quotidien distingue quatre logiques qui expliquent les investissements qatariens en France et dans le monde, de l'immobilier aux mines d'or, des raffineries aux maisons de couture, des banques au studio de cinéma Miramax : placement, développement, politique et prestige. Le patrimoine international du Qatar est estimé à 210 milliards de dollars en 2012.

La réussite économique du pays débute par un coup d'État familial. Alors que les Al-Thani détiennent le pouvoir depuis le XVIIIe siècle, cheikh Hamad bin Khalifa Al-Thani profite d'une convalescence de son père en Suisse en 1995 pour l'évincer. Le nouveau maître, formé dans les académies militaires étrangères, est alors âgé de quarante-trois ans. Il réussit à juguler une tentative de retour au pouvoir de son père l'année suivante. Son idéologie se fonde sur la théorie de la dissuasion par l'image et se teinte de pragmatisme. Pour exister, l'émirat doit s'ouvrir, séduire, compter sur la scène mondiale, sortir en quelque sorte de ses frontières exiguës afin de devenir incontournable. « *Le Qatar n'a pas d'armée, il n'y a donc pas de budget de la Défense*[1] », explique Sébastien Bazin, ex-patron du PSG et directeur de Colony Capital pour l'Europe. L'émirat a peur de subir le sort du Koweït, envahi en 1990 par l'Irak. « *Eux, leur crainte est que l'Iran les envahisse* », ajoute Bazin. Et, pour ne pas être étouffé par ses puissants voisins, l'Iran donc mais aussi l'Arabie Saoudite, le Qatar ne mise pas sur la force militaire (même si la France notamment lui fournit des armes) mais sur son rayonnement. « *La protection du Qatar est d'exister dans l'inconscient du plus grand nombre de pays à travers la planète pour que, s'il lui arrive un jour quelque chose, les gouvernements mondiaux viennent à son secours* », renchérit Bazin. Le pays des perles devient un pays en or massif. L'État lilliputien, dans lequel des élections législatives

---

1. Entretien avec l'un des auteurs, mars 2012

sont prévues en 2013, s'exporte. Avec son argent, il élargit sa zone d'influence. La France devient-elle le laboratoire de la stratégie du Qatar ? En tout cas, c'est le partenaire idéal dans le cadre d'un rééquilibrage des relations internationales de l'émirat jugé comme étant trop proche des États-Unis. Les liens étroits entre le royaume wahhabite (les Qatariens sont essentiellement des musulmans sunnites d'obédience wahhabite, une interprétation fondamentaliste de l'islam) et la France remontent à 1995. Jacques Chirac est alors le premier chef d'État à reconnaître la légitimité de l'émir, cheikh Hamad bin Khalifa Al-Thani. Total aide le Qatar à prendre son essor économique. Les relations se renforcent encore avec l'arrivée de Nicolas Sarkozy au pouvoir. Claude Guéant, l'ancien secrétaire général de l'Élysée sous l'ère Sarkozy et Dominique de Villepin, l'ancien Premier ministre de Jacques Chirac, font également partie des soutiens de l'émirat en France. Idem en ce qui concerne Jean-Christophe Lagarde, député-maire de Drancy (93) et président du groupe d'amitié France-Qatar à l'Assemblée nationale.

Après son élection, cheikh Hamad « renvoie l'ascenseur » à ses amis français et tient à se déplacer très vite à Paris. La deuxième des trois femmes de l'émir, seule autorisée à paraître en public, cheikha Mozah bint Nasser Al-Missned, assiste en tribune au défilé du 14 juillet 2008, ceinte d'une lumineuse tenue rouge qui fait sensation tout comme son flamboyant turban. Le 10 janvier 2012, *La Croix* dresse le portrait de cette mère de sept des vingt-sept enfants de l'émir, personnage central du régime. Son mariage résulte d'un arrangement, car son propre père s'opposait au clan de l'émir. Leur union a réconcilié les familles.

Cheikha Mozah, qui a joué un rôle majeur dans l'attribution du Mondial 2022 au Qatar en prononçant un mémorable discours, dirige une fondation de 15 milliards de dollars, la Qatar Foundation for Education, Science and Community Development. Pendant les JO de Londres et en présence du prince

Andrew, elle coorganise le 1ᵉʳ août 2012 le prestigieux Global Health Policy Summit annuel qui rassemble les grands décideurs mondiaux au niveau de la Santé. Elle a créé un pôle éducatif, nommé Cité de l'éducation. Membre de l'institut de France, cheikha Mozah reflète la dualité du Qatar, entre conservatisme et modernité. Grâce à son impulsion, un code de la famille a été adopté en 2006 et l'égalité homme-femme est désormais inscrite dans la Constitution. En pratique, de nombreuses inégalités subsistent : le Code autorise la polygamie et prévoit que la femme doit « *obéissance d'usage* » à son mari. Mozah fait partie de l'équipe dirigeante, ce qui lui vaut d'être considérée comme une intrigante par certains de ses détracteurs. Elle est associée aux décisions stratégiques par son mari, tout comme cheikh Tamim et Hamad bin Jassem Al-Thani, le Premier ministre qui est loin de figurer sur la même ligne qu'elle et représente une ligne plus radicale du wahhabisme. Elle préside Qatar Luxury Group qui a racheté la marque française Le Tanneur (selon une information révélée en août 2012, Qatar Luxury Group va lancer sa propre marque de luxe). Au plus haut niveau de l'émirat, la francophilie s'affiche donc ostensiblement.

Nicolas Sarkozy s'est volontiers appuyé sur le Qatar. Lors de la libération des infirmières bulgares qui étaient détenues en Libye, accusées d'avoir transmis le virus du Sida à des enfants, l'état du Golfe a pris en charge la compensation destinée à indemniser les familles de Benghazi. L'émir reste un allié complexe, multifacette : il dialogue avec le Hezbollah et le Hamas, discute avec Israël jusqu'en 2009, accueille à Doha des opposants islamistes aux régimes arabes, héberge le fondateur du FIS algérien, soutient les pays dans lesquels les Frères musulmans se hissent au pouvoir, joue un rôle moteur dans les révolutions arabes en aidant la rébellion libyenne militairement et financièrement (lui offrant une télévision et envoyant ses Mirage) ou supporte les opposants au régime syrien. Partout, le Qatar intervient, ce qui engendre des jalousies et suscite des inimitiés dans le monde arabe. Le Qatar deviendrait-il gênant? Lorsqu'il s'est rendu à Tripoli après la chute de Kadhafi, Sarkozy n'a pas pris la peine d'inviter l'émir. En janvier 2012, cheikh Hamad a été sifflé par les Tunisiens alors qu'il célébrait le premier anniversaire de la révolution de Jasmin. L'élection de François Hollande ne modifie pourtant pas fondamentalement la donne entre la France et le Qatar. Le 7 juin, le nouveau Président reçoit Hamad bin Jassem Al-Thani, Premier ministre, aux commandes de QIA. Le 22 août, il accueille l'émir à l'Élysée pour évoquer la crise syrienne. Pourtant, l'un des grands projets de l'émirat va profondément changer de nature après l'élection du président socialiste.

Avec toujours le désir de se construire une image plus fédératrice, de séduire les jeunes et de poursuivre son implantation en France, le Qatar a en effet « ciblé » la banlieue. Guy Delbès, qui décline pourtant « *tout rôle social* », participe ainsi à la mise sur pied d'un projet controversé avant la présidentielle, en parfaite liaison avec l'ambassadeur du Qatar en France. Objectif : créer un fonds d'investissement de 50 millions d'euros pour soutenir les « projets innovants » des jeunes entrepreneurs des banlieues. Ce fonds voit le jour le 8 décembre 2011. En théorie du moins. « *Les 50 millions sont mis par Qatar Holding, une branche de QIA*, raconte Delbès. *Contrairement à ce qu'on a pu comprendre, il ne s'agit ni d'un cadeau ni d'un prêt. Ce n'est pas un mécénat! Qatar Holding reçoit les propositions, elle les étudie et si elle les retient, elle injecte de l'argent comme partenaire.* » L'homme qui a obtenu cette manne? Kamel Hamza, conseiller municipal UMP de La Courneuve en Seine-Saint-Denis, attaché parlementaire du député UMP Éric Raoult, et surtout président de l'Association nationale des élus locaux pour la diversité (Aneld), fondée en 2008, qui regroupe des personnalités en contact avec une population issue des quartiers. Le ton n'est cependant plus à l'enthousiasme lorsqu'il évoque « son » idée, devant un café, face à l'Assemblée nationale. « *La banlieue constitue un territoire où les porteurs de projets ont du mal à trouver des fonds,* explique Kamel Hamza, élégant, le verbe facile. *Le Qatar investit, c'est un pays ami de la France. Il y a le PSG, il y a Zidane qui a défendu leur candidature pour la Coupe du monde. Alors, pourquoi ne pas gagner avec nos talents après avoir gagné avec Zidane*[1] *?* » L'ambassade du Qatar à Paris, qui distribue déjà en France des « prix de la diversité », est donc contactée fin 2011, comme l'avaient été auparavant les ambassades américaine ou canadienne. Un mois après, l'ambassadeur Mohamed Jaham Al-Kuwari annonce tout simplement qu'il est possible de rencontrer, à Doha, l'émir, le Premier ministre et le président de la Chambre de commerce ! Comme chaque membre de la délégation, Hamza sourit sur les photos prises au palais Diwan, lors du voyage organisé par le Qatar. Jusque-là, tout va bien « *Il ne s'agit pas d'assistanat, mais d'une prise de participation qui doit entraîner un retour sur investissements,* confirme Hamza, en phase avec les propos de Guy Delbès. *Trouver des marchés n'est pas facile, alors un accompagnement peut être utile.* » Le Qatar poursuit là son prosélytisme économique, en aidant les jeunes talents, un prosélytisme dont les motivations inquiètent parfois. S'agit-il d'infiltrer la banlieue ? Pour garantir le sérieux de l'opération, il est décidé qu'une entreprise française privée gérera le fonds. Son nom est soigneusement gardé secret. Rapidement, plusieurs centaines de dossiers sont montés et envoyés. Hamza les examine : « *Il y a de tout, des projets à 3 000 euros, d'autres à plus de 100 000 euros, de la start-up au commerce, du complexe sportif à l'industrie plastique, en passant par le consulting, les banques.* » Quatre experts doivent être désignés. Ils trancheront et choisiront.

Le puissant groupe d'amitié France-Qatar à l'Assemblée, alors fort de cinquante-quatre députés, voit d'un bon œil l'initiative.

---

1. Entretien avec l'un des auteurs, mars 2012.

Maurice Leroy, qui était ministre en charge de la Politique de la Ville, soutient l'opération. Le député socialiste de Seine-Saint-Denis Daniel Goldberg n'en condamne pas le principe. Certains élus PS exigent tout de même d'emblée la transparence autour des projets. Puis des associations de gauche affichent leur scepticisme. Le maire socialiste de Bondy, Gilbert Roger, craint « *l'instrumentalisation* » juste avant la présidentielle. « *On nous a accusés de vendre la banlieue, mais moi je veux la défendre,* s'emporte Hamza. *On a également affirmé que nous allions créer un fonds d'investissement pour les communautés, c'est faux !* » La polémique s'étend en effet sous l'impulsion de Marine Le Pen durant la campagne électorale. Le Qatar est montré du doigt, accusé d'investir massivement selon des critères communautaires. Hamza avoue son dépit : « *Ce qui était bon ne l'est plus. Un pays ami est d'un coup devenu un pays ennemi. Moi, j'ai pourtant le sentiment qu'au Qatar, il y a une base de l'armée américaine* (NDA : depuis 2003, la plus grande base aérienne des États-Unis hors de leur territoire), *que c'est un État dans lequel nombre de personnalités étrangères se rendent. Il y a des pays où je me suis senti davantage dans un pays musulman qu'au Qatar. On y danse dans les discothèques et on peut boire de l'alcool. Ce n'est pas comme au Maghreb. À moins que tout cela ait changé en deux mois ? Je n'ai pas le sentiment d'avoir trahi. Vous partez en tant qu'élu français, vous revenez et on vous affuble d'une barbe d'intégriste. On n'a pas le droit de faire notre boulot en tant qu'élus alors que nous sommes aussi là pour taper sur les conservatismes ? J'ai eu d'un seul coup l'impression que Saddam Hussein et Kadhafi étaient des anges. Marine Le Pen, c'était ses amis… »*

L'ambassadeur du Qatar informe officiellement les autorités françaises du projet, mais l'élection présidentielle et les controverses stoppent le processus enclenché. L'Aneld prévient les candidats que l'initiative est reportée. « *Si François Hollande dit que c'est hors de question, le Qatar ne le fera pas,* déplore Hamza. *Pourtant, ce serait se tirer une balle que de renoncer. Des élus de gauche ont critiqué notre action, alors que dans le même temps, leur directeur de cabinet téléphonait pour déposer des dossiers! C'est décourageant.* »

Guy Delbès, fort de son expérience, suggère que les attaques de certains à l'encontre du Qatar vont cesser. « *Je pense que ça va aller,* glisse-t-il avec un souci d'apaisement et la voix tranquille de celui qui a été confronté à bien d'autres tempêtes. *Effectivement, l'affaire des 50 millions a été gelée. On verra après les élections.* » Le dégel intervient juste après mais redistribue les cartes. Le fonds destiné aux banlieues devient un fonds de soutien aux PME françaises sous l'égide d'Arnaud Montebourg, ministre du Redressement productif. Kamel Hamza en garde une profonde amertume. « *Je suis choqué, c'est humiliant d'avoir appris cela par la presse. Les auteurs de projets attendaient beaucoup de ce fonds. Nous leur avions redonné de l'espoir. En tant qu'élus, nous portons l'étendard de la République dans ces quartiers. Si l'on nous met de côté, que va-t-il rester? Une pétition que nous faisons signer sera déposée auprès du président de la République. Quant au Qatar, nous n'avons aucune nouvelle. Silence radio*[1]. »

L'argent du Qatar devient bien embarrassant. François Hollande évoque le fonds avec le Premier ministre de l'émirat, qu'il rencontre une nouvelle fois en septembre. Certains soupçonnent maintenant ouvertement le micro-État de prosélytisme religieux dans les banlieues. Marine Le Pen s'en prend de nouveau à l'émirat dans la foulée de la manifestation près de l'ambassade américaine à Paris.

Le gouvernement poursuit activement sa réflexion au sujet du fonds qui subit une nouvelle inflexion après la « tentation PME ». Arnaud Montebourg, ministre du Redressement productif, reçoit

---

1. Entretien avec les auteurs, août 2012.

l'Aneld jeudi 20 septembre pour lui annoncer la mise sur pied d'un fonds mixte de 100 millions d'euros abondé par Paris et Doha à parité et ouvert au privé ! Le cabinet du ministre explique au *Monde* sa stratégie : « *Nous voulons décloisonner en y associant des entreprises françaises qui ont des intérêts économiques et commerciaux au Qatar.* » L'argent est destiné aux territoires déshérités, en manque d'investisseurs. Ces territoires peuvent être en zone rurale, ce qui constitue le grand changement : la manne ne bénéficie plus uniquement aux quartiers. Pour ne pas être taxé de partialité, Montebourg annonce qu'il mettra en place une commission d'attribution, au sein de laquelle l'Aneld, tout comme l'Association des maires de France et celle de régions siègeront. Si le projet n'est pas entièrement ficelé, Montebourg réussit à apaiser les tensions, même si plusieurs personnalités de droite manifestent leur opposition. Mais en dialoguant avec l'Aneld, le ministre calme la turbulente association. Hamza annonce son intention de « *rester vigilant le temps que le dossier soit sur les rails* ». Pour les quelque deux cents membres de l'association, dont le but est de convertir la France au pragmatisme anglo-saxon sur l'intégration des minorités, l'invitation du ministre vaut reconnaissance officielle de son action. Le Qatar, lui, est en quelque sorte adoubé comme « *bienfaiteur des banlieues, c'est une façon (…) de se faire accepter pour aller encore plus loin* », selon une source proche du dossier dans *Libération* du 24 septembre.

En novembre, on attendait toujours la finalisation de l'accord sur le fonds destiné aux entrepreneurs des territoires défavorisés. On évoque 300 millions d'euros, entre l'apport qatarien et celui de la Caisse des dépôts. Par ailleurs, l'ambassadeur du Qatar en France affirme à l'AFP que l'émirat étudie la possibilité d'investir 10 milliards d'euros dans de grandes entreprises françaises.

Immobilier, banlieues, foot : à s'afficher ainsi, le Qatar se heurte parfois frontalement aux réalités franco-françaises.

XV

... ET LA DIPLOMATIE DU FOOTBALL

La vérité sur la stratégie sportive du Qatar

Dans le vaste bureau qu'il occupe au sein de son cabinet d'avocats, à Paris, tout près de l'Assemblée nationale, Frédéric Thiriez affiche un sourire qui n'est pas de façade. « *Al-Jazeera ? Le foot français serait mort sans elle.* » Le président de la Ligue de football professionnel (LFP) est devenu par la force des événements spécialiste des appels d'offres et des découpages de la Ligue 1 en lots. Il s'est propulsé grand argentier, ou sauveur, du foot pro. Plutôt que de donner des interviews, Thiriez préfère convaincre, débattre, autour d'un café, avec conviction et enthousiasme, comme en ce mercredi 16 mai 2012. Il glisse parfois à son interlocuteur l'un de ses argumentaires, quelques feuillets dactylographiés dans lesquels il défend une cause qu'il estime juste. Si le Qatar pratique le « soft power » (puissance douce), Thiriez se livre avec talent et subtilité au « soft lobbying », aidé par l'ancien journaliste Frédéric Jaillant, qui s'occupe de sa communication, très smart sur le Vélib' qu'il utilise pour se déplacer. L'une de ces notes s'intitule « *Al-Jazeera et le financement du cinéma, quelques idées générales* », une autre « *Al-Jazeera ne sous-paye pas les droits de la Ligue 1* ». Une troisième, en réalité un texte signé de son nom qui était à l'origine destiné à publication, se nomme « *Au secours, le Qatar débarque !* », un titre ironique pour chambrer ceux qui prennent position contre l'arrivée d'Al-Jazeera. Y figure ce passage : « *Avouez, dans ce contexte, que c'est quand même un comble de voir aujourd'hui le groupe Canal + en appeler aux pouvoirs publics pour le protéger de la concurrence, alors que ce groupe semble avoir tout fait dans le passé pour l'éliminer et en répond encore aujourd'hui devant l'Autorité de la concurrence.* » De quoi rendre encore plus délicats les rapports entre la Ligue et Canal.

En fait, du côté du football professionnel, on reproche à la chaîne cryptée ce que l'on considère comme un désengagement progressif, une réduction de l'investissement. L'on indique que la contribution de Canal était de 600 millions d'euros en 2004, de 465 en 2008, puis de 420 en 2012. Thiriez aurait voulu que le groupe adopte la stratégie de certains opérateurs étrangers comme Sky en Angleterre : augmenter les droits versés à la Ligue pour améliorer la qualité du championnat et donc les recettes de la chaîne. La Ligue affirme avoir proposé à Canal de suivre cette voie. En vain. Alors, ils le reconnaissent, les dirigeants de la LFP deviennent obsédés par l'indispensable concurrence. « *Canal veut l'éliminer ; nous, la recréer,* souffle un patron de club. *Pour résumer la situation, Canal ne peut pas "sortir" du foot, mais réduit son investissement afin d'augmenter sa marge. Chacun défend sa feuille de route. C'est la nature du business de se bagarrer quand deux monopoles s'affrontent.* » Dans l'argumentaire qu'il nous remet, Thiriez livre son propre sentiment : « *Le fait est que le football professionnel, comme la nature, a horreur du vide. Et si l'opérateur dominant a réussi à faire disparaître la concurrence en France dans la télévision payante, avec le rachat de TPS et le retrait malheureux d'Orange du marché, il ne faut pas s'étonner que viennent de puissants groupes étrangers, comme Al-Jazeera, qui ne reculent pas, eux, devant les barrières à l'entrée du marché et développent une stratégie à long terme.* »

La chaîne qatarienne a fait irruption sur le marché des droits domestiques en raflant lors du dernier appel d'offres huit matches de L1 chaque semaine pour 150 millions d'euros par an. Al-Jazeera, qui a lancé sa filiale française beIN SPORT, a arraché les droits de diffusion de deux matches en « premium » (lot 5), le vendredi en prime time et le dimanche à 14 heures, et de 6 « matches fan » (lot 6), ce lot ayant été négocié de gré à gré. Cinq de ces « matches fan » seront diffusés le samedi à 20 heures et un sixième le dimanche à 17 heures. De son côté, Canal pourra diffuser, en plus de son match du dimanche soir, un autre match premium le samedi à 17 heures. Les deux chaînes ont également acquis les droits de diffusion de magazines. Bien entendu, Canal+ ne reste pas inerte devant l'arrivée d'un rival extrêmement ambitieux qui recrute sans hésiter dans ses rangs. La riposte est signée du PDG de la chaîne en personne, Bertrand Méheut. Le 13 décembre 2011, il est interrogé lors d'un colloque sur la stratégie d'Al-Jazeera Sport qui vient alors de se voir attribuer les droits audiovisuels de quatre des cinq lots de la Ligue des champions pour la période 2012-2015. Il ne mâche pas ses mots, contrairement aux habitudes en vigueur dans le monde des affaires : « *Il ne faut pas être naïf, ni myope, un concurrent comme Al-Jazeera qui agit en dehors de toute rationalité économique, c'est une mauvaise nouvelle.* » Il répète sa formule choc en insistant : « *La mauvaise nouvelle, c'est d'avoir un acteur irrationnel économiquement. L'objectif de la chaîne qatarienne est avant tout le rayonnement culturel du Qatar.* » Il affirme refuser toute spirale inflationniste, et se félicite que Canal « améliore » son offre en ayant obtenu la première affiche de cette prestigieuse compétition. Un argument soigneusement préparé par les stratèges de la chaîne, qui sera d'ailleurs abondamment utilisé, y compris pour le championnat de France : sur Canal, il y a le meilleur, le reste est ailleurs. De son côté, beIN SPORT choisit le slogan « *100 % de la Ligue1* » pour sa promotion, ce qui ulcère Cyril Linette, responsable des sports de Canal+. **La guerre des diffuseurs bat son plein.**

Frédéric Thiriez se réjouit. Sa Ligue1 suscite les convoitises. En cette matinée de mai, il ne cesse de répondre aux appels téléphoniques de différents présidents de clubs. Dans son bureau, une carte du monde, avec un drapeau français au beau milieu, trône sur une table en bois. Thiriez plonge dans ses souvenirs et se remémore la manière dont la Ligue s'est rapprochée de Nasser Al-Khelaïfi. « *Nous sommes présents dans les forums, les symposiums comme Sportel, où l'on parle des droits. Nasser, nos équipes le voyaient dès 2004. L'on entretenait des contacts épisodiques.* » Les deux puissances ne vont pas tarder à se rapprocher. La Ligue dispose en effet d'un contrat qui court de 2008 à 2012 avec Canal+ Events pour les droits internationaux de la L1, avec la possibilité de prolonger ou d'arrêter, à condition de prévenir l'autre partie un an avant l'expiration. Contact est discrètement noué par les dirigeants du foot pro avec d'autres opérateurs fin 2010. Après ces approches fructueuses, la Ligue décide qu'elle peut obtenir davantage et dit donc « stop » à Canal+ Events en mai 2011. Elle attribue les droits à Al-Jazeera pour 195 millions d'euros sur six ans, selon nos informations. C'est à cette période, début 2011 précisément, que Frédéric Thiriez fait la connaissance de Nasser Al-Khelaïfi. S'il lui octroie les droits internationaux, à la surprise générale – même si Al-Jazeera dispose de chaînes en versions arabe et anglaise et d'une entièrement dévolue au sport – c'est parce qu'il a déjà en tête les droits domestiques. Les deux hommes passent en effet un gentleman's agreement sur ces fameux droits franco-français. Mais Al-Jazeera n'est pas seul en lice face à Canal+. ESPN a également envie de monter en ligne en matière de diffusion de matches de Ligue1 et s'apprête à faire une offre sur un lot convoité par les Qatariens avant de renoncer. La Ligue discerne à chaque étape du processus la motivation extrême de Nasser Al-Khelaïfi. L'un de ses dirigeants est persuadé « *qu'Al-Jazeera est là pour un bon moment et accepte de perdre de l'argent pour répondre aux aspirations de l'émir, qui souhaite pénétrer la France et l'Europe.* »

Il est vrai que le Qatar s'imagine en leader mondial dans le domaine du sport et multiplie les initiatives pour parvenir à ses fins. La famille Al-Thani a choisi ce secteur par appétence et comme stratégie de développement à l'international, vitrine et image de marque d'un pays qui cherche à plaire, à communiquer, à se façonner une image positive. Une véritable « diplomatie sportive », un réseau soigneusement maillé d'influences et de relations publiques, basé sur le sport. Le terrain comme aire de conquêtes, la géopolitique du ballon rond, cette religion universelle qui permet également d'unifier la population qatarienne autour d'un rêve commun. Le gouvernement milite d'ailleurs pour la pratique du football dès l'enfance. Et pourtant... « *L'émir n'est pas un grand fan de sport,* certifie Sébastien Bazin. *Lui, il veut l'accent sur les fondations, la recherche et l'éducation.* » Il a en tout cas bien perçu les avantages que le Qatar peut tirer du foot.

Dans les instances mondiales, l'émirat pratique un lobbying maîtrisé, cherchant à peser dans le processus de décisions, s'inspirant notamment de l'exemple londonien en 2012. Mohamed bin Hammam, un Qatarien né en 1949, a par exemple brigué la présidence de la Fifa après avoir présidé la Confédération asiatique de football. Il a été suspendu à vie de toute fonction liée au football par la Fifa en août 2011 pour avoir acheté des voix. Il a fait appel devant le TAS qui a levé cette sanction le 19 juillet 2012.

Le pays possède un savoir-faire indéniable en matière d'organisation d'événements sportifs. L'open de tennis de Doha, organisé depuis 1993, constitue la première pierre de cet axe majeur. La liste des sports concernés s'est considérablement allongée depuis : athlétisme, golf, cyclisme (Tour du Qatar), moto... Des compétitions d'envergure mondiale ont aussi crédibilisé Doha : la Coupe du monde de football des moins de vingt ans en 1995, les Jeux asiatiques, la Coupe d'Asie de football ou les Mondiaux d'athlétisme en salle. Sans oublier, bien entendu, le sponsoring de prestigieuses manifestations comme le prix de l'Arc de triomphe jusqu'en 2022.

Mais le meilleur reste à venir, la Coupe du monde de football 2022 obtenue notamment grâce au soutien de Zinedine Zidane. En attendant peut-être un jour les JO, le Qatar se passionne pour l'omnisport, obtenant les Mondiaux de handball 2015 au détriment de la France. Ce n'est d'ailleurs pas un hasard si QSI reprend le Paris-handball début juin 2012, avec Jean-Claude Blanc dans le rôle de directeur général délégué. Avec le PSG foot, le PSG hand, la chaîne Al-Jazeera, QSI échafaude des années plus tard un édifice qui ressemble en tout point à celui imaginé par Canal+ à l'époque de Pierre Lescure. En matière de hand, les Qatariens visent aussi l'excellence, utilisant les mêmes méthodes que dans le domaine du football. Ils portent d'emblée le budget du club de 2,45 à 7,5 millions d'euros et recrutent des stars. Le nouvel entraîneur Philippe Gardent, un ancien Barjot, enregistre les arrivées de trois champions olympiques, Didier Dinart, Luc Abalo et Samuel Honrubia. Paris s'offre Abalo pour 500 000 euros et propose pour quatre saisons à l'arrière gauche danois Mikkel Hansen (vingt-quatre ans, 1,96 m pour 98 kg, ex-Copenhague), meilleur joueur mondial 2011, un salaire estimé à 530 000 euros annuels. Des sommes qui bouleversent le paysage du handball français d'autant que l'effectif compte au total vingt et un joueurs professionnels, dont dix nouveaux, parmi lesquels le gardien de but espagnol José Manuel Sierra et l'Islandais Robert Gunnarsson. Une Dream Team du hand ? La formation du Qatar Al Saad n'hésite pas non plus à enrôler plusieurs joueurs de Montpellier, dont Nikola Karabatic, pour se renforcer en vue du Super Globe. Une rumeur fait ensuite état de l'intérêt de QSI pour le Stade français, à la suite d'une entrevue entre Nasser Al-Khelaïfi et Thomas Savare, actionnaire majoritaire du club de rugby de la capitale. Richard Pool-Jones, manager du Stade français, écarte cette hypothèse qui « *n'est pas d'actualité* ». Très actif sur tous les fronts, Nasser ne cache pas sa volonté de s'intéresser prochainement au basket dans la capitale, afin d'en faire une place forte européenne à l'avenir. En septembre 2012, Nasser rencontre d'ailleurs Tony Parker pour discuter d'éventuels projets en commun. Le joueur estime que l'arrivée du Qatar en France a changé la donne.

Pour coordonner les projets sur place, à Doha, et en conserver le contrôle, ce qui constitue une règle de base de l'émirat, il est indispensable de définir les organisations ad hoc. Le conseil restreint autour de cheikh Hamad prend les décisions stratégiques, mais les initiatives dites secondaires sont déléguées à des proches ou des personnes de confiance. Autour de la baie de Doha bordée par la tour de Qatar Holding, alors que les avions de Qatar Airways relient l'émirat au monde entier, la logistique se met donc en place à tous les niveaux : réflexion, planification, exécution. Formation aussi : l'académie Aspire (Aspire Zone) prépare les futurs champions au sein d'un complexe sportif moderne, avec des infrastructures de premier plan et un hôpital (Aspetar) dirigé par Hakim Chalabi, ex-médecin du PSG, regroupant différents spécialistes venus du monde entier. Le site est symbolisé par une tour en forme de torche qui abrite l'hôtel où le PSG a logé lors de son stage en janvier 2012. Le Qatar pourra bientôt se passer de naturaliser des coureurs kenyans pour obtenir des médailles...

L'émirat privilégie le sport-roi, le football, pour ses investissements. Málaga, en Espagne, tombe dans l'escarcelle d'un lointain cousin des propriétaires du PSG, mais l'aventure prend actuellement une mauvaise tournure, les salaires n'étant plus versés aux joueurs depuis plusieurs mois. En revanche, les autorités du Qatar ont contracté un partenariat important avec Barcelone. Un connaisseur du dossier nous explique la nature des liens : « *Ils dépassent largement le cadre économique, même si les sommes sont très importantes, puisqu'il s'agit de 30 millions d'euros par an de 2011 à 2016 pour figurer sur le maillot du club, via la Qatar Foundation. Il s'agit surtout de relations entre des hommes, le président du Barça, mais aussi l'ex-entraîneur du club, Pep Guardiola, d'un côté, la famille régnante du Qatar de l'autre. L'aspect humain ne doit jamais être négligé*[1]. » Et, bien sûr, il y a le PSG, fer de lance opérationnel de la stratégie planétaire.

La vision holistique du monde qui est celle du Qatar va évidemment de pair avec un organe de communication. La chaîne Al-Jazeera, à laquelle s'intéresse *Le Monde* des 26 et 27 février 2012, s'apparente à un rouleau compresseur médiatique. Elle est lancée en 1996 par cheikh Hamad et se mue en bête noire des rivaux du régime comme Hosni Moubarak en Égypte, ou le roi Fahd en Arabie. Les messages audio d'Oussama ben Laden, comme ceux revendiquant les attentats du 11 septembre 2001 à New York, ont été retransmis sur Al-Jazeera qui se veut « *la voix des sans-voix* ». Considérée comme plus libre que d'autres médias, adorée par la jeunesse, donnant la parole aux opposants, cette chaîne politique forte de plus de quatre cents journalistes n'entre en tout cas jamais en opposition avec l'action du Qatar. Dans cette démarche cohérente et très réfléchie, Al-Jazeera Sports tient une place importante. Cette entité dirigée par Nasser Al-Khelaïfi constitue le bras armé de la diplomatie sportive prônée par l'émir. Elle met en valeur les performances et les exploits en diffusant de grands événements. Nasser, déjà fort d'une vingtaine de chaînes, lance en France en 2012 beIN SPORT1 et beIN SPORT2. Les grands moyens sont déployés. Au niveau football, les Qatariens diffusent, outre la L1, la Ligue des champions (payée 61 millions), la Ligue Europa, l'Euro de football, la Liga et une partie des championnats italien et allemand. Tout sourire lorsqu'il présente

---

1. Entretien avec les auteurs, avril 2012.

ses deux chaînes en conférence de presse le 24 mai à Paris en présence de Charles Biétry, vice-président de beIN SPORT, Nasser certifie qu'il veut en faire « *le lien émotionnel entre le sport et ses fans* ». Une formule qui reflète exactement le souhait de l'émir. Le sport comme objet de rêve commun, de plaisir partagé, trait d'union entre les populations. Le sport côté passion, avec ses belles histoires humaines. Pas de polémiques ni de méchanceté. Nasser promet que « *sur la chaîne, on pourra critiquer le PSG, qui sera traité comme n'importe quel club* ». Mais Al-Jazeera et beIN auront aussi droit à des interviews de joueurs parisiens comme c'est stipulé dans leurs contrats depuis l'arrivée de QSI en juin 2011.

Sur le plan économique, Nasser confirme, comme le pensent les dirigeants du football français, « *être là pour longtemps* » avec « *des business plans à cinq ans* ». Il estime d'ailleurs que la rentabilité devrait être effective dans les quatre ou cinq ans. Un discours qui ressemble à celui prononcé lors de la conférence de presse de présentation de Zlatan Ibrahimovic. Avec beIN SPORT ou le PSG, pas question d'investir éternellement à perte. Le Qatar refuse là aussi d'endosser le rôle de mécène. D'ailleurs, les Qatariens sont « *très professionnels mais très secrets et très durs en négociations, demandant que le moindre centime soit justifié, nous raconte un protagoniste du dossier des droits télé. Pour le lot 6, le pay per view, ils ont discuté des heures pied à pied. Pour eux, honneur et respect de la parole ont une importance considérable* ». Nasser, toujours à l'affût d'acquisitions potentielles, privilégie le contact direct et personnel, même s'il se rend parfois aux rendez-vous avec son adjoint Youssef Al-Obaidly, directeur marketing d'Al-Jazeera ou avec Charles Biétry. Il se passionne pour la gouvernance du football. Lorsque nous l'avons rencontré, nous avons interrogé Frédéric Thiriez sur l'arrivée possible du patron du PSG au sein de la Ligue : « *La condition statutaire est d'être président depuis un an. J'ai toujours souhaité que les grands clubs figurent au conseil d'adminis-tration (CA). Quand il aura un an de présidence, je souhaite de tout cœur sa présence !* » Cela tombe bien. Début septembre 2012, Nasser Al-Khelaïfi est intéressé par un poste au CA, les élections ayant lieu le 12 octobre. Le président-diffuseur s'avance en pre-mière ligne… Nasser est finalement élu au comité exécutif de l'Union des Clubs Professionnels de Football (UCPF) mais n'est pas candidat au conseil d'administration de la Ligue. Il s'est effacé après avoir été avisé d'un éventuel conflit d'intérêts, car il dirige également les chaînes beIN qui diffusent le Championnat. Jean-Pierre Louvel, président réélu de l'UCPF, remercie Nasser Al-Khelaïfi de « *la responsabilité qu'il a prise* » et évoque des « *choix douloureux* ». Thiriez lui rend également hommage.

À l'international, Al-Khelaïfi souhaite dorénavant mener l'offensive sur le marché anglais de la télévision. Et réussir l'implantation de beIN SPORT USA. Un dynamisme qui enchante Thiriez : « *Où sont nos opérateurs ? Où sont les Français ? Vive le Qatar !* » Le président de la LFP se souvient du boss d'Al-Jazeera Sports lui déclarant tout de go : « *Moi, je suis venu car c'est Frédéric Thiriez* ». Il n'empêche. En fin négociateur, Thiriez nous donne le nom de l'opérateur dont il rêve déjà pour l'avenir : Google !

XVI

BECKHAM, VOUS AVEZ DIT BECKHAM ?

La vérité sur le transfert avorté de la star anglaise

Ce soir, le PSG attend Beckham. Mais Beckham ne viendra pas. Le feuilleton débute le 17 septembre 2011. Pour confirmer que le PSG s'intéresse au milieu de terrain anglais, Leonardo glisse une petite phrase, une toute petite phrase, à la BBC : « *La porte est ouverte.* » Quelques mots qui enflamment la planète football et la galaxie people et les font basculer dans la déraison. « *Je l'admire énormément, il est plus qu'un footballeur,* ajoute Leonardo. *David Beckham, c'est une marque, une pop star. Mais à l'entraînement, il est comme un enfant qui respecte les règles. Il est à l'écoute et se met au service de l'équipe.* » Dès les premiers mots, l'ambiguïté. Pourquoi le PSG drague-t-il le Spice Boy des Los Angeles Galaxy, âgé de trente-six ans ? Sûrement pas pour acquérir un bon joueur de la Major League Soccer, le championnat américain. Non, le PSG s'intéresse à Beckham pour ce qu'il représente. Beckham assure de faramineuses retombées en termes de marketing, de merchandising, de sponsoring, de communication dans le monde entier. Recruter Beckham, voilà qui s'apparente à un projet économique. À lui seul, il peut faire exploser les ventes de maillots et valoriser les droits de la Ligue 1 à l'étranger. Le PSG l'imagine ensuite dans un rôle d'ambassadeur à l'international, chargé de populariser le club, d'organiser des matches de gala avec des formations prestigieuses voire de commenter des rencontres sur Al-Jazeera. Bien sûr, pour les nouveaux propriétaires qatariens, cela n'a pas de prix en termes d'image, même s'il faudrait augmenter le budget en conséquence. Paris propose d'ailleurs au joueur un contrat en béton de dix-huit mois, à 450 000 euros mensuels net de charges et d'impôts plus des royalties sur les retombées commerciales, 20 % du marketing et du merchandising, des bonus liés aux droits de retransmission des matches du PSG en Asie. En novembre, *L'Équipe* révèle que le PSG dénonce son bail de dix ans le liant à Sportfive, l'agence de marketing sportif du groupe Lagardère. Il devait théoriquement prendre fin en 2018. La séparation est officielle en juillet 2012, après négociations, et Sportfive perçoit une compensation de plusieurs millions d'euros. Le Qatar entend tout gérer lui-même, surtout si King David débarque.

Leonardo, qui a dirigé Beckham lors de la pige effectuée par celui-ci à l'AC Milan en 2009-2010, a conservé de bons rapports avec lui. Il décide de mener seul les discussions, fidèle à sa méthode. Le contact est en réalité établi dès le mois d'août 2011. L'idée : faire venir le joueur au mois de janvier suivant. Leonardo, nanti de solides talents de négociateur, mène les débats. Il adore cet aspect de son travail. Après son arrivée au PSG, il avait ainsi décroché son téléphone pour appeler Kakà, Ballon d'or 2007 ou contacter directement l'Uruguayen Diego Forlan et l'Italien Marco Borriello, deux attaquants de pointe. Le 30 décembre 2011, au cours de la première conférence de presse de Carlo Ancelotti, Leo intervient lorsqu'une question sur Beckham est posée à l'Italien : « *C'est moi qui réponds ! Nous n'avons jamais dit que c'était fait.* »

Nous pouvons révéler aujourd'hui le contenu exact des discussions entre le PSG et la star. Après cinq saisons aux États-Unis, le joueur voit son contrat s'achever en novembre 2011 avec Los Angeles, où il touche 4,5 millions d'euros annuels net (sans compter près de 30 millions d'euros de revenus publicitaires). Le

PSG affronte la concurrence de plusieurs clubs anglais sur ce dossier, mais Beckham, adulé à Manchester United, n'entend pas évoluer dans une autre formation british. Charismatique, il n'a rien d'un mercenaire prêt à tout pour gagner davantage d'argent. Dans toutes les équipes qui l'ont accueilli, il est apprécié du public et de ses coéquipiers. Il travaille, sans rechigner, sans arrogance, sans exigence. Une star au pied droit magique pour distiller des centres millimétrés ou frapper les coups de pied arrêtés, à la vision du jeu stratosphérique, qui ne se comporte jamais comme une diva. Atout – majeur – de Leonardo : Paris ! Paris, ville de la mode, du luxe, susceptible de valoriser encore la marque Beckham. David ne décide jamais rien sans l'aval de Victoria, son alter ego au sein d'un couple en or invité le 29 avril 2011 au mariage du prince William et de Kate Middleton.

QSI relaie Leonardo pour tenter d'arracher la signature. Nasser Al-Khelaïfi reconnaît début novembre l'existence de « *discussions* » mais insiste : « *Rien n'est conclu. On n'a rien à cacher, si on arrive à un accord, on le dira. Aujourd'hui, il n'y en a pas.* » Il met en avant un « *grand joueur, une grande personnalité, une marque* » qui est « *exemplaire, travaille très dur et a une très bonne attitude* » et serait « *un modèle pour tous les autres joueurs* ». Quelques jours plus tard, Leonardo embraie : « *Je ne suis ni optimiste, ni pessimiste. Beckham est très heureux dans sa vie à Los Angeles, mais ce choix dépend beaucoup de sa famille.* » Le Brésilien a conscience de la complexité de l'opération et évoque « *une structure importante, sa femme, ses quatre enfants, c'est intime.* » Il amortit par avance l'effet que produirait l'éventuel « *no* » de l'Anglais : « *Si ce n'est pas possible, ce n'est pas un échec* ».

Mais qui parle à cette époque d'échec ? On attend Beckham et Beckham va venir. Le 5 décembre, le PSG décrète la mobilisation générale pour anticiper l'arrivée de l'icône. Chaque service réfléchit, dans son propre secteur, à la manière d'entraîner le PSG sur le chemin d'une nouvelle ère. On rêve d'une présentation à la Star Wars : les plus grands hôtels de la capitale sont approchés ainsi que des lieux d'exception pour son intronisation. La cérémonie doit être retransmise en direct à Doha, la fréquence satellite est réservée pour un jeudi ou un vendredi de la fin décembre. Après plusieurs jours d'effervescence et de « brainstorming », le plan d'accueil de la star est arrêté. C'est sous les ors de la mairie de Paris que le Spice Boy doit être présenté. Ensuite Beckham aura droit à sa descente des Champs-Élysées.

Pour le reste, tout est fait pour séduire la famille et une attention particulière est portée au bien-être des enfants. On cherche l'appartement familial qui sera loué à Paris, sans doute avenue Foch, doublé d'une villa proche du camp des Loges, on sélectionne une société de conciergerie de luxe, une nounou, l'entreprise de sécurité devant veiller sur la star est choisie, l'école américaine à Croissy-sur-Seine, près de Saint-Germain, est aussi retenue. *Metro* titre en une sur « *Le pari Beckham* », évoque le basculement dans une autre galaxie en termes d'image, de communication. Les équipes marketing et commerciales ont déjà mis sur pied les nouvelles campagnes d'abonnement pour la demi-saison restante avec leur tête d'affiche anglaise.

Mercredi 21 décembre, *Le Parisien* certifie que Beckham a dit oui à Paris pour 800 000 euros brut mensuels, soit 450 000 euros net. Le PSG croit toucher au but. Manuel Valls, porte-parole de François Hollande, évoque une somme pas loin du « *scandale* ». À Los Angeles, le clan Beckham tente de calmer le jeu et explique, via ses agents, que « *rien n'est signé* ». Peine perdue.

Avec l'arrivée imminente de Beckham, couronné champion nord-américain avec dix-huit passes décisives à son actif, le PSG franchit donc encore un niveau supplémentaire sur l'échelle du football ou du star-système. Voilà que sont également annoncés Kakà, mais aussi Pato ou Carlos Tévez. Le PSG anticipe la position de l'Anglais sur le terrain, milieu droit sans doute et s'apprête à floquer son numéro sur d'innombrables maillots. Pourquoi pas le 32, un numéro qu'il apprécie ? La direction du club espère l'accueillir à Doha, lors du stage prévu début janvier 2012. Cela tombe bien, le mercato ouvre justement le 1er. Voilà pour l'apparence. En coulisses, les négociations se sont nettement refroidies lors de la dernière semaine de décembre. La famille Beckham, après l'obtention du titre nord-américain, est sensible à la proposition de renouvellement de contrat des Los Angeles Galaxy. La scolarité de leurs enfants, leur bien-être familial, la vie dans la Cité des anges, la peur d'une permanente pression occasionnée par un retour en Europe infléchissent la réflexion de David mais surtout de Victoria. « *Pour Beckham, il fallait dérouler le tapis rouge à Madame, organiser un dîner avec Lagerfeld* », assure l'ancien directeur sportif du PSG Jean-Michel Moutier, expert en transferts. À son époque, Michel Denisot invitait ses futures recrues au festival de Cannes pour les éblouir. La fashion victim Victoria, trente-sept ans, n'est pas uniquement une ex-Spice Girl, n'est plus Posh, mais une femme d'affaires avisée, mère de quatre enfants, devenue l'égérie glamour et très classe de plusieurs marques et dont la propre ligne cartonne. Elle adore Los Angeles où vivent ses amies comme Gwen Stefani. Le PSG ne tente rien pour la séduire.

Leonardo se heurte à un autre écueil : de nombreux conseillers gèrent les intérêts des Beckham, qui donnent parfois l'impression de ne plus réellement s'appartenir. Les yeux dans les yeux, tout paraît simple avec David. Ensuite, commence un long parcours du combattant avant le bouclage du dossier. Sportivement, en tout cas, le joueur n'arbore pas le profil du retraité hollywoodien retranché dans sa villa de Beverly Hills. Il rêve de disputer les JO de Londres qui lui échapperont finalement. Après sa blessure au tendon d'Achille en mars 2010, il sait que Fabio Capello, encore sélectionneur de l'équipe d'Angleterre, ne compte plus sur lui. Alors, avec ses agents, il reçoit des émissaires de cheikh Tamim à Los Angeles mercredi 5 octobre. Dans ses rares déclarations rapportées par les médias, il juge « *passionnant* » le projet qui lui est exposé. Langage diplomatique ou véritable coup de cœur pour la France ? Ses conseillers ont l'habitude d'écouter toutes les propositions qui leur sont soumises. Ils soupèsent ensuite le pour et le contre avec deux exigences : des garanties sur le projet sportif et l'équilibre familial des Beckham au sein de ce dispositif.

Le couple est très proche de Tim Leiweke, propriétaire du club américain des Los Angeles Galaxy. Des conseillers les avertissent : pourquoi prendre le risque de tout remettre en cause alors que les États-Unis offrent un fantastique territoire commercial ? Leonardo, de nouveau principal responsable du transfert, décide de désamorcer la frénésie en plusieurs temps. Il sent que le dossier lui échappe. En son for intérieur, il perçoit que le Spice Boy ne viendra pas. Voilà pourquoi le 30 décembre, lors de l'intronisation d'Ancelotti, il prévient : « *Il n'y a rien de fait. On a de très bons rapports avec lui, Carlo aussi. Il a toujours dit que son choix serait familial. On a étudié les choses, mais il y a des détails en dehors de la question professionnelle d'un joueur de football. Aujourd'hui, il est à Los Angeles avec sa famille, il a beaucoup de choses là-bas. Il réfléchit sur sa vie personnelle. Ce n'est pas facile pour lui de changer.* » Leonardo n'est nullement surpris par une annonce qui survient dans la foulée de ses propres déclarations. Selon la BBC, Los Angeles Galaxy propose bel et bien une prolongation d'une année au joueur avec LE sésame, le droit de participer aux JO de Londres s'il est sélectionné. Nouvelle épine dans le pied du PSG : les représentants en Europe du joueur le préviennent qu'il n'est pas certain d'être titulaire à Paris et que son étoile pourrait pâlir. Quelle est la position de Carlo Ancelotti à son sujet ? Contrairement à ce qui a été écrit, ce n'est pas lui qui s'est opposé à la signature de Beckham mais pour le technicien italien, l'Anglais ne représentait pas une priorité sportive. Même si le Mister parle très courtoisement au téléphone avec Beckham, il préférerait obtenir la signature de quelques stars de Chelsea qu'il juge plus performantes.

Leonardo poursuit donc son opération de communication visant à amorcer le retrait en douceur du PSG sur le dossier Beckham. Le 1ᵉʳ janvier, il affirme qu'il faut laisser du temps au temps : « *C'est un choix difficile de faire bouger toute la famille à Paris. On va attendre un peu. On a du temps et lui aussi. Ce n'est pas une question de contrat. On ne le pousse pas, on le respecte beaucoup. J'ai une admiration incroyable pour lui en tant que joueur et comme papa aussi. On le laisse tranquille.* » Alors, « papa » Beckham prend sa décision le soir du réveillon. Le 3 janvier, *L'Équipe* annonce que le mariage entre l'Anglais et le PSG « *est presque annulé* ». Dans la journée, au terme d'une communication hésitante, Leonardo et Nasser Al-Khelaïfi se décident à entériner l'abandon du rêve Beckham. Ils savent qu'il leur faut maintenant activer d'autres pistes de recrutement. Le Brésilien convoque donc la presse à l'hôtel que le PSG occupe à Doha, The Torch. « *C'est fini. C'est dommage. Le bien-être de sa famille à Los Angeles, la volonté de ne pas tout changer dans sa vie ont beaucoup pesé. Ce n'est pas l'arrivée de Carlo Ancelotti qui a fait tout changer.* » Coup de grâce présidentiel quelques heures plus tard, près des courts qui abritent l'Open de tennis de Doha : « *Il ne viendra pas. Bien sûr, nous sommes un petit peu déçus mais les deux parties ont décidé qu'il valait mieux pour tout le monde que le deal ne se fasse pas pour le moment. Peut-être dans le futur.* » Ou peut-être pas. Pour boucler sans trop de dégâts cette période insatisfaisante, tant le directeur sportif que le président sentent qu'il est indispensable de revenir longuement sur ce dossier. Leonardo s'y évertue le 5 février 2012 dans le *JDD* : « *Que*

Beckham ne vienne pas n'a été ni une déception ni une surprise. On a toujours su qu'il avait un choix de vie à faire. Il ne nous a jamais donné un accord de principe. Mais il a démontré une envie de venir importante pour finir sa carrière à Paris, avec de vraies ambitions sportives. » Nasser l'imite dans *France Football* du 28 février : « *Beckham, il aurait adoré, mais il n'est pas venu pour des raisons familiales. Lui rêvait de venir, je vous le promets. C'est un chic type, un très bon joueur que n'importe quel entraîneur voudrait avoir. Cela ne s'est pas fait, tant pis.* » Exit Beckham, exit également Pato, exit Kakà, qui ne quitte pas le Real Madrid, exit Tévez, guère passionné par le challenge parisien contrairement à son agent. Au mercato arrivent Maxwell, trente ans, latéral gauche brésilien de Barcelone, Ronan Le Crom, trente-sept ans, qui signe pour six mois comme gardien de but, Alex, défenseur brésilien de Chelsea de vingt-neuf ans, joueur extracommunautaire qui a connu Ancelotti en Angleterre. Thiago Motta, vingt-neuf ans, international italien d'origine brésilienne, milieu axial défensif ou relayeur, est arraché in extremis à l'Inter Milan pour 10 millions d'euros et signe un contrat de trois ans et demi. On attendait Beckham, Beckham n'est pas venu. Le malaise final, bien réel, provient de l'emballement initial, irréel.

XVII

FOLIE DES RÉMUNÉRATIONS, OBSESSION DE L'ORGANISATION

La vérité sur les salaires et la vie quotidienne au camp des Loges

Avec le Qatar à sa tête, le PSG bascule dans une autre dimension. À tous les points de vue. Financièrement, bien évidemment. L'excellence est visée. Les dirigeants désirent ce qu'il y a de mieux pour eux et leur équipe. Sinon ? Ils changent, tout simplement. À leur arrivée, ils ont jugé que le standing des hôtels accueillant les joueurs pour les stages ou les mises au vert de veilles de matches était insuffisant. Ordre a été donné de loger la délégation parisienne dans des établissements de catégorie supérieure. À présent, le PSG descend presque exclusivement dans des 4 étoiles ou des palaces. Depuis la saison 2011-2012, pour les mises au vert à domicile, l'équipe prend ses quartiers au Trianon Palace de Versailles, en lisière du château de Louis XIV. Même configuration lors des déplacements. Par exemple, pour son match de Ligue 1 contre l'AC Ajaccio (0-0), le 19 août 2012, la délégation parisienne est descendue au Radisson Blu Resort and Spa, qui fait face à la majestueuse plage d'Agosta.

Un souci d'exigence existe aussi dans l'organisation au quotidien. Les Qatariens entendent améliorer les infrastructures afin de professionnaliser le club. Ainsi, sous l'ère Leonardo, le staff d'Antoine Kombouaré est renforcé, comme nous l'avons vu, par deux nouveaux préparateurs physiques et un analyste tactique et vidéo venu de l'AC Milan, Angelo Castellazzi. Le matériel de travail a aussi été renouvelé, notamment la salle de musculation. Cette évolution s'accélère nettement quand Carlo Ancelotti remplace Kombouaré fin décembre 2011. L'Italien ne travaille plus avec deux adjoints, mais quatre. Il y a aussi quatre préparateurs physiques. Un Anglais, Nick Broad, est recruté pour analyser les données statistiques compilées par les GPS (NDA : il s'agit de petits boitiers portés par les joueurs pendant les entraînements. Ils enregistrent plusieurs données physiques et physiologiques suite aux efforts fournis). « *À peine arrivé, Ancelotti a obtenu tout de suite les GPS, nous on les avait commandés depuis plusieurs mois et on les attendait encore en décembre* », grince un ancien membre du staff de Kombouaré.

Deux jeunes hommes sont engagés pour ramasser les ballons pendant les entraînements. Ancelotti les surnomme les « ball boys ». Leur rôle est de relancer le plus vite possible afin de donner de l'intensité aux exercices. Un autre nouveau salarié, prénommé Jack, veille sur les joueurs au camp des Loges. Questionnés sur sa fonction précise, ceux-ci peinent à répondre. L'un d'eux explique, non sans un certain humour, aux auteurs de ce livre : « *Il nous donne les boissons de récupération à la fin des séances* ». Sa mission semble en réalité plus large. Il est chargé de collecter auprès des Parisiens toutes les informations pouvant aider le staff à programmer le travail du jour. Ainsi, chaque matin, un petit questionnaire est soumis à chacun des joueurs : a-t-il bien dormi ? Est-il contrarié par quelque chose ? A-t-il mal quelque part ?… Et les staffs sportif et médical continuent à s'enrichir par de nouveaux recrutements comme celui de Dario Fort, un kinésithérapeute de l'AC Milan arrivé courant août 2012 dans la capitale.

Afin de mieux contrôler l'alimentation du groupe, les joueurs ont la possibilité de prendre le petit-déjeuner et le déjeuner au camp des Loges depuis le début de l'ère Ancelotti. Sans que cela ne soit obligatoire, sauf lorsque les matches sont rapprochés comme en 2012-2013, lors des semaines de Ligue des champions. C'est le cuisinier du centre de formation des apprentis (CFA) du PSG, débauché pour l'occasion, qui préparait le menu lors des six premiers mois du coach italien, en 2012. Et comme il est d'origine italienne, cela tombait bien. D'ailleurs, il accompagnait aussi l'équipe en déplacement. Au début de la saison 2012-2013, pourtant, il n'est pas prolongé et un autre cuisinier est choisi. En attendant ce cordon-bleu et l'installation d'une vraie cuisine au centre d'entraînement, le club avait passé un accord, pour quelques semaines, avec le restaurant Cazaudehore, situé juste en face du centre d'entraînement, pour avoir table ouverte tous les midis. Cet établissement est recommandé par le guide Michelin en ces termes : « *Ambiance chic et cosy, décor dans l'air du temps, délicieuse terrasse sous les acacias, cuisine soignée et belle carte des vins* ». La prestation coûterait 50 euros par jour et par couvert au PSG. L'équipe féminine bénéficie elle aussi d'un coup de pouce financier. À l'orée de la saison 2012-2013, les Qatariens décident de concurrencer l'OL féminin, fierté de Jean-Michel Aulas. Le budget de la section féminine du PSG passe d'environ 1 à 4,5 millions d'euros pour 21 joueuses sous contrat fédéral à temps plein. Objectif affiché : conquérir le titre de champion de France en 2013 ou 2014 et remporter dans un avenir proche la Ligue des champions.

En un mot, c'est la révolution, jusque dans les moindres détails de la vie du club. Désormais tout est possible au PSG. Si l'argent coule à flots pour professionnaliser l'équipe, il en est de même en ce qui concerne les rémunérations. Nous donnons ici les revenus les plus significatifs des joueurs parisiens en 2011-2012. Il s'agit des salaires mensuels (en brut), hors primes négociées individuellement. Pastore touchait alors 350 000 euros brut mensuels,

Lugano et Nene 330 000, Sakho et Sissoko 320 000, Ménez et Gameiro 280 000, le gardien de but Sirigu 250 000, Matuidi 240 000, Erding 220 000, Hoarau 200 000 et Bisevac et Bodmer 180 000. Au total, en 2011-2012, vingt joueurs du PSG émargeaient à 100 000 euros et plus mensuellement. Si, à Paris, les salaires ont toujours été plus élevés qu'ailleurs, à l'exception de Lyon et Marseille, c'est la première fois que l'on dénombrait cinq éléments à plus de 300 000 euros dans le vestiaire. Trois Sud-Américains (Pastore, Nene et Lugano) et deux Français (Sakho et Sissoko, qui est franco-malien). Avec une surprenante franchise, Diego Lugano, trente et un ans, capitaine de l'Uruguay, se confie au journal de son pays *Ovacion* en septembre 2012. Il a signé jusqu'en 2014 avec le PSG mais ne figure pas sur la liste des 25 joueurs qualifiés pour la Ligue des champions : « *Mon contrat est vraiment très bon, cela a été un facteur décisif dans mon choix. Je vis en France, j'évolue au sein d'un grand club et mon salaire est élevé, donc, pourquoi m'en faire ?* »

Au siège aussi, on est bien traité. Jean-Claude Blanc, le directeur général délégué, a négocié une rémunération de 1 million d'euros brut par an, soit un peu plus de 83 000 euros mensuels, un très bon salaire de joueur de L1. Philippe Boindrieux, le DG adjoint, est payé 300 000 euros annuels, soit 19 000 mensuels sur 13 mois plus une prime d'objectif. Frédéric Longuépée, recruté au même poste, doit être sur des bases de revenus assez similaires. C'est aussi cela, le PSG made in Qatar.

XVIII

LA PÉDAGOGIE DE L'ÉCHEC

La vérité sur la perte du titre de champion

La Paillade parade et la France se gausse. Le Montpellier Hérault Sporting Club de Louis Nicollin, créé en 1974, remporte son premier titre de champion de France dimanche 20 mai 2012 et affole les statistiques : 25 victoires, 7 nuls, 6 défaites, 82 points dont 50 à domicile, 21 réalisations pour Olivier Giroud, meilleur buteur du championnat de Ligue1. René Girard et ses joueurs mitonnent l'une des plus énormes surprises de l'histoire du football français.

La France se gausse parce que « Loulou » et les siens devancent de trois longueurs le très riche PSG. Poulidor bat Anquetil, le petit poucet sudiste triomphe des gazodollars du Qatar, la France du terroir pourfend la capitale. *France Football* résume cruellement la pensée quasi unique en vigueur dans l'Hexagone dans son édition du mardi 22 mai, en pages 20 et 21. Le bihebdomadaire célèbre Montpellier, « *l'équipe qui valait 7 millions d'euros* », grâce à une succession de bonnes affaires. Un encadré en bas à droite symbolise le drame parisien : « *Le PSG, c'est 125 millions d'euros !* » Il y a bien sûr Pastore (qui a coûté selon *France Football* 42 millions, Gameiro (11 millions), Matuidi (8,2), Ménez (8), Sissoko (7), Sirigu (3,5), Bisevac (3,5), Lugano (3,5) et Douchez (libre). Voilà pour le recrutement estival, auquel il faut ajouter les emplettes du mercato hivernal que Paris coanime avec Monaco

(Ligue 2) : Thiago Motta (10 millions), Alex (5), Maxwell (4) et Le Crom (libre). Cela fait donc 105,7 millions en une saison, auquel *France Football* ajoute les coûts d'achat des joueurs plus anciens comme Jallet (3), Ceará (2,5), Bodmer (2,5), Camara (6) ou Nene (5,5). Bilan : « *Tout ça pour quoi ? Une deuxième place en Championnat, derrière un club au budget cinq fois inférieur et des éliminations prématurées en Ligue Europa et dans les deux Coupes nationales. Pas vraiment de quoi pavoiser.* » La rage est là, côté parisien, obsédante.

Vainqueurs à Lorient (2-1) au terme d'une rencontre interrompue cinq minutes (jets de pétards et de fumigènes), les Parisiens ont regardé à la télé la fin d'Auxerre-Montpellier (1-2) dans le couloir du stade du Moustoir en espérant un miracle, car ce match avait aussi été interrompu, mais plus longtemps, en raison du comportement des supporters bourguignons. *France Football* en rajoute : « *Nous sommes en 2012 après Jésus-Christ. Toute la Gaule est occupée par les Qatariens. Toute ? Non ! Un village peuplé d'irréductibles Montpelliérains résiste encore et toujours à l'envahisseur.* » Si la France rit, le Qatar gronde. L'émirat ne verse jamais dans l'arrogance, mais déteste investir à perte. Le palmarès pouvait (devait) être enrichi dès la première saison. Alors, pour calmer la colère de Doha, Nasser Al-Khelaïfi et Leonardo ont pris personnellement en main la communication très déficiente du PSG dans les jours précédant la fin du Championnat. Depuis qu'ils ont senti que le titre leur échappait, ils ont tenté d'amortir le choc, d'anticiper les dégâts en montant au créneau. Leur stratégie ? Éviter le grand cafouillage, comme après les révélations autour de la rencontre tripartite Nasser Al-Khelaïfi-Leonardo-Carlo Ancelotti, qui avaient valu au club parisien de traverser une grosse zone de turbulences. La méthode ? Surcommuniquer. Cheikh Tamim n'a guère envie de s'exprimer et, s'il le faisait à titre exceptionnel, cela sonnerait comme un désaveu à l'égard de ses subordonnés. Nasser, en revanche, prend la parole. La situation impose l'humilité. Il sait qu'il va se contredire, mais il n'a guère le choix. Samedi 5 novembre 2011, le président a en effet accordé au *Parisien* une interview titrée : « *Si le PSG n'est pas champion, ce sera un échec* ». Il y affirme que le PSG est dans son cœur et « démine » en matière financière, comme s'il anticipait les reproches à venir : « *On n'est pas là pour jeter l'argent par les fenêtres* ». Mais pour gagner des trophées et ajouter des lignes au palmarès.

Quelques mois plus tard, la perte du titre digérée, Nasser Al-Khelaïfi distille en anglais son message dans le vestiaire de Lorient où les joueurs ruminent leur échec, avant de noyer leur dépit en allumant à fond une sono : « *Je suis fier de vous, vous avez atteint l'objectif de la qualification directe en Ligue des champions.* » Voilà des mots apaisés et apaisants qui sont parfaitement enregistrés par l'assistance. Nasser affirme être satisfait de la saison et songe déjà à la suivante avec appétit dans l'avion qui le ramène à Paris avant les joueurs. Salvatore Sirigu lui emboîte bien entendu le pas : « *Quelque part, on a fait notre boulot, avec quatre victoires pour finir.* » Montpellier ? « *On lui serre la main et on le félicite.* » Et on rêve de l'imiter en 2012-2013, grâce à une continuité indispensable à la mode du Qatar : même équipe dirigeante certes, même entraîneur cette fois, mais effectif considérablement renforcé qualitativement.

Le PSG va reproduire la stratégie de communication utilisée dans le passé avec bonheur par Michel Denisot après les plus gros échecs, comme le naufrage face à la Juventus Turin (1-6 au Parc) le 15 janvier 1997 lors du match aller de la Supercoupe d'Europe. Le président délégué d'alors avait dès le lendemain contacté l'un des auteurs de ce livre, avec un message extrêmement fort : la pérennité du club est assurée, voilà comment nous allons réagir et quels seront les prochains objectifs. Une méthode reprise ensuite par Jean-Michel Aulas, avec le souci de garder des repères ou une lueur d'espoir dans les périodes chahutées. Cette fois, Nasser annonce que le club va recruter autant sinon plus que la première saison, dépensant au moins 100 millions d'euros. Carlo Ancelotti sait déjà ce dont il a besoin : vingt-huit pros au total, trois joueurs de renom en renfort (un par ligne). Comme par hasard, de grands noms évoluant à l'étranger sortent dans la presse au lendemain de la fin du Championnat grâce à des fuites savamment distillées : Gonzalo Higuain, Samuel Eto'o, Kakà, Ezequiel Lavezzi, Maicon… Technique bien rôdée. Les supporters sont rassurés, les médias relancés sur la piste des transferts, le fiasco de la perte du titre n'en est presque plus un.

Cela ne suffit pas, cependant. Nasser Al-Khelaïfi l'a prévu et intervient dans tous les médias, écrits et audiovisuels, à la demande. C'est LE message présidentiel de fin de saison, qui restera également longtemps sur le site officiel du club. Mardi 22 mai, il reçoit les journalistes par petits groupes dans le salon VIP du Parc des Princes. Quasiment au même moment, dans un télescopage comme l'actualité en réserve souvent, l'un de ses joueurs, Mohamed Sissoko, est placé en garde à vue pour défaut de permis de conduire français, usage de faux et insultes à des fonctionnaires de police. Le lendemain, Nasser Al-Khelaïfi doit prendre part à la conférence de presse de lancement de beIN SPORT1 et 2. En attendant, il se consacre au PSG. S'exprimant en anglais, il déplace avec intelligence le débat sur la question du stade et des infrastructures. Mais il sait qu'il est attendu sur l'analyse de la saison. Alors, échec ou pas ? « *Bien sûr, c'est une déception de ne pas avoir remporté le titre cette année,* confie-t-il notamment à *L'Équipe. On a malgré tout atteint notre objectif de nous qualifier directement pour la Ligue des champions.* » Il félicite Montpellier, Louis Nicollin, mais aussi les joueurs et le staff du PSG, comme dans le vestiaire de Lorient. Et promet : « *On va se battre, oui, pour être champions. Mais, à nouveau, ce ne sera pas facile.* » Vive la glorieuse incertitude de la Ligue1, qu'il diffuse sur ses chaînes. Le président du conseil d'administration du PSG va plus loin dans la modestie, avec l'espoir que la France des régions cesse de détester son club : « *En venant à Paris, on savait que l'argent ne ferait pas tout. On n'est pas venus juste avec l'idée d'investir des millions et des millions (…). Il faut aussi de la passion.* » Reste maintenant un point extrêmement épineux à gérer. Comment expliquer aux Français le renvoi d'Antoine Kombouaré pour faire place nette à Carlo Ancelotti, alors que le premier était en tête de la Ligue1 avec trois points d'avance sur Montpellier et que le second a terminé trois longueurs derrière ? Le bilan comptable est irréfutable : l'Italien au palmarès de folie a fait moins bien que l'ancien joueur du PSG apprécié de tout le monde. « *On remercie Antoine Kombouaré pour son très bon travail,* lance Nasser. *Mais posséder trois points d'avance à mi-saison ne vous donne aucune garantie. Manchester City a bien comblé un retard de huit points sur Manchester United pour devenir champion d'Angleterre in extremis.* » Personne ne relève, mais là, on touche au paradoxe ultime. Nasser compare City à Montpellier en un délicieux raccourci, alors que dans l'esprit des observateurs, City, c'est plutôt le PSG anglais. Il lui faut sauver, ou plutôt conforter, le soldat Ancelotti : « *Carlo Ancelotti est arrivé à la trêve, et on aime le style offensif qu'il a donné à l'équipe. C'est important, le style de jeu. Pour nous, notre projet n'est pas tourné uniquement autour de la question de savoir si on gagne un match ou si on le perd. On veut que l'équipe dégage une identité, à l'image de Barcelone.* »

Le président donne le ton. Tout le monde suit le tempo qatarien. Leonardo, comme souvent, a pris les devants. Alors qu'il avait lui aussi en avril déclaré péremptoirement que « *ne pas être champion serait un échec* », il donne une longue interview à l'AFP avant même la fin de la Ligue1 pour amorcer un rétropédalage !

« *Je savais que ce serait compliqué. On ne change pas d'état d'esprit comme on change un meuble. Mais l'objectif, c'était d'être en Ligue des champions. Aujourd'hui, c'est fait (…). Après, on va tout faire pour gagner le Championnat. Il y a la possibilité. Si on ne gagne pas, c'est un échec. Je l'ai toujours dit et je n'ai aucun problème avec ça. Cela ne veut pas dire qu'on va mourir.* »

Le troisième protagoniste, en habitué des conférences de presse, s'évertue lui aussi à transformer en or une deuxième place qui ne le satisfait pas en son for intérieur. D'ailleurs, dans « son » journal, la *Gazzetta dello Sport* du 17 janvier 2012, il a réellement traduit son état d'esprit : « *Si je ne remporte pas le titre de champion, je ferai piètre figure, inutile de le nier.* » À Lorient, Ancelotti garde une attitude digne et ne dévie pas d'un pouce de la nouvelle ligne très politique du club, celle d'une autosatisfaction mesurée, même si le tout début de son intervention respire la sincérité : « *En étant deuxième, tu ne peux pas être content. Mais je crois que nous avons accompli un bon travail avec une qualification en Ligue des champions. Nous devons être fiers de notre Championnat.* » En grand amateur des joutes continentales, il exprime aussi ce que ressentent tous les patrons de clubs et entraîneurs : l'essentiel n'est plus d'être sacré champion, mais d'accéder directement à la Ligue des champions, si prestigieuse, si rémunératrice, seule à même d'attirer de grands joueurs à l'intersaison. Donc, l'objectif est rempli.

Au Qatar, la satisfaction est relative. À tel point que, de Doha, filtrent des rumeurs relatives à un possible départ de Leonardo ! Déjà, dans son édition du 12 au 18 avril 2012, le *10 Sport* croyait savoir que « *Leonardo aurait annoncé son départ* » et révélé l'existence d'une clause lui permettant de recouvrer sa liberté quand bon lui semble. Ses contacts fréquents avec Massimo Moratti alimentent l'idée d'une envie des deux hommes de retravailler ensemble à l'Inter. Le Brésilien, qui fait mine publiquement de balayer cette hypothèse, sait que dans l'émirat, certains tentent de fragiliser sa position, même si Nasser le soutient bec et ongles. En privé, Leo doute parfois mais, selon nos informations, décide dès avril 2012 de s'investir davantage dans le projet parisien. Il ne partira pas et en avise alors Nasser Al-Khelaïfi. La rumeur autour de Leonardo enfle pourtant de nouveau alors que Montpellier confirme sa solidité en Championnat, emballe le sprint final et garde ses longueurs d'avance sur le PSG au classement. Le Brésilien, furieux, réfléchit longuement aux vraies raisons de cette tentative de déstabilisation et décide de répliquer le 11 mai : « *On dit que ma femme n'est pas contente à Paris, que j'ai des problèmes avec le prince ou Nasser. Ça fait partie du spectacle. Si je dois démentir tout ce qui a été dit sur moi, je ne ferais que ça. Moi, je dois faire une équipe. Je suis là, très content d'être là. Mes rapports avec le propriétaire sont clairs depuis le début. Et ce sera pareil dans le futur. Mais peut-être qu'il y a des gens qui seront contents si je pars. C'est la vie.* » S'il ne peut pas tout révéler, il sait pertinemment que certains à Doha militent pour son remplacement. Ces opposants au directeur sportif ne supportent pas d'être écartés des cercles décisionnaires. À la moindre contre-performance, comme au tout début de la saison 2012-2013, ils entonnent l'air du TSL, le Tout Sauf Leonardo.

Dans son entretien très riche à l'AFP, Leonardo fait amende honorable quant à certaines de ses déclarations qui ont heurté la sensibilité hexagonale. « *C'est nous qui arrivons, qui devons nous adapter. Mais c'est vrai qu'en France, dire qu'on arrive pour gagner, ce n'est pas très courant.* » Surtout si l'on termine deuxième. « *J'avais l'idée de provoquer.* » Petit acte de contrition, en quelque sorte. Cela vaut bien, après la fin de saison, l'hommage de Nasser : « *Je ne peux pas réagir à toutes les rumeurs qui circulent dans les coulisses du football. Leonardo figure dans ce projet à long terme. Je peux vous assurer qu'il sera encore là la saison prochaine. Il croit en ce projet. Il en est une pièce importante et je suis très heureux de travailler avec lui.* » Le 8 juin 2012, l'Euro débute. Quasiment plus personne ne parle alors de l'échec du PSG. Mais, en revanche, l'arrivée imminente de Lavezzi dans la capitale est très commentée. Avant celles de Thiago Silva et de Zlatan Ibrahimovic. L'actualité efface l'actualité, la nouveauté anesthésie les brûlures du passé.

XIX

GAMEIRO, BUTEUR DÉSENCHANTÉ

Pourquoi l'attaquant n'est pas parti à Valence

Trois fois, pour rien. Le club de Valence, actuellement situé dans la hiérarchie espagnole juste derrière les deux ogres de la Liga, le Real Madrid et le FC Barcelone, a connu trois échecs en trois ans avec Kevin Gameiro. Ses offres n'ont pas atteint un niveau suffisant pour empocher la mise et convaincre totalement le buteur. Comme si la France retenait l'international, en partie à son corps défendant. Ou comme s'il hésitait à tenter l'aventure à l'étranger.

Pourtant, l'avant-centre né en 1987 à Senlis sait parfaitement ce qu'il veut et n'hésite pas à afficher haut et fort ses préférences. Cette détermination constitue l'un des traits majeurs de son caractère. Gameiro débute à Marly-la-Ville, dans le Val-d'Oise, là où son père a évolué. Il porte le maillot de Chantilly avant de rejoindre Strasbourg, puis Lorient (pour trois millions d'euros) où il s'épanouit après un légitime temps d'adaptation. Il inscrit 56 buts en 120 rencontres. Son jeu se délecte du terrain synthétique local. Lors de sa deuxième saison à Lorient, il termine deuxième meilleur buteur du Championnat derrière Mamadou Niang avec 17 réalisations en 34 matches disputés. Le 20 décembre 2010, il exprime distinctement son souhait : quitter les Merlus, quasiment séance tenante. Bordeaux affiche un réel intérêt qui ne laisse pas l'attaquant insensible, mais recule face au prix exigé par Lorient (12 millions d'euros). C'est alors que Valence place sa première banderille mais s'arrête à 8 millions. Insuffisant!

Gameiro termine donc la saison 2010-2011 au Moustoir. Le voilà de nouveau sur la deuxième marche du podium des buteurs en L1, dauphin de Moussa Sow avec 22 réalisations. De quoi inciter Valence à revenir à la charge. Mais le PSG actionne la fibre affective pour séduire l'attaquant de 1,72 m, alors considéré comme le « nouveau Papin », opportuniste et efficace devant le but adverse. Une machine à marquer qui ne se dérègle jamais. Gameiro, né dans l'Oise, ayant joué près de Paris, rêve de porter le maillot du club de la capitale. Il saisit donc l'opportunité et signe pour quatre ans au PSG le 12 juin 2011 pour 11 millions d'euros plus des bonus (3-4 millions d'euros), une somme très conséquente sur le marché franco-français. Il s'engage avant l'arrivée des nouveaux propriétaires qatariens. Même si Gameiro ne constitue pas leur recrue rêvée, ces derniers s'acquittent de l'indemnité de transfert. Avec son numéro 19, il ne manque pas son entrée en matière parisienne et s'épanouit dès le mois d'août dans le système en 4-2-3-1 adopté par Antoine Kombouaré. Ses mises en action ultrarapides permettent plusieurs fois consécutivement au PSG d'ouvrir le score. Plus tard, il inscrit un triplé à Ajaccio (3-1). Son total de neuf buts lors de la phase aller n'est d'ailleurs pas infamant, loin de là. Garçon discret et simple, il a su trouver sa place au sein du vestiaire parisien où il est apprécié.

Kombouaré lui accorde pleinement sa confiance, mais les premières interrogations sportives surviennent. Le buteur vendange plusieurs occasions nettes lors de rencontres importantes, ce qui lui porte préjudice tant ses ratés sont médiatisés. Il commence à exaspérer certains coéquipiers par ses appels difficiles à décrypter. D'autres l'ignorent et s'égarent dans des actions égoïstes. Gameiro commence à s'abîmer dans une volonté permanente de recherche de la profondeur qui vire à l'obsession, vouée à l'échec face à des défenses renforcées et positionnées très bas. À force d'attendre des ballons qui ne lui parviennent jamais, le voilà esseulé et perdu à la pointe d'une attaque déstructurée. Personne ne comprend pourquoi il ne procède pas à l'indispensable remise en question de son jeu. Il est vrai que la qualité de ses déplacements et sa vitesse d'exécution suscitaient jusque-là l'unanimité. Invité au tournoi de tennis de Bercy en novembre 2011, il fait part de son malaise à quelques tennismen avec lesquels il entretient des relations amicales. Gameiro se désespère de ne pas être davantage et mieux approvisionné en ballons de but par Nene, Pastore ou Ménez. Ses gestes d'humeur envers ses partenaires, dès qu'il se considère oublié, deviennent visibles et récurrents.

Ce n'est déjà pas le paradis, mais la suite ressemble à l'enfer. Après le renvoi de Kombouaré, Ancelotti ne compte plus sur lui, s'appuyant plus volontiers sur Hoarau avant de se priver carrément d'avant-centre type en misant sur un trident de milieux offensifs. Au comble de l'exaspération, en perte totale de confiance, Gameiro s'accroche à l'entraînement en mars 2012 avec Sissoko avant de jeter sa chasuble au sol. Renonce-t-il à regagner sa place ? Pour jouer, il doit miser sur les absences de titulaires en puissance, comme Jérémy Ménez par exemple à Lille le 29 avril. Ancelotti évoque le 19 mai la situation du buteur contrarié : « *Kevin a connu des problèmes depuis que je suis arrivé car il n'avait pas beaucoup d'espaces. Mais il a de nombreuses qualités. Même s'il n'a pas beaucoup marqué lorsqu'il a joué, il a réalisé de bons matches avec de bons mouvements.* » Les paroles du Mister illustrent le malaise engendré par cette efficacité désormais en berne. Après le changement d'entraîneur, Gameiro n'est plus titulaire qu'une fois sur deux en Championnat, n'inscrivant que 2 buts, soit 11 sur l'ensemble de la saison.

À la fin de celle-ci, l'avant-centre se retrouve dans une impasse. Une double impasse même, en club et en sélection. Gameiro manque en effet l'Euro 2012, comme ses coéquipiers Sakho et Hoarau. Il avait pourtant participé aux éliminatoires, mais Blanc tire les conséquences du faible temps de jeu de l'ancien Merlu sous l'ère Ancelotti. Cruelle déception, que l'homme blessé partage avec ses proches. Réputé pour son mental de fer, il a déjà connu des revers de fortune. En février 2006, victime d'une rupture des ligaments croisés, absent six mois, il était revenu plus fort, plus déterminé. Mais, cette fois, Gameiro flanche, tellement le maillot bleu lui manque. N'a-t-il pas choisi la France alors que le sélectionneur portugais Carlos Queiroz courtisait en mai 2009 cet élément d'avenir d'origine portugaise par son grand-père paternel? L'assouplissement des règles de la Fifa en juin 2009 aurait pu lui permettre de céder à la tentation, mais Gameiro a alors martelé qu'il se sentait français et a répondu avec fierté aux convocations de Laurent Blanc. Il ne cache d'ailleurs pas avoir choisi le PSG de préférence à Valence après une discussion avec le sélectionneur, qui lui a conseillé de rester en Ligue 1.

Nanti de 8 sélections (1 but), Gameiro se livre durant ses vacances à une analyse lucide de la situation. « *Il sent qu'il y a une ouverture derrière Benzema chez les Bleus mais, s'il ne joue pas en club, cette opportunité lui filera sous le nez* », nous explique un membre de son entourage. C'est le début d'une vraie crispation avec la direction du PSG, en cet été 2012. En effet, un candidat se manifeste auprès de Leonardo peu après l'ouverture du marché des transferts. Il s'agit encore de Valence. Un protagoniste de ce dossier nous en dévoile les arcanes : « *Kevin a prêté une oreille attentive à cette proposition espagnole, car il avait très envie de se relancer en disputant la Ligue des champions. Mais le PSG ne voulait discuter que d'un transfert ferme, pas d'un prêt. Valence n'y a pas vu d'objection et a proposé 3,5 millions d'euros. Paris avait fixé la barre à 9 ou 10 millions.* » Leonardo se refuse catégoriquement à brader son avant-centre, une denrée rare, acheté un an plus tôt.

Les positions initiales sont trop éloignées pour se rapprocher. *« Valence a laissé la situation pourrir alors qu'avec Kevin, il y avait un accord »*, déplore un proche du joueur. Valence échoue donc encore. Décidément! Lille examine le dossier sans trop s'attarder. Gameiro reste donc parisien, croit encore en son étoile, mais le début de saison 2012-2013 n'est pas fait pour le rassurer. Il n'est pas titulaire lors des quatre premières rencontres et ne totalise que 53 minutes de jeu en trois apparitions, sans jamais se distinguer. Sa frustration se double d'un sentiment d'injustice de plus en plus prononcé. L'ancien Strasbourgeois ne comprend pas pourquoi Pastore est aligné à chaque rencontre alors que son rendement est insuffisant et sa nonchalance agaçante. La saison s'annonce longue et pénible pour Gameiro. Mais à force d'obstination, de travail et de patience, il finit par retrouver du temps de jeu. Il supplante parfois Hoarau dans la hiérarchie des attaquants de complément, inscrit quelques buts décisifs à l'automne contre Sochaux et Reims. Les lendemains chanteront-ils?

XX

MÉNEZ AUX DEUX FACETTES

La vérité sur l'international français

Jérémy Ménez ? Que penser de lui ? Qu'il est un footballeur dont les qualités de dribble et de vitesse sont ébouriffantes ? Qu'il est capable à lui seul de perforer une défense et pourrait être l'égal des Messi ou Ronaldo ? Peut-être pas, mais il ne déparerait pas dans le top 10 des meilleurs attaquants mondiaux. Encore faudrait-il que le natif de Longjumeau soit capable de se montrer plus régulier et plus intelligent dans ses choix sur le terrain. Si tel était le cas, l'international français évoluerait dans l'un des cinq plus grands clubs européens, en attendant que le PSG en fasse partie.

Preuve du talent de Ménez, âgé de vingt-cinq ans aujourd'hui, Manchester United avait tenté de le recruter lorsqu'il jouait encore à Sochaux et n'avait que quinze ans. « *J'étais flatté que ce club s'intéresse à moi. Manchester, je les voyais à la télé. C'est un grand entraîneur, des grands joueurs,* confie Ménez dans un entretien à *L'Équipe* publié le 14 juin 2012, pendant l'Euro. *J'étais un peu impressionné, Ferguson quand même, un entraîneur si titré… Je n'avais pas trop parlé, j'écoutais plutôt ce qu'il me disait.* » Finalement, le prodige avait préféré demeurer dans le Doubs pour rejoindre ensuite Monaco à dix-neuf ans, en 2006. Cette déclaration au quotidien sportif offre un bon condensé de la personnalité de Ménez. Bourré de talent, plutôt taiseux dans son comportement quotidien même s'il est intégré au groupe, l'ancien Monégasque donne l'impression d'évoluer tel un électron libre. Il sait pourtant se muer en chambreur à ses heures. Il peut aussi débarquer au Parc des Princes plein pot, dans les hurlements de la sono de son gros 4x4. Au volant, ou bien en se faisant conduire, comme ce jour de la saison 2011-2012 où son permis lui avait été confisqué.

Si Jérémy Ménez était Gémeau, cela ne surprendrait personne tant sa personnalité est double. Mais l'international est né sous le signe du Taureau. Il paraît distant, voire hautain dans son rapport au monde extérieur, qu'il s'agisse des médias ou du public. Toujours dans *L'Équipe*, au cours d'un échange qui vire à l'introspection, il se défend sur ce point : « *Les gens m'ont plus jugé sur mon image que sur mes performances. On me dit arrogant, nonchalant, alors que je suis tout le contraire. J'ai toujours eu un côté un peu fermé, un peu timide. Je n'aime pas parler de moi. C'est juste que j'ai été éduqué de façon très simple et je préfère passer incognito.* » On ne demande qu'à le croire, mais quand il déambule dans la zone mixte du Parc des Princes après un match du PSG, un sac Vuitton en bandoulière, et répond à un journaliste par une onomatopée à peine audible sans daigner le regarder, cela s'apparente davantage à du mépris qu'à de la timidité. Bien entendu, une telle attitude peut survenir une fois, un soir de tension ou de déception, mais quand elle devient la norme et se renouvelle à l'Euro sous le maillot des Bleus, il devient plus délicat de lui trouver des circonstances atténuantes. En juin 2012, le milieu offensif français s'est fait remarquer par son but contre l'Ukraine bien sûr, mais aussi par ses insultes envers l'arbitre du quart de finale Espagne-France (2-0) et son coéquipier Hugo Lloris. Pour cette attitude déplacée, Ménez a été suspendu un match (le premier de l'ère Didier Deschamps, le nouveau sélectionneur national) par la commission de discipline de la Fédération française de football (FFF) et a été privé de ses primes.

Compliqué, aussi, de vouloir « *passer incognito* », comme le revendique Ménez, lorsqu'on arbore des coupes de cheveux originales et que l'on en change presque aussi souvent que de chemise. S'il s'est rasé la tête au début de la saison 2012-2013, il s'affichait avec des crêtes tendances punk ou renard lors de la précédente. Ses goûts capillaires ont donné lieu à énormément de commentaires qui se multiplient depuis qu'il partage la vie d'Émilie Nefnaf, une ancienne gagnante de *Secret Story*, jeu de téléréalité de TF1 dont les magazines people raffolent.

L'ex-joueur de l'AS Rome entend rester dans l'ombre mais se fait inlassablement remarquer, comme s'il ne parvenait pas à se débarrasser de ses propres contradictions. Il ne veut pas être jugé sur une image qu'il ne reconnaît pas comme la sienne, mais n'agit jamais dans l'optique de se présenter sous son vrai jour, plus sympathique. « *Je n'ai pas toujours fait des choses irréprochables, mais j'ai toujours été quelqu'un de bien, au fond de moi* », confie-t-il encore.

Jérémy Ménez ? Un paradoxe. Son football ressemble à sa personnalité. Sa gestuelle est foudroyante, son explosivité indéniable, sa finesse technique rarissime en France mais aussi en Europe. Ses qualités ont séduit ses entraîneurs et pas des moindres. Carlo Ancelotti au PSG le considère comme l'un de ses hommes de base. Didier Deschamps l'a immédiatement convoqué et titularisé en Bleu lors du succès contre la Finlande (1-0) le 7 septembre 2012, une fois sa suspension levée. Auparavant, à Rome, Claudio Ranieri, aujourd'hui sur le banc de Monaco, avait détecté en Ménez un joueur extrêmement doué. Capable de fulgurances, il doit désormais réduire ses passages à vide. Ses éclairs ont été nombreux lors de la saison 2011-2012 : 7 buts marqués et 12 passes décisives en L1. Des prestations flamboyantes comme celle face à Dijon (2-1) le 11 mars 2012, qui lui vaut ce commentaire élogieux d'Ancelotti : « *Ménez a été fantastique* ». Il a distillé une passe décisive pour Gameiro dans les toutes dernières minutes de la rencontre. Encore des compliments publics de la part du technicien italien après le triomphe prometteur (4-1) face au Dynamo Kiev, le 18 septembre 2012, pour le retour du PSG en Ligue des champions, huit ans après son dernier match. « *Ménez a débloqué la partie* », lâche le Mister en substance.

L'ancien Sochalien connaît aussi des soirs « sans ». Vraiment « sans ». Comme lors de la lourde défaite des Parisiens à Marseille (0-3) le 27 novembre 2011. Toute l'équipe est à créditer d'une prestation calamiteuse. Ménez affiche un bilan encore plus négatif que la plupart de ses coéquipiers. Une anecdote avait été racontée à ce sujet à l'un des auteurs de ce livre, anecdote dont le journal *L'Équipe* s'était fait l'écho, avant de se voir adresser un démenti du PSG. L'un des frères Ayew aurait demandé à Ménez pourquoi il ne courait pas plus pendant la rencontre. Le Parisien aurait répondu : « *C'est à mes partenaires de courir, moi, je suis là pour attaquer et marquer.* » Si ces propos étaient avérés, ils seraient impardonnables, surtout à la lumière de la prestation individuelle du joueur et du résultat. D'autant que ce raté lors du clasico a compté dans l'éviction d'Antoine Kombouaré moins d'un mois après. À l'image de Javier Pastore, sur certains matches, Jérémy Ménez donne l'impression de ne pas être concerné, d'être ailleurs. Il court peu, ne se replace pas et montre ostensiblement son agacement en cas de mauvais choix de ses coéquipiers. Ses gestes excédés envers Gameiro ou Nene ont été légion la saison dernière. En revanche, il affiche vite une certaine complicité avec Zlatan Ibrahimovic à l'orée de la saison 2012-2013. Samedi 22 septembre à Bastia, le PSG s'impose 4-0 et Ménez ouvre le score sur une passe du Suédois. À Zagreb (succès parisien 2-0) en Ligue des champions le 24 octobre dernier, il inscrit le second but sur un service d'Ibra après lui avoir offert une passe décisive sur la première réalisation.

Le jeu de l'Essonnien recèle pourtant en lui-même sa part d'ombre, en l'occurrence un certain déchet, tant il est constitué de provocations et de dribbles. Il en convient lui-même dans ses interviews : « *Je dois améliorer mon jeu de tête, être plus régulier et plus tueur devant le but.* » Ou encore, poussant l'analyse dans sa confession de juin dernier à *L'Équipe* : « *À mon poste, tu dois provoquer. Sur dix provocations, tu ne vas pas tout réussir, c'est impossible. Quand tu manques un dribble, il faut te dire que le prochain fera la différence, savoir insister, j'ai appris ça en Italie quand Claudio Ranieri me disait : "Ne t'inquiète pas, il suffit que ça passe une fois et c'est très bon." Alors, tu répètes les gestes. Et à un moment donné ça passe, c'est obligé.* »

Il faut lui reconnaître ce trait de caractère qui forge les grands destins : l'obstination. Jamais il ne renonce. Début juillet 2012, quelques jours après la reprise, alors que Ménez allait être convoqué avec d'autres internationaux devant la commission de discipline de la FFF, Carlo Ancelotti, mi-réprobateur, mi-paternaliste, avait été interrogé sur le caractère de son attaquant parfois volcanique sur le terrain : « *Je ne sais pas exactement ce qu'il a fait avec l'équipe de France, mais je vais clairement en parler avec lui quand il reviendra après ses vacances. Il doit laisser une bonne image du club et ce n'est pas possible qu'un joueur comme Ménez prenne douze ou treize cartons jaunes pour protestations. Sur le terrain, il doit seulement montrer ses grandes qualités, comme cela a été le cas contre l'Ukraine. Il ne doit pas protester contre l'arbitre et avoir un mauvais comportement, il faut qu'il se focalise sur le jeu. Ce n'est pas bon pour son image.* » Voilà Ménez, désormais papa d'une petite Maëlla, résumé dans ces quelques phrases. Si l'artiste génial élimine définitivement le mauvais garçon qui sommeille en lui, il y aura au moins deux gagnants : le PSG et Jérémy Ménez lui-même. Dans cette première partie de saison 2012-2013, l'ancien Sochalien avait, semble-t-il, retenu la leçon, ne récoltant presque plus d'avertissements.

XXI

AU STADE DES INTERROGATIONS

La vérité sur le Parc des Princes

Partira, partira pas ? La question du maintien du PSG au Parc des Princes revient comme une rengaine tout au long de la saison 2011-2012. Peut-il quitter son enceinte mythique de la porte de Saint-Cloud ? L'interrogation remonte à 1998, lorsque le Stade de France est sorti de terre à Saint-Denis, vaisseau amiral de la Coupe du monde de football organisée en France cette année-là. En effet, le stade dionysien ne possède pas de club résident à l'année, susceptible de le faire vivre autrement qu'au moyen des subventions publiques. Et donc, assez naturellement, en l'absence d'un deuxième club de la capitale qui aurait pu prétendre l'utiliser, la destinée du PSG a été associée à celle de ce nouvel équipement. Et il a existé, depuis quinze ans, des partisans d'un déménagement au SDF, comme Francis Graille, président parisien de juin 2003 à mai 2005, et de farouches opposants parmi lesquels Alain Cayzac ou les derniers maires de Paris (Jacques Chirac, Jean Tiberi et Bertrand Delanoë) ayant eu à aborder cette problématique.

Les arguments des deux camps étaient recevables. Ils le restent. D'un côté, on vante la modernité du Stade de France, sa capacité (80 000 places), son nombre de loges et l'outil de développement qu'il ne manquerait pas de constituer pour le PSG. En effet, dans tout business-plan, la croissance d'un club de football est conditionnée à la possession d'une enceinte récente et fonction-nelle, dans laquelle les spectateurs ne viennent plus seulement assister au match mais profitent d'animations, de restaurants et de magasins. De l'autre côté, on renvoie violemment aux pro-SDF que ce stade n'est pas dans Paris, qu'il ne possède aucune âme, que l'ADN du PSG se trouve indéfectiblement au Parc des Princes, érigé sur le site même de l'ancien vélodrome de Paris par l'architecte Roger Taillibert.

En l'an I du règne du Qatar au PSG, l'avenir du Parc semble à nouveau se jouer. D'autant plus que sur le sujet, Nasser Al-Khelaïfi, le patron du club, tient deux discours diamétrale-ment opposés à quelques mois d'intervalle. Lors de sa première interview dans les colonnes du *Parisien* et de *L'Équipe*, le 1er juillet 2011, le dirigeant proclame haut et fort que le « *Parc est la maison du PSG* ». Un peu plus tard, quand il reprend publiquement la parole, c'est pour signifier que « *l'ambiance y est superbe, comme il n'en a jamais vu ailleurs* ». Le 22 mai 2012, le président du conseil d'administration parisien s'exprime à nouveau devant les médias. Son message est tout autre. Le but de sa sortie est de mettre la pression sur la mairie de Paris et Colony Capital, l'ancien pro-priétaire du club, intéressé par la gestion du Parc. Alors, Nasser lâche à ses nombreux interlocuteurs qu'il souhaite un stade de 60 000 places pour accompagner les ambitions du club. Le Parc actuel en compte 45 000. Et les plus grands architectes qui se sont penchés à son chevet pour le rénover, et ce même à coup de millions d'euros de travaux, ont conclu que sa capacité ne peut en aucun cas être portée au-delà de 52 000 sièges. « *Nous rêvons en grand*, affirme ce jour de mai Nasser. *Nous voulons un stade plus grand. Nous rêvons d'avoir un stade de 60 000 places ici, à l'emplacement du Parc des Princes. C'est notre option n°1. Sinon, il y a d'autres options.* » Une conclusion très énigmatique. Il sous-entend qu'un départ n'est pas exclu. Le patron n'en dit pas trop afin de ne pas froisser la sensibilité de la ville de Paris, mais il ne ferme aucune porte et laisse planer un suspens inquiétant pour les chantres du maintien de l'équipe porte de Saint-Cloud. « *Nous discutons avec tout le monde* », lâche-t-il aussi. Le plan de Nasser Al-Khelaïfi et de son conseiller en communication Jean-Martial Ribes, le patron de l'agence Ketchum, fonctionne. Oublié le revers sportif du PSG, les journalistes ne parlent plus de la deuxième place en L1 derrière Montpellier. Ils se concentrent désormais sur le stade et la possibilité de voir le PSG quitter le Parc.

Face à cette menace, les amoureux du PSG se mobilisent. Sous l'impulsion du journaliste Philippe Broussard, auteur du livre *Génération supporter* et actuellement responsable du service enquêtes de *L'Express*, une pétition intitulée « Touche pas à mon Parc » circule. Ces cinq mots définissent le combat des supporters « historiques » du PSG. Ils souhaitent ardemment le maintien du club au Parc. Pour eux, pas question d'exil hors de l'enceinte traditionnelle du PSG, celle des plus beaux succès, celle des soirées grandioses face au Real, au Steaua, celle de tous leurs souvenirs.

Broussard réalise des reportages dans le monde entier, mais il ne s'éloigne jamais bien longtemps du PSG, l'équipe de son cœur. Il décide de prendre contact avec l'historien du club Michel Kollar et l'avocat Thibault de Montbrial. Le trio tente de mobiliser les « people » qui fréquentent la corbeille du Parc mais ceux-ci ne répondent guère à leurs sollicitations. « *Alors, on a décidé d'y aller avec nos petits bras*[1] », témoigne Philippe Broussard d'une voix enthousiaste. Des contacts sont noués avec les associations de supporters parisiens qui existent encore, mais « Touche pas à mon Parc » tient à se différencier du combat contre le plan Leproux. Contesté par certains, qui manifestent ainsi jeudi 8 mars 2012 au camp des Loges, ce plan a indéniablement fait disparaître du Parc le climat de haine. Un nouveau public, plus familial,

---

1. Entretien avec les auteurs, septembre 2012.

fréquente les travées. S'ils revendiquent leur attachement à l'histoire du PSG, les signataires de « Touche pas à mon Parc » refusent pour autant de passer, selon l'expression de Broussard, pour de « *vieux cons nostalgiques* ». Le fils du journaliste vient de lui offrir malicieusement un maillot floqué « Cisco ». Comme Francis « Cisco » Llacer, symbole d'un PSG qui appartient désormais, pour le meilleur et pour le pire, à une époque révolue. Sa prochaine tunique portera-t-elle le nom d'« Ibra » ? Face à ces fans de toujours, aussi calmes que déterminés, la direction du PSG refuse tout contact. « *C'est le mépris total* », résume lapidairement Broussard. Il explique son (res)sentiment : « *C'est la confirmation d'une rupture avec le passé. Eux* (NDA : la direction actuelle), *ils parlent de clients. Ce n'est plus tout à fait mon PSG. Que des stars viennent jouer, d'accord, mais j'ai parfois l'impression que la politique suivie, c'est celle des transferts pour les transferts. La logique m'échappe. Un club, c'est une histoire, un esprit. La volonté de puissance sportive et économique est telle que ça balaie tout. On a l'impression qu'avant le Qatar, rien n'a existé.* »

Le combat du journaliste et des autres signataires s'apparente également à un manifeste contre la politique menée par la nouvelle direction. Pourtant, Broussard continue de se rendre au Parc tous les quinze jours. Pourquoi s'obstiner ? « *Je pars du principe que ce n'est pas à nous de renoncer. Mais à l'exemple du match face à Bordeaux* (NDA : PSG-Bordeaux (0-0) le 26 août 2012 au Parc), *plus ça va, plus j'ai du mal à m'y retrouver. Je suis en quart de virage, près du poteau de corner. Ils réduisent l'espace alors que le secteur de la tribune présidentielle est élargi.* » Objectif : augmenter les recettes comme dans les stades anglais. Alors, Broussard se méfie de l'avenir : « *J'ai toujours perçu une forme d'ambiguïté dans les propos de Nasser. Alors, oui, il y a un risque de départ du Parc.* » S'il quittait le Parc, le PSG n'irait pas forcément au Stade de France. Broussard n'exclut pas que les Qatariens aient la tentation d'un déménagement sur un autre site, là où le club construirait son enceinte sans contraintes. Nasser Al-Khelaïfi entend d'ailleurs examiner le champ de tous les possibles. Certes, lors des négociations pour l'achat du PSG, les nouveaux dirigeants se sont engagés verbalement auprès de Delanoë à ne pas quitter le Parc. Le maire de la capitale a été clair : « *Si vous allez au Stade de France, vous ne vous appellerez plus Paris* ». Mais, une fois maîtres à bord, les Qatariens ont fait le tour de quelques communes d'Île-de-France à la recherche d'un terrain susceptible d'accueillir leur stade.

Une autre idée, qui constitue leur priorité, est envisagée. Nasser la développe le 22 mai 2012 : « *C'est simple, pour avoir 60 000 places, il faut détruire le stade. Pour en avoir 50 000, c'est juste une rénovation. Paris est la capitale. Elle mérite un plus grand stade. La fréquentation a beaucoup augmenté cette saison, elle va encore plus augmenter la saison prochaine avec la Ligue des champions.* » Cette hypothèse a déjà été soumise en tête-à-tête par Jean-Claude Blanc, directeur général délégué en charge de ce dossier majeur, à Bertrand Delanoë, quelques semaines auparavant. Le Qatar entend donc rester porte de Saint-Cloud mais pas dans la configuration actuelle, trop contraignante et trop petite pour l'émirat. Surtout, s'il conserve la carcasse du Parc, il ne pourra jamais obtenir la capacité souhaitée car, sous le stade, passe le périphérique qui est impossible à déplacer. Delanoë est contre la destruction. Et, dès que cette perspective filtre dans les médias, elle provoque un tollé parmi les élus locaux dont Claude Goasguen, le député-maire UMP du XVIe arrondissement, et aussi chez les riverains du Parc, qui viennent de subir les nuisances liées à la construction du nouveau Jean-Bouin pendant plus de deux ans. Ceux qui habitent côté Boulogne multiplieraient certainement les recours pour retarder indéfiniment le projet. Élus et associations écologistes se mobiliseraient également. Compte tenu de la lenteur des procédures, QSI pourrait devoir attendre plusieurs années, même peut-être dix ans, pour savoir s'il est autorisé ou non à détruire le Parc. Cette durée incertaine ne colle pas avec l'empressement qatarien. Philippe Broussard, de son côté, ne croit absolument pas possible « *l'opération pharaonique* » qui consisterait en la « déconstruction-reconstruction » du Parc.

En vérité, le Qatar a hérité d'une situation complexe, dont il n'a guère l'habitude. Au sujet de l'avenir du Parc, des discussions sont engagées avec Colony Capital. En effet, depuis deux ans, le fonds d'investissement souhaite obtenir la gestion du stade pour les soixante prochaines années dans le cadre d'un bail emphytéotique concédé par la mairie de Paris. Dans cette affaire, Colony s'allie, au sein d'un groupement, à Vinci constructions et au PSG. Le projet arrêté dépasse les 130 millions d'euros de travaux. Le schéma initial de Colony prévoyait entre autres la création de soixante loges individuelles côté tribune présidentielle, la construction d'un bâtiment derrière Boulogne dont l'objet n'avait pas été arrêté, la création d'un espace panoramique au 6e étage du Parc, la capacité étant portée à un peu moins de 50 000 places au lieu de 45 000 aujourd'hui.

Les frais de rénovation du stade sont initialement assurés à 50-50 par Colony et Vinci. La part du PSG est à discrétion et peut atteindre 20 %, celles de Colony et Vinci diminuant d'autant. Charge ensuite au club de payer au groupement un loyer, à définir, pour l'occupation du stade rénové. Sauf que la donne change. Le PSG n'appartient plus à Colony Capital mais à QSI. Et les Qatariens n'ont aucune envie d'être associés à un projet qui n'est pas le leur. Financièrement, ils peuvent l'assumer seuls. Dans un premier temps, ils proposent de monter, via le PSG, au capital du groupement ou d'en prendre la majorité. Ce « deal » ne peut pas satisfaire Sébastien Bazin, car la raison d'être de son investissement initial au PSG en 2006 était l'obtention de la gestion du Parc. S'il perd ce marché, son aventure parisienne s'apparentera à un échec total. D'autant que Bazin a déjà un contentieux financier et juridique avec Roger Taillibert, l'architecte du Parc. Le patron de Colony lui a demandé de travailler sur les plans de rénovation avant finalement de changer d'architecte. Taillibert lui réclame… 10 millions d'euros.

L'un des auteurs se fait l'écho, le 17 novembre 2011, du différend entre Colony et QSI dans les négociations et donne la parole à un intime du club qui confie : « *Idéalement, les Qatariens veulent même sortir complètement Colony* (du deal). *Mais le fonds est venu au PSG pour le Parc, il ne compte pas céder.* » Cet interlocuteur voit juste. Colony va vite s'en apercevoir. Un autre paramètre complique davantage les négociations. Le Parc doit accueillir des matches de l'Euro 2016 organisé en France. Plus le temps passe, plus la présence de l'enceinte parisienne semble remise en cause car les travaux doivent s'achever au plus tard fin 2015-début 2016. Il est impensable que le championnat d'Europe se déroule en France sans que la capitale en soit partie prenante. Michel Platini, le président de l'instance européenne, qui a tant pesé pour que la France obtienne cet événement, ne l'admettrait pas. En jouant la montre, les Qatariens prennent donc le risque de voir le Parc privé d'Euro, ce qui infligerait un camouflet à la ville de Paris et ternirait son image à l'international. Colony Capital serait également mis à mal par une telle décision. Si QSI semble prêt à l'assumer, ce n'est pas le cas de la Mairie ni du fonds d'investissement.

Le 7 juin 2012, face à l'enlisement de la situation, le PSG et la ville, à la surprise générale, annoncent via un communiqué avoir trouvé un accord. Sans Colony, qui n'obtiendra donc pas le bail pour gérer le Parc pendant soixante ans. Les propriétaires qatariens ont finalement décidé de rester « *durablement dans l'enceinte historique du club parisien* ». Ainsi, le Parc sera rénové en deux temps. Une première tranche surviendra avant l'Euro afin de mettre le stade en conformité avec les exigences en la matière de l'Uefa. Le coût de cette légère rénovation est estimé entre 60 et 70 millions d'euros environ, une vingtaine de millions seront à la charge de la ville de Paris, le reste incombera au PSG. Les premiers travaux ont débuté en novembre 2012. Une seconde tranche sera lancée après la compétition. Et là, l'objectif sera d'accomplir un grand lifting pour porter la capacité à 60 000 places. Et donc de détruire le bâti actuel, seule solution pour répondre à la volonté qatarienne. Dans une interview à *L'Équipe* du 14 juin, Jean-Claude Blanc justifie cette rénovation en deux temps : « *C'est une maturation de sept mois, c'est du pragmatisme, c'est un rapport de confiance avec Bertrand Delanoë et Jacques Lambert, en charge de l'organisation de l'Euro. Rester là est un signal fort. On ne parle plus d'un déménagement au Stade de France.* » Un autre argument a compté : l'Euro. Blanc le reconnaît. « *Le chrono de l'Euro tournait : si les travaux ne commençaient pas en juin, impossible de livrer en avril 2016. Nous n'avons pas trouvé comment être au rendez-vous de l'Euro, si important pour la ville et pour la France, tout en cristallisant l'ambition du club pour les trente prochaines années à travers ce stade nouveau.* » Qu'en sera-t-il réellement après l'Euro ? Personne ne le sait aujourd'hui. Le PSG pourrait in fine être tenté d'évoluer ailleurs. En attendant, dans le dernier trimestre de 2012, la mairie de Paris et le club discutaient d'une convention d'occupation pour la gestion du Parc, portant sur une durée d'au moins vingt ans. Parallèlement, d'autres négociations avaient lieu avec Colony Capital et Vinci afin de les indemniser de quelques centaines de milliers d'euros.

Jean-Claude Blanc, dans son entretien à *L'Équipe*, a en tout cas défini le projet du club pour « son » stade : créer « *un lieu de vie proche de l'idée d'un parc olympique, où ceux qui n'auraient pas de billets regarderaient les matches sur des écrans comme à Wimbledon, près du court central. Je tiens aussi à réaliser un Hall of Fame autour du Parc, comme sur Hollywood Boulevard.* » Diplômé de Harvard, spécialisé dans le marketing sportif, Blanc entend développer la marque (en anglais « brand ») PSG, pour la transformer éventuellement en franchise à l'anglo-saxonne. Son rêve? Que cette marque soit adulée dans le monde entier. Vaste projet. Blanc en pilote un autre. Il est en charge du nouveau camp des Loges. L'actuel a été jugé trop petit par Leonardo. Ancelotti partage ce sentiment. L'idée est de se doter d'un lieu de vie avec des logements pour les mises au vert, un restaurant, une dizaine de terrains dont un couvert. Cet endroit doit aussi accueillir la formation et les féminines. C'est donc entre 30 et 60 hectares que la direction parisienne cherche pour y installer l'équipe en 2015. Le 15 septembre, les villes candidates devaient remettre leur projet pour accueillir le PSG. Cinq, toutes des Yvelines, étaient candidates : Saint-Germain-en-Laye, là où est installé l'actuel camp des Loges, Montesson, Poissy, Carrières-sur-Seine et Saint-Quentin-en-Yvelines, à proximité de la base de loisirs. Fin octobre, trois sites se détachaient Saint-Quentin, Saint-Germain et Poissy. En attendant le choix définitif du PSG prévu avant la fin de l'année 2012.

XXII

L'AFFAIRE LUYINDULA

La vérité sur le conflit entre l'attaquant et le PSG

Pour parodier un slogan de publicité célèbre : « *Ça se passe comme ça au PSG.* » Il n'y a rien à faire, les crises sont inscrites dans les gènes du club. Il parvient saison après saison à les engendrer lui-même. En 2011-2012, deux problèmes majeurs vont polluer la vie du PSG plus ou moins longtemps. Le premier concerne l'avenir d'Antoine Kombouaré, l'entraîneur au début de la saison. Malgré de bons résultats, l'ancien défenseur se sait en sursis permanent et est débarqué en décembre 2011 alors que l'équipe est en tête du Championnat avec trois points d'avance sur Montpellier.

Le second se veut tout aussi déroutant. Il s'agit de l'affaire Peguy Luyindula. L'attaquant parisien a été écarté de l'équipe, puis du club, sans raison valable apparente. Et l'acharnement de la direction à son endroit, au début de cette rocambolesque histoire, demeure encore aujourd'hui incompréhensible. La résistance de l'ancien Lyonnais, sur le mode du « seul contre tous », a fini par payer. Homme intelligent et sensible, Luyindula en a fait une question de principe, le combat de sa vie de footballeur, la croisade d'un homme pour son honneur, contre ce qu'il a considéré comme une immense injustice. Habité par l'idée de sa réhabilitation, il n'a pas voulu céder et n'a pas cédé. L'un des auteurs se souvient d'une émouvante conversation à la sortie des

217

studios de RTL, au cours de laquelle Luyindula s'est épanché. La « guerre » entre les deux parties est allée loin, très loin même, jusque devant le tribunal correctionnel et le conseil des prud'hommes. Cette affaire demeure unique dans les annales du football professionnel français.

Au début de la saison 2011-2012, le PSG made in Qatar constitue l'attraction principale du Championnat. Aussi bien à l'extérieur qu'en interne, car personne ne sait réellement ce qui se prépare. Des rumeurs plus folles les unes que les autres prétendent dessiner les contours du nouveau PSG. Du côté des propriétaires, on ne commente rien et on laisse donc filer tout ce qui se murmure. Pour les joueurs de l'effectif parisien, de retour de vacances, les premiers jours de reprise sont synonymes de grand flou. Peguy Luyindula (trente-deux ans à l'époque), l'un des Parisiens les plus expérimentés et le plus titré du vestiaire (trois fois champion de France, deux Coupes de France et une de la Ligue) vit cette période de doutes avec détachement. Le mois de juillet s'écoule entre préparation, stage au Portugal et matches amicaux dont l'Emirates Cup, les 30 et 31 juillet à Londres. L'ancien buteur de Strasbourg dispute la première rencontre, le samedi, contre les New York Red Bulls (défaite 1-0) de Thierry Henry. Le 2 août, quatre jours avant le début du Championnat face à Lorient au Parc des Princes, Antoine Kombouaré demande à voir son attaquant. L'entraîneur lui explique alors qu'il ne compte pas sur lui et qu'il ne souhaite plus le voir aux entraînements de l'équipe première. Le message est clair : Luyindula, à qui il reste un an de contrat, doit partir s'il espère jouer. En attendant, en compagnie de Loris Arnaud, il s'entraîne tous les jours avec l'équipe réserve dirigée par Franck Rizzetto. Quelques propositions lui parviennent, mais rien de concret. « *Des clubs m'ont contacté, confirme Luyindula. Mais, soit ils ne donnaient pas de suite, soit leurs offres me demandaient trop de sacrifices et j'ai donc refusé.* » Lors de la dernière année de son bail au PSG, Luyindula émarge à 120 000 euros brut mensuels. Août se termine et avec lui, le marché des transferts estivaux. Luyindula appartient toujours au club de la capitale et pense alors réintégrer l'effectif professionnel, comme le veut la coutume dans la grande majorité des cas. Sauf que là, il n'en est rien. Une tentative de transaction financière aurait été esquissée mais le buteur, selon des sources internes au PSG, se serait montré trop gourmand. Luyindula a toujours nié cet épisode.

« *Depuis que le coach m'a renvoyé du vestiaire pro, je n'ai pas eu de rapport avec lui. J'ai essayé de contacter Leonardo, mais il ne m'a jamais répondu. Quant à Benoît Rousseau* (NDA : le président par intérim du PSG à l'époque), *je ne le connais pas. J'ai envoyé des courriers avec accusés de réception,* confie l'attaquant dans une longue interview avec l'un des auteurs, parue dans *Le Parisien* du 20 septembre 2011. *Très récemment, j'ai reçu une réponse évasive m'expliquant que j'étais avec la réserve et que c'était comme cela. Aujourd'hui, je me dis : "Qu'est-ce que j'ai fait pour mériter ça ?" J'essaye de comprendre le sens de mon renvoi. Je ne le comprends pas. Quand je pose la question, on me dit : "C'est un choix." Mais "c'est un choix", ce n'est pas une réponse. Si demain je mets un grand coup de poing dans le visage de quelqu'un et qu'il me demande pourquoi j'ai fait cela et que je lui dis "c'est mon choix", il trouvera cette réponse un peu légère.* »

Peguy Luyindula ne saura jamais ce qu'on lui a vraiment reproché. C'est un footballeur à part. S'il suit les affaires de son sport, on le voit plus souvent avec sous le bras *Le Figaro Économie* ou feu *La Tribune* qu'avec *L'Équipe*. Il aime également l'art moderne. De taille moyenne, des tresses dans les cheveux, cet international français (6 sélections) né à Kinshasa au Congo en 1979 a le verbe rare mais juste. Il se veut discret mais dit ce qu'il pense quand cela lui paraît nécessaire. Sa différence et sa liberté de pensée en font, aux yeux du staff de Kombouaré, un élément difficilement maîtrisable, voire perturbateur. Reviennent aussi ces allégations sur la demi-finale de Coupe de la Ligue à Montpellier, le 18 janvier 2011 (défaite 1-0) que le joueur aurait refusé de disputer. Ce qu'il a toujours contesté. Un communiqué du club, rédigé quelques jours après cet événement, a confirmé la version du joueur.

Devant l'obstination de son employeur, Luyindula ne renonce pas et étudie les différentes ripostes qui s'offrent à lui. Il choisit un avocat discret mais reconnu, le Bâtonnier Yves Repiquet. Le cheveu gris-blanc, cet homme charmant à la voix douce et claire n'est pas un familier des affaires du football. Il se plonge dans un monde nouveau qui va le surprendre plus d'une fois par son interprétation très particulière des règles élémentaires du droit du travail. Dans un premier temps, Luyindula et son conseil décident d'utiliser les recours prévus par les règlements du football. C'est ainsi qu'ils saisissent la commission juridique de la Ligue de football professionnel (LFP). Le 10 novembre, cette dernière, en vertu de l'article 507 de la Charte du football, donne raison au joueur en précisant qu'il ne disposait pas des mêmes conditions (entraîneur, vestiaire, terrain, accès aux soins…) que ses partenaires du groupe professionnel contrairement à ce que prétendait la direction du club et à ce qu'exige cette Charte. Il doit donc être réintégré. Le lendemain, Luyindula se présente à l'entraînement. Sensation : Antoine Kombouaré demande à le voir. Le joueur refuse. En guise d'entraînement avec les autres, il n'aura finalement droit qu'à des exercices sur le côté d'un terrain avec des jeunes du centre sous la houlette d'Yves Bertucci, l'adjoint du coach. Cette nouvelle mise à l'écart partielle n'augure rien de bon pour Luyindula. Après le week-end, il s'en aperçoit bien vite.

Lundi 14 novembre au petit matin, un huissier de justice se rend à son domicile parisien et lui remet un courrier du PSG le mettant à pied à titre conservatoire en attendant un entretien préalable à une sanction (qui peut aller jusqu'au licenciement), prévu le 22 novembre. La direction parisienne justifie cette sanction par le récent comportement de son salarié sans plus de précisions. De peur qu'il ne se présente quand même au camp des Loges, le club envoie la directrice des ressources humaines à Saint-Germain-en-Laye et donne ordre au personnel de sécurité de ne pas le laisser entrer. L'entretien préalable a bien lieu. Il dure une demi-heure environ. Luyindula est accompagné de son ami et coéquipier Zoumana Camara. Mais après cet épisode vexatoire, les dirigeants parisiens ne prennent pas le risque de virer leur attaquant. Le 2 décembre, la mise à pied est levée, il lui est demandé de ne plus parler à la presse. Et l'ancien buteur d'Auxerre retrouve l'équipe réserve. L'appel du club, suite à la décision de la commission juridique de la LFP qui lui enjoignait de réintégrer son employé, est rejeté le 7 décembre. Mais le PSG ne change pas de comportement et continue d'interdire à Luyindula l'accès au camp des Loges. La rupture se veut totale et se niche dans les moindres détails. C'est ainsi que le portrait du joueur, accroché au mur du vestiaire du centre d'entraînement à côté de ceux de l'ensemble de l'effectif, est décroché. Luyindula n'a pas droit au costume officiel fourni à chacun des joueurs alors même qu'en début de saison, ses mensurations ont été prises… Son badge d'accès au centre lui est également confisqué. Jean-Claude Blanc expédie même, quelque temps après, un courrier à l'ensemble des présidents de clubs de L1 et de L2 dans lequel il tacle Luyindula et lui fait une très mauvaise pub !

Face à ces agissements, Maître Repiquet entame, à différents moments, toute une série de démarches pour défendre les intérêts et l'honneur de son client. Il commence par saisir le conseil des prud'hommes de Paris à la mi-décembre pour obtenir la résiliation de son contrat et réclame 6,4 millions d'euros de dommages et intérêts pour divers préjudices. L'audience est fixée au 8 février 2012. Parallèlement, une plainte pour harcèlement moral est déposée contre le PSG, en tant que personne morale, et plusieurs de ses dirigeants (Nasser Al-Khelaïfi, le président, Leonardo, le directeur sportif, Jean-Claude Blanc, le directeur général délégué et Antoine Kombouaré, l'ancien entraîneur), devant le tribunal correctionnel. Une audience est programmée, le 12 mars cette fois. La situation semble inextricable. Aucun apaisement ne paraît possible. Mais le PSG n'est jamais avare de surprises ni de décisions improbables. Dimanche 12 février, Paris joue à Nice en fin d'après-midi pour le compte de la 23ᵉ journée de L1. Il y concède un nul médiocre (0-0) au terme d'un match inabouti où maladresses et erreurs se succèdent. Cette rencontre symbolise l'essoufflement parisien alors que Montpellier accélère. Les dynamiques s'inversent. La délégation parisienne, après le coup de sifflet final, rejoint son bus tête basse. C'est alors que Bruno Skropeta, le directeur de la communication de l'époque, convoque la presse pour lui révéler que Leonardo souhaite s'exprimer. Personne, à cet instant, n'a en tête ce que le directeur sportif va lâcher. Interrogé sur le match, le Brésilien répond aux questions. Après quelques minutes, alors que l'échange touche à sa fin, il relance et lâche une bombe. Il annonce que Luyindula est réintégré et reprend l'entraînement le mardi suivant! Deux jours après le match de Nice. Comme si de rien n'était. L'auditoire est scotché. « *Dans cette histoire, personne ne voulait faire la guerre à personne* », assène notamment Leo. Quel coup de tonnerre! Mais ce n'est pas le dernier.

Alors que Leonardo accomplit sa sortie médiatique, le joueur ne sait rien du sort qui lui est réservé. Sur le plan officiel, il est informé le lundi matin par une lettre recommandée signée de Jean-Claude Blanc. Préalablement à son retour, l'ancien Lyonnais doit passer une visite médicale, à Saint-Germain-en-Laye. Luyindula sort d'un arrêt maladie d'un mois et demi pour dépression. Pourquoi et comment le PSG a-t-il souhaité, après six mois d'un conflit aussi dur, revenir en arrière et de réintégrer son joueur ? « *C'est une décision de l'ensemble du club,* explique-t-on en interne. *On a décidé de prendre un peu de hauteur.* » Carlo Ancelotti ne connaît pas Luyindula. Il n'a aucun a priori sur l'attaquant international. Il veut juste comprendre pourquoi est survenue une telle situation entre un salarié et son employeur. Et pourquoi un employé réclame 6,4 millions d'euros à ses patrons pour divers préjudices devant le conseil des prud'hommes.

Ancelotti a pris des renseignements sur le joueur et les éléments recueillis n'apparaissent pas négatifs. L'Italien en parle à Leo dès son retour de congés. Et il est alors convenu de réintégrer l'attaquant sans condition. Il n'est même pas demandé à Luyindula en échange de stopper ses actions judiciaires. Pas encore, tout au moins. Il retrouve donc le centre d'entraînement et le groupe le 14 février. Il discute avec Leonardo et Ancelotti. « *Je ne le connais pas,* glisse l'entraîneur en conférence de presse quelques minutes après. *Il peut être important pour l'équipe. Il a marqué beaucoup de buts pour le PSG. C'est bien d'avoir un troisième attaquant.* » En effet, le come-back du paria peut aussi se justifier à l'aune de la composition de l'effectif parisien dans le secteur offensif. Après le départ d'Erding à Rennes, ils ne sont plus que deux spécialistes du poste en attaque, Hoarau et Gameiro. Quand il revient, Luyindula n'a plus disputé de matches officiels depuis le 10 mars 2011 et une défaite à Benfica (1-2) en huitième de finale aller de la Ligue Europa. Un peu plus de onze mois, c'est énorme. Après avoir respecté un programme spécifique, il va figurer régulièrement sur les feuilles de match mais sans jamais entrer en jeu jusqu'à la fin de la saison. Un revirement qui permet au PSG d'échapper à toutes sortes de sanctions. En effet, le 30 mars 2012, la commission juridique de la LFP, la même qui avait ordonné au club de réintégrer le joueur et donc pointé le non-respect des règlements par le PSG, annonce qu'il n'y « *a pas lieu de sanctionner le club* » car Luyindula est « *désormais pleinement réintégré* ». Il lui aura fallu six mois pour y parvenir.

Cette affaire Peguy Luyindula ne s'épargne pas un ultime rebondissement, inattendu, pour ne pas dire irréaliste, incongru, délirant. Lundi 21 mai 2012, le PSG, qui vient de perdre le titre de champion quelques heures plus tôt, publie sur son site internet un communiqué : « *Le club considère Peguy Luyindula comme un joueur de grand talent, utile aux futurs succès de l'équipe et a donc décidé de lui renouveler sa confiance en reconduisant son contrat pour une durée d'un an, du 1er juillet 2012 au 30 juin 2013. L'état d'esprit qui anime aujourd'hui le joueur et son club, qui ont retrouvé une parfaite entente, étant incompatible avec la poursuite des procès qui les opposent, Peguy Luyindula abandonne les actions judiciaires qu'il avait engagées.* » N'en jetez plus. Cet épisode a valu au PSG et à l'attaquant de nombreuses critiques. Dans *L'Équipe* du 22 mai, Luyindula est sévèrement jugé. Pour certains, comme cela a été entendu ou écrit à l'époque, il s'est « couché ». En vérité, sa vie privée a pris le dessus sur le footballeur. Et en ce début de saison 2012-2013, son statut de professionnel est plus que précaire. Le club ne l'inscrit pas sur sa liste de 25 joueurs retenus pour la Ligue des champions. Pour certains matches, il figure dans les groupes d'Ancelotti mais ne doit se contenter, dans le meilleur des cas, que d'une place sur le banc de touche. Il redevient à part entière un membre de l'effectif professionnel du PSG le mercredi 31 octobre 2012 en 8e de finale de la Coupe de la Ligue, contre Marseille (2-0) où il remplace, pour le dernier quart d'heure, Jérémy Ménez. Ça y est, Peguy Luyindula est de nouveau footballeur. Pas pour très longtemps au PSG. Voyant que son horizon est bouché dans la capitale, il négocie la résiliation de ses six derniers mois de contrat fin décembre 2012 dans le but de s'engager avec les New York Red Bulls de Thierry Henry pour deux ou trois ans.

XXIII

ZLATAN SUPERSTAR

La vérité sur les tensions du début de saison 2012-2013

L'argent ne fait pas forcément le bonheur. Pas même au PSG. Le début de la saison 2012-2013 en offre une illustration inattendue. Tout Paris rêve de beau jeu, de spectacle total, d'envol inexorable, alors que les points perdus provoquent des cauchemars dans les rangs des dirigeants de la Dream Team. Les adversaires du PSG, surmotivés comme prévu, adoptent au Parc des Princes une tactique exclusivement défensive. Et, chez eux, galvanisés par leur public, ils aspirent à faire chuter les milliardaires de la capitale. Face à de tels opposants structurés et déterminés, le talent, fût-il incommensurable, ne suffit pas. Les Parisiens doivent se battre, aller au bout d'eux-mêmes. Or, mentalement, ils semblent parfois friables. Leur capacité de révolte interpelle : ont-ils réellement conscience des enjeux?

Paris et son recrutement pharaonique ont engendré un monstre. Le PSG est condamné à gagner pour satisfaire ses propres exigences, celles de ses dirigeants, de la presse et des fans. Ne pas remporter le titre de champion de France en 2012-2013 est impensable pour les propriétaires. En cas d'échec, la direction sportive serait très menacée. Les rencontres de préparation donnent le tempo sur le plan comptable, mais nul n'y prête réellement attention. Après un succès facile (9-0) face à une formation de D3 autrichienne, surviennent en effet quatre matches nuls (2-2 face au CSKA Moscou, 1-1 devant Chelsea et DC United, 2-2 avec une défaite aux tirs au but contre Barcelone). La mauvaise habitude perdure. Promis à survoler le Championnat, Paris débute par trois résultats nuls, et le mot « crise », corollaire existentiel du club, surgit comme par (dés)enchantement dès l'été. Carlo Ancelotti découvre qu'en France comme en Italie ou en Angleterre, le football ne donne guère de temps au temps. Si Zlatan Ibrahimovic confirme ses qualités de buteur dès la première journée en réalisant un doublé face à Lorient (2-2) avant de souffrir de la cheville droite, ce qui l'empêche de s'entraîner normalement, Ezequiel Lavezzi affiche sa fébrilité en étant expulsé à Ajaccio (0-0). Le voilà suspendu pour trois matches dont deux fermes. Le collectif étale ses lacunes au terme d'un décevant nul contre Bordeaux (0-0). Au lendemain de ce triste résultat au Parc des Princes, i>Télé titre : *PSG, Pas Savoir Gagner*.

Un joueur non estampillé Leonardo s'en va. Milan Bisevac signe à Lyon pour quatre ans et 2,75 millions d'euros. Il libère une place d'extracommunautaire, permettant à Lucas Moura, le prometteur Brésilien, de rejoindre le PSG dès janvier 2013. Le départ de Bisevac étonne le nouveau capitaine parisien et primo-international Christophe Jallet, vingt-huit ans, comme il le confie à *L'Équipe* : « *C'est un peu bizarre. C'est un mec super-carré, très bon esprit. Ça me surprend donc un peu, mais il ne se voyait peut-être pas dans le rôle de latéral.* » Paris tient momentanément son remplaçant, le Lyonnais Anthony Réveillère retoqué à la visite médicale pour un problème au genou droit ! Son ligament externe n'est pas rompu mais distendu et le docteur Éric Rolland a estimé qu'il existait un risque de blessure longue (six mois environ) pouvant intervenir à tout moment, ce qui courrouce Jean-Michel Aulas. Au moins officiellement car, en réalité, le président lyonnais le sait. Dans le contrat de Réveillère à l'OL une clause stipule en effet que s'il se blesse au genou, il ne sera pas rémunéré le temps de son absence. Pour une fois que Leonardo s'était mis en tête de recruter un joueur français évoluant en Ligue 1.

Le directeur sportif ne renonce pas, selon ses déclarations aux journalistes lors de la présentation en grande pompe de Thiago Silva au Crillon, un palace parisien : « *Bisevac est parti, on va donc voir s'il existe la possibilité de faire venir un latéral droit. Il reste encore dix jours pour des départs, il devrait normalement y en avoir.* » Pourtant, le mercato parisien est « *normalement fini* » si l'on se fie à Leonardo. Bref, tout est normalement normal. Ancelotti confirme plus tard avec humour : « *Si Leonardo l'a dit... Mais, quand Leonardo parle, il vaut mieux attendre un peu. C'est vrai à 99 %.* » L'entraîneur annonce de son côté : « *Nous cherchons un défenseur, mais nous voulons chercher ici, en France. Ce ne sera pas Mathieu Debuchy, mais ce sera un joueur français, jeune et pas trop cher.* » Décidément, la communication vire à la cacophonie. Et, surtout, comme bien souvent, le PSG ne fait pas ce qu'il a dit. Alors que le football hexagonal espère que le Qatar va enfin recruter français, l'heureux élu se nomme Gregory van der Wiel, vingt-quatre ans, latéral droit néerlandais de l'Ajax Amsterdam. À son arrivée au PSG, samedi 1er septembre, il compte 35 sélections et a disputé la finale de la Coupe du monde 2010 perdue par son pays. Il a envie de « *changement* » et repousse notamment les sollicitations d'Arsenal, Newcastle et l'Inter Milan pour privilégier Paris et ses 300 000 euros mensuels. Le PSG débourse 6 millions d'euros, bonus compris, pour l'enrôler et doubler ainsi le poste de Christophe Jallet. Doubler ou supplanter à terme dans la hiérarchie ? Leonardo a géré personnellement ce transfert avec Mino Raiola, l'agent d'Ibra mais aussi de Maxwell et désormais de van der Wiel. Les débuts du Néerlandais ne sont guère encourageants.

Comme depuis bien longtemps, Alain Roche ne tient aucun rôle dans l'opération. Et pour cause, il a quitté le club le 21 août. Arrivé en 2003, il avait occupé la fonction de responsable de la cellule recrutement jusqu'à l'intronisation de Leonardo avec lequel il ne s'entendait pas. Le Brésilien considère que son statut de directeur sportif lui confère le monopole du recrutement.

Roche n'était plus vraiment opérationnel, mais voilà un signe supplémentaire de la lutte entre anciens et nouveaux, qui tourne bien entendu à l'avantage des seconds. Sans pouvoir ni réelle fonction, Roche attendait son départ. Des proches de l'ancien défenseur central avaient laissé filtrer la saison dernière qu'il était allé voir Leonardo pour obtenir une explication. Il n'est pas parti les mains vides et a perçu une belle indemnité, près de deux ans de salaire, soit une somme comprise entre 600 000 et 700 000 euros. Et dans une longue interview à *L'Équipe*, Roche, sans trop en dire, a réglé quelques comptes avec Leonardo et critiqué ses méthodes de travail très individualistes. Avec cet épisode, les historiques du PSG subissent encore un camouflet qui accentue leur ressentiment par rapport au Qatar.

Parallèlement, un léger scepticisme, un peu précipité, entoure le coaching d'Ancelotti, et ses fréquents changements tactiques s'apparentent pour certains à des tâtonnements. À force de s'adapter à l'adversaire dont il connaît, comme le prétend Leonardo, la couleur du slip, il oublie de cultiver les points forts de son effectif. L'Italien a pourtant reçu « en cadeau » les stars qu'il réclamait, celles qu'il adore diriger : Ibrahimovic, Thiago Silva, même si celui-ci arrive fatigué puis souffre d'une cuisse, et Lavezzi. Sans oublier le prometteur Verratti. Le Mister déteste apprendre aux joueurs à réussir un contrôle, son credo est d'intégrer le talent individuel à la discipline collective. Prend-il la mesure d'une Ligue 1 qui s'apparente à un « combat » chaque week-end et ne tolère pas le moindre relâchement ? Aucun match n'y est gagné d'avance. Il faut tout donner. Le PSG peine à produire le jeu chatoyant voulu par ses dirigeants et ses propriétaires. Problèmes d'automatismes au sein d'un groupe largement remanié, plaide Ancelotti, qui demande du répit comme tous les entraîneurs. Problèmes de complémentarité, peut-être. Problèmes de riches, sans doute. Problèmes, en tout cas. Les recrues, capables de « booster » le club en Ligue des champions, ne manquent-elles pas de connaissance de notre Championnat, si particulier, très disputé et redoutablement homogène? Les attaquants ont peu d'espace, sont soumis à un marquage strict. Certains peinent à s'y accoutumer. Le projet de jeu, les enchaînements, les combinaisons et l'animation offensive sur les attaques placées, l'utilisation des couloirs par les latéraux, le bloc-équipe : autant de notions encore très floues au PSG au début de la saison 2012-2013. Cette formation manque de style, de vitesse, de mouvement. Les joueurs tentent de trouver leurs repères dans les systèmes testés par leur entraîneur, le sapin de Noël, qui favorise l'embouteillage dans l'axe, le 4-2-3-1, le 4-3-3 ou le 4-4-2 avec un milieu en losange et un 10 en soutien des deux attaquants.

À Doha, on est déçu par ce début de saison. Présent lors du match face à Bordeaux, l'émir du Qatar, cheikh Hamad bin Khalifa Al-Thani, n'a guère apprécié sa première expérience « live » au Parc des Princes. Il découvre le jeune Adrien Rabiot, dix-sept ans, formé au club (trois autres jeunes Parisiens, Bahebeck, Kebano et Landre ont été prêtés respectivement à Troyes, Caen et au Gazélec Ajaccio ; Maurice, non formé au PSG, est parti lui au Mans dans les dernières heures du mercato) et « admire » de longs ballons balancés à la hâte vers Zlatan Ibrahimovic. Son fils aurait aimé lui offrir un spectacle de meilleure qualité pour cette grande première. Nasser Al-Khelaïfi, vite sorti du Parc lui aussi ce soir-là, encaisse mal cette piètre performance. Il se déplace spécialement au camp des Loges mardi 28 pour réitérer sa confiance au groupe, tout en spécifiant aux joueurs que la déception est réelle en haut lieu, à cause des résultats. En fait, du sommet au bas de la pyramide, l'ambiance se crispe. Ancelotti ne comprend pas d'où vient cette entame poussive. Pourtant, à chaque séance il se montre très rigoureux envers ses joueurs qu'il ne cesse de recadrer, replacer ou réprimer en cas de mauvais choix. Il demande de l'intensité. Ibrahimovic entend le message et se frotte d'ailleurs avec Nene lors d'une séance à huis clos. Le Brésilien assène un coup au Suédois, qui n'apprécie pas et le bouscule sur le terrain. Les esprits s'échauffent et les deux hommes au fort tempérament doivent être calmés. Personne n'attache une importance considérable à l'incident à l'image de Nasser Al-Khelaïfi qui préfère y voir le signe de l'implication de chacun. Mais cet accrochage montre, malgré tout, que les joueurs aussi ressentent une certaine pression. Et qu'Ibra n'est pas un fan inconditionnel du Brésilien.

Lucide, expérimenté, Ancelotti se sait condamné à réussir. Dans la *Gazzetta dello Sport* du 21 août, l'Italien se lance d'ailleurs lui-même son propre ultimatum : « *On ne peut pas se permettre de ne pas gagner la Ligue1 qui est notre priorité* ». Pour lui, le PSG doit dans deux ou trois ans « *entrer dans le Top 4 européen* ». Le 6 septembre, toujours dans le quotidien sportif transalpin, il renchérit : « *L'objectif est clair, gagner le titre en France et passer la phase de groupes de la Ligue des champions. Au niveau tactique, nous ne sommes pas encore équilibrés. Mais le plus gros du travail concerne l'aspect psychologique. Nous devons tous avoir envie de montrer que nous sommes forts.* » L'essentiel, c'est le projet : « *Tout le monde parle de l'argent, personne ne pense au projet parisien. Vous croyez qu'Ibra, Thiago Silva, Lavezzi et les autres sont venus pour l'argent ? Ils gagnaient autant ailleurs. Ils sont venus car ils croient en notre cause. Moi aussi, j'ai accepté pour le projet, pas le salaire. Le salaire, je le recevais déjà d'Abramovitch, sans travailler.* » Il rend hommage à ses recrues. Ibrahimovic, d'abord : « *Il n'est pas du tout arrogant, il aime plaisanter, blaguer.* » Verratti : « *Vous devriez le voir dans le jeu court, il est fantastique.* » Thiago Silva : « *Il peut devenir le nouveau Maldini. Il lui manque seulement un peu de personnalité, mais il va l'acquérir avec le temps.* » Ancelotti s'apaise au fil des jours et des interviews, alors que tout n'est pas idéal. Symbole de la fébrilité du Mister, son expulsion le 19 août à Ajaccio pour avoir shooté dans une bouteille d'eau en direction de l'arbitre, Monsieur Turpin. Heureusement, l'Europe permet de rêver. Jeudi 30 août, le PSG s'assied de nouveau à la table des grands, des puissants, lors du tirage au sort de la prestigieuse Ligue des champions. À son arrivée à 17 h 20 dans l'enceinte du forum Grimaldi de Monaco, l'impressionnante délégation parisienne (Nasser Al-Khelaïfi, Leonardo, Ancelotti, Blanc) suscite l'enthousiasme des chasseurs d'autographes. Ancelotti notamment paraît parfaitement à son aise, saluant ses anciens coéquipiers présents dans l'assistance ou les joueurs qu'il a dirigés. Rui Costa, l'ex-virtuose portugais du ballon rond passé par Milan et devenu dirigeant de Benfica, lui tombe dans les bras. Seuls Messi, Iniesta et Ronaldo sont davantage courtisés que les Parisiens. Présent lors de la cérémonie, le toujours très classe George Weah se réjouit de retrouver son ancien club parmi les grands d'Europe. « *Avec tous ces Brésiliens, c'est comme à mon époque* », lance Mister George en zone mixte à l'issue du tirage.

Issu du chapeau 3, le club de la capitale remet son destin entre les mains du Néerlandais Ruud Gullit. Peu avant 18 h 30, il a le choix entre le groupe D, celui « de la mort » avec le Real Madrid et Manchester City, et le A, avec Porto et le Dynamo Kiev. L'ancien joueur milanais se montre clément avec le PSG. C'est le A, comme Ancelotti, groupe qui accueille également Zagreb. Pour ses grandes retrouvailles avec la Ligue des champions, le PSG, 48ᵉ au classement Uefa, s'en sort bien. Mais l'objectif parisien se situe au-delà de cette phase de groupe qui se déroule du 18 septembre au 4 décembre. Officiellement, les quarts sont visés par le club. En fait, à Doha, a été cochée la date du 25 mai, celle de la finale à Wembley. Comme un rêve fou. « *La Ligue des champions est une suite de 100 mètres avec des risques d'accident,* prévient Leonardo. *Aucun club n'a pris dix-sept joueurs, n'a changé de président, de directeur sportif et d'entraîneur en quelques mois. On a besoin de temps.* » Toujours cette fameuse et vaine quête, comme pour domestiquer l'urgence. Forts de leur expérience de la saison précédente, les dirigeants s'accordent cette fois sur une stratégie de communication politico-sportive qui n'est pas de crise mais de nécessité. Le 31 août, Nasser Al-Khelaïfi désamorce donc les tensions naissantes face aux journalistes du *Parisien*, dont l'un des auteurs de ce livre. En chemise blanche et costume gris, à son aise au Parc des Princes, il se livre à un exercice discursif qu'il commence à bien appréhender. « *Les joueurs ne sont pas tous au même niveau de forme, il n'y a jamais eu deux fois le même « onze »,* indique-t-il. *Nous devons être patients* (NDA : son maître mot lors de cette interview). *Ce n'est pas un très bon départ, c'est sûr.* » Il fait lui aussi l'apologie du temps maîtrisé, sans égratigner quiconque, comme si la vie footballistique coulait tel un long fleuve tranquille. Ancelotti ne subit pas la moindre critique : « *On a l'un des meilleurs entraîneurs au monde, si ce n'est le meilleur. Honnêtement, pour moi, c'est un coach fantastique. Mais il a besoin de temps.* » Toutefois, plus tard, il ajoute : « *Carlo Ancelotti n'est pas menacé. Il sera là pour toute la saison.* » Une remarque étonnante à trois niveaux : 1) il n'est jamais bon qu'un président maintienne publiquement sa confiance à son entraîneur. Dans le football, ce genre de phrases est compris complètement à l'envers ; 2) pourquoi indiquer « *pour toute la saison* » ? Et la suivante, alors ? 3) le président avait utilisé à peu près les mêmes termes au sujet d'Antoine Kombouaré.

Au moment où certaines sources laissent penser que le mécontentement pointe à Doha, Nasser Al-Khelaïfi réaffirme haut et fort son autorité en répondant à une question sur l'existence d'un courant anti-Leonardo au Qatar : « *De qui parle-t-on ? La seule voix du Qatar, c'est moi. Je ne comprends pas qui peut parler à Doha.* » Notons qu'il ne dément pas que des voix s'expriment dans l'émirat. C'est d'ailleurs impossible, alors même que certaines informations commencent à parvenir aux journalistes les mieux renseignés sur le PSG : une deuxième équipe serait en train d'être constituée « au cas où ». Les personnages clés de cette escouade sont ceux qui approchaient des joueurs à l'été 2011 en travaillant depuis Doha, prétendant agir pour le compte du PSG.

Ils déplorent depuis lors le peu d'intérêt manifesté par Leonardo, qui n'avait pas donné suite à leurs propositions, préférant comme d'habitude se fier à ses intuitions. Cheikh Tamim écoute-t-il les sceptiques plus attentivement en cette fin du mois d'août ? Nasser, sentant une sourde menace, ajoute dans *L'Équipe* : « *Qui vous dit que la famille royale n'est pas contente ? Qui ? J'entends souvent : "Au Qatar ceci, au Qatar cela…" Je vous le dis : ce n'est pas vrai.* » En businessman expérimenté, il ne verse pas non plus dans la béatitude. « *Nous avons la pression, tout le monde a la pression,* concède-t-il au *Parisien*. *Moi, j'ai la pression (…). Elle est énorme bien sûr.* » Elle ne l'empêche pas de « *rêver en grand* », le slogan du club, et plus particulièrement d'imaginer son équipe remporter un jour la Ligue des champions. Il fait confiance aux joueurs qualifiés d'ambassadeurs du PSG, ce qui leur impose des devoirs, comme de respecter la charte du club dont ils sont signataires. Il loue Ibrahimovic, qualifié de « génial » (« fantastic », en anglais). Génial, il l'est et le prouve à Lille dimanche 2 septembre en réussissant un doublé qui permet à son club de s'imposer (2-1) après quinze ans de disette face aux Dogues et de lancer – enfin – la saison du PSG. Sa première réalisation intervient à la 26ᵉ seconde. Après quatre journées, le Suédois est d'ailleurs l'auteur de tous les buts de sa formation en Ligue1 (4) ! Ce n'est plus de « L'ibradépendance » mais de « L'ibradévotion ». « *Nous sommes onze, chacun fait son boulot* », commente-t-il modestement après avoir anéanti à lui seul les espoirs lillois par son réalisme, sa classe, son jeu à une touche de balle, ses déplacements et ses décrochages. Le football français l'encense. Leonardo, qui est tombé dans les bras de Nasser après ce succès, jubile : « *Ibra a été énorme, immense.* » Il vante son « *charisme, sa personnalité* ». Le joueur rend un fier service au directeur sportif qui lui a octroyé un pont d'or pour signer dans la capitale. La crise annoncée est repoussée, remise à plus tard. Le PSG a investi sur une star mondiale et il a eu bien raison.

En position de force, Leo fredonne sa rengaine préférée, la complainte du mal aimé : « *J'ai l'impression que Paris joue contre tout le monde et même contre les doutes. Personne ne sera avec nous. L'esprit qu'il faudra avoir face à tout ça, c'est énorme.* » Au fond de lui, il sait que « *le foot, c'est d'abord de la passion et pas forcément de la raison* ». Oui, le PSG, ce PSG, doit vivre dans la dualité, entre l'incroyable amour de ses supporters et le non moins incroyable rejet teinté d'envie qu'il suscite chez les autres. Nasser Al-Khelaïfi l'admet et balaie d'un revers de la main les jalousies : « *Ce n'est pas du tout un problème* ». Il dédramatise également le ressentiment inspiré par l'argent dépensé à tour de bras (150 millions d'euros en transfert à l'été 2012, ce qui constitue le record de ce mercato) : « *On en a et on sait quoi en faire. On paye au prix du marché et pas plus parce que l'on est le Qatar.* »

Paris traverse une période euphorique, écartant Toulouse (2-0) grâce notamment à un lob de Pastore, un but de Zlatan et un époustouflant Verratti, sous les yeux du Prince Tamim. Puis, huit ans après sa dernière participation à la Ligue des champions, le PSG lamine le Dynamo Kiev (4-1) avec un Pastore brillant dans un rôle très offensif en soutien des attaquants – rôle qu'il affectionne – et bien entendu un but de Zlatan, sur penalty. La victoire favorise la libération de la parole. Deux joueurs évoquent simultanément les conditions de leur arrivée au club. Marco Verratti explique sur le plateau de l'Équipe TV qu'il était « *sur le point de signer à la Juve* » lorsqu'il a reçu l'offre du PSG. « *J'ai parlé avec Leonardo, il m'a expliqué le projet du club.* » Thiago Silva, lui, reconnaît dans la *Gazzetta dello Sport* qu'il n'était « *au départ pas très convaincu de l'opportunité de venir à Paris* ». Comment a-t-il été séduit ? Par Leonardo et Ancelotti. Ces joueurs vont-ils aimer le maillot parisien comme les supporters l'adorent ? Pendant ce temps, Barbara Berlusconi confirme au *Corriere della Sera* que Milan a cédé pour le Brésilien car « *le PSG a fait une offre qui ne se refuse pas* ». Et pour Ibra ? Idem, selon Barbara. Le Suédois poursuit sa démonstration sur le terrain en inscrivant deux buts à Bastia, où son équipe livre une éclatante prestation (4-0). Sans compter une passe décisive, le tout en marchant quasiment sur le terrain. Le boss, c'est lui. Il parle avec l'arbitre, chambre parfois ses adversaires. Il y a Ibra, le show-man, et les autres. Le buteur éclipse ses coéquipiers, les galvanise ou les tétanise parfois, aimante les ballons. Nul n'ose lui répliquer quand il adresse une critique en cours de match. Le voilà fort d'un total de sept buts marqués. Il est relayé par le revenant Gameiro auteur d'un doublé face à Sochaux (2-0) alors qu'il est endeuillé par la perte de son oncle. L'attaquant reçoit l'hommage de son entraîneur et avoue avoir connu des « *moments difficiles* » mais il n'a « *jamais rien lâché* ».

Paris sourit à l'heure de se déplacer à Porto pour le compte de la deuxième journée de la Ligue des champions, fort de cinq succès consécutifs toutes compétitions confondues. L'ambiance au sein du groupe est altérée par les déclarations de Thiago Silva dans *Le Parisien*, avant la rencontre, au sujet d'Alex et de Sakho : « *La grande différence, c'est qu'Alex a plus d'expérience et je dois avouer que même si je me suis senti bien avec les deux, j'étais plus tranquille avec celui qui a le plus d'expérience, c'est-à-dire Alex.* » Sakho, avisé en fin d'après-midi du contenu de l'entretien, encaisse très mal ces déclarations. Le soir, en conférence de presse, l'ancien Milanais dément avoir exprimé une quelconque préférence et s'excuse auprès du Français « *si cela l'a contrarié* ». Ancelotti, lui, ne pense pas que Thiago ait prononcé de telles paroles. Après le match, Sakho revient sur l'incident : « *C'est sûr que quand j'ai entendu ça, j'avais les nerfs et on s'est expliqués comme des bonhommes. On a vu qu'il avait rectifié le tir en conférence de presse. Je pense que c'est un malentendu.* » Une sortie qui a surpris plusieurs de ses coéquipiers.

Largement dominé par une virevoltante formation portugaise, le PSG s'incline logiquement (0-1) le 3 octobre. Ancelotti n'est pas satisfait. Il a d'ailleurs mis en garde sa formation, trop timorée, à la mi-temps. En vain. Ibrahimovic rate son match et deux occasions. Il assume : « *En ce moment, je ne suis pas au niveau auquel je souhaiterais évoluer.* » Se relancera-t-il lors du très attendu choc du Championnat entre l'OM et le PSG, dimanche 7 octobre au stade Vélodrome ? Pour la première fois depuis 1994, les ennemis jurés s'affrontent alors qu'ils occupent les deux premières places au classement. Pour célébrer l'événement, le PSG réorganise un déplacement de supporters, en l'occurrence cent vingt-trois qui partent en avion, sur un vol spécial. L'initiative n'a pas été annulée malgré des bagarres entre fans parisiens à Porto. Lors d'un sommet qui ne tient pas toutes ses promesses, notamment en seconde période, Ibra zlatanise l'OM à lui seul en égalisant d'un extraordinaire geste de l'extérieur du pied droit sur un corner de Maxwell. Puis il expédie une puissante frappe du pied droit sur un coup-franc à trente mètres du but de Mandanda. Un doublé de Gignac permet à l'OM de tenir en respect Paris (2-2). Un exploit traduit par ce bon mot de Benoît Cheyrou : « *Ils se sont faits André-Pierre-iser* ». Amalfitano a mis une gifle à Matuidi et aurait mérité un carton rouge. Il est suspendu deux matches pour ce geste par la commission de discipline. Pastore, lui, a coulé pendant quarante-cinq minutes avant que son entraîneur ne le sorte à la pause. Il a semblé perdu, ne s'est pas révolté, traversant comme une ombre un match réservé aux grands joueurs. Voilà le début d'une affaire Pastore. Mais elle est bien vite reléguée derrière l'affaire Ibrahimovic.

Après la rencontre à Marseille, l'avant-centre a refusé de s'exprimer, traversant la zone mixte d'un air boudeur. Il est furieux du score et de la prestation de certains de ses partenaires. Il se demande combien de buts il devra marquer à Marseille la prochaine fois pour que son équipe s'impose. Compétiteur né, Ibra ne supporte pas la médiocrité. Ni la sienne, ni celle des autres.

Il n'est pas à Paris en pré-retraite mais pour combler une lacune de son palmarès. « *Je suis convaincu que je peux remporter la Ligue des champions avec le PSG* », clame-t-il dans la *Gazzetta* du 13 septembre. Il se définit précisément dans *L'Équipe* du 17 : « *J'aurai toujours une colère en moi. C'est mon problème. Je ne suis jamais satisfait. Je veux toujours plus. Mais c'est aussi cette rage qui a fait ce que je suis devenu aujourd'hui.* »

Un autre sujet l'exaspère au plus haut point. Le club est pendant longtemps incapable de lui trouver un logement. Le 17 septembre, lors d'une conférence de presse surréaliste, Ibrahimovic aborde à sa manière ce sujet qui tend ses rapports avec le club. À la veille d'affronter le Dynamo Kiev, Ibra est désigné pour parler à la foule des journalistes présents. Une question est posée sur Helena. Il réplique, après un moment de stupeur : « *Elle n'a rien à voir avec mon football. C'est ma femme, elle reste à la maison, elle s'occupe des enfants et c'est tout ce dont j'ai besoin.* » Ensuite, il est interrogé sur son séjour à l'hôtel. « *Pensez-vous y demeurer longtemps?* » Réponse : « *Nous cherchons, mais si cela continue comme ça, nous allons peut-être acheter l'hôtel…* »

Fin octobre, cette situation n'est toujours pas réglée[1]. Ibra a le blues. En pleine trêve internationale, alors qu'il a rejoint la sélection suédoise, il se fend de déclarations tonitruantes le 10 octobre : « *Je pourrais imaginer retourner à Milan si je devais choisir aujourd'hui (…). Je me sentais chez moi là-bas. S'ils ont besoin d'aide, ils savent où je suis.* » Immédiatement avisé, Leonardo pressent le danger et éteint l'incendie : « *J'ai parlé avec Ibra. Il a seulement voulu dire qu'il respectait Milan, mais Ibra ne partira de Paris qu'une fois qu'il aura tout gagné avec le club.* » L'agent du joueur, Raiola, s'empresse d'ajouter que le buteur est « *heureux* » à Paris. Il n'empêche. Ibra semble parfois mécontent du niveau

---

1. Il trouve finalement, fin novembre, un grand appartement avec vue sur la tour Eiffel, situé dans le VIIIe arrondissement entre la place de la Madeleine et le boulevard Haussmann.

de performances de certains de ses coéquipiers. Et, indéniablement, Milan lui manque. Le grand Milan, pas celui qui flirte avec la zone de relégation dans son championnat. Ibra connaît quelques contrariétés. Au camp des Loges, on supporte de moins en moins qu'il ne gare pas sa voiture sur le parking réservé aux joueurs. Début novembre, empêché à la demande de la direction par un vigile d'entrer par la porte principale, il abandonne son véhicule devant la grille, sur la route.

Gérer l'ego d'un des monstres sacrés du football mondial n'est pas simple. Une autre grande star dessine son ombre charismatique dans le paysage parisien : Cristiano Ronaldo. On a prétendu que ses récents caprices à Madrid étaient liés à sa situation contractuelle et notamment au fait que Zlatan Ibrahimovic gagnait plus que lui au PSG, ce qui n'est pas vrai puisque le Suédois perçoit 9 millions d'euros par an. Est-ce un hasard si Nasser Al-Khelaïfi prend la parole dans *Marca* le 21 septembre : « *Quand nous voudrons Cristiano Ronaldo, nous discuterons avec le Real Madrid. S'il est triste, ce n'est pas parce que nous n'avons pas parlé avec lui.* » Le Qatar s'est renseigné auprès de l'entourage du joueur pour sonder ses intentions. Serait-il tenté par un départ vers Paris, où la communauté lusitanienne est si forte ? L'opération paraît extrêmement complexe à monter. Mais le PSG n'exclut plus rien. À tel point qu'Ancelotti, avec toujours son sens politique très développé, esquisse un trait d'humour : « *Je vois mon futur au PSG, Mourinho devra attendre beaucoup de temps.* » La *Gazzetta dello Sport* relance l'affaire le 31 octobre en faisant état d'un récent rendez-vous entre Nasser Al-Khelaïfi et Florentino Pérez, le patron du Real. Après le succès contre l'OM (2-0), en 8e de finale de Coupe de la Ligue, le président parisien dément cette information devant les medias présents au match.

C'est sans Cristiano mais avec un Ibra discret que le PSG s'empare du fauteuil de leader au soir de la 9e journée. Il s'impose sans convaincre face à Reims (1-0) au Parc des Princes samedi

20 octobre, sur une reprise de la tête de Gameiro, alors que Sirigu a détourné un penalty. Comme l'OM s'incline le lendemain à Troyes (0-1), le PSG monte sur la première marche du podium. Une prise de pouvoir définitive ? Dans l'Hexagone, on commence sérieusement à l'envisager.

Puis le PSG s'impose à Nancy (1-0) avant d'entrer dans une zone de turbulences en Ligue 1, qui débute par une défaite à domicile face à Saint-Étienne (1-2). Ibrahimovic est exclu pour un geste jugé dangereux sur Ruffier, le gardien de but des Verts, ce qui lui vaut une suspension de deux matches. Dans la foulée, Paris se contente d'un résultat nul à Montpellier (1-1), et déplore le carton rouge infligé à Sakho dès la 10ᵉ minute. Leonardo s'en prend vivement à l'arbitre, M. Turpin : « *On dit tout le temps que les joueurs, les clubs doivent être professionnels. Mais les arbitres aussi et aujourd'hui, ils ne le sont pas (…). Je suis inquiet : avec nous, dès qu'il y a un doute, on sort le rouge.* » Sur Canal+, il était allé plus loin : « *Je ne sais pas si les arbitres sont indépendants ou pas* ». Ancelotti entonne un refrain similaire en conférence de presse, mais plus calmement. Une stratégie de communication externe du club qui entend en terminer avec ce qu'il considère comme un nouvel épisode de la « conspiration » contre lui. D'autant que Sissoko est convoqué devant la commission de discipline. Alors, pour Leo, trop, c'est trop. Cette communication se destine tout autant à l'interne car elle vise aussi les décideurs à Doha. Au Qatar, on estime en effet que le tableau de marche de l'équipe n'est pas respecté.

Certains s'agacent des tâtonnements apparents de l'entraîneur. Il modifie l'équipe en permanence, bouleverse sa composition à chaque journée, se montre incapable de trouver un système tactique pérenne. Comme s'il ne parvenait pas à conférer un projet, une identité de jeu, une personnalité, un état d'esprit à son équipe, à s'adapter à la L1. Est-il lui-même à son aise dans ce championnat ? Son idéal, c'est une équipe composée de cinq

Ibrahimovic et cinq Thiago Silva avec un gardien de but de niveau mondial. Ibra, justement, inscrit avec son équipe nationale, la Suède, un quadruplé face à l'Angleterre (4-2), ponctué par un ciseau retourné d'anthologie.

Lors de la 13e journée, le PSG enregistre sa seconde défaite d'affilée à domicile en Championnat devant Rennes (1-2), équipe pourtant réduite à dix puis à neuf dès la 52e minute. Furieux, Ancelotti pique une colère dans le vestiaire, stigmatise l'attitude des joueurs puis reconnaît qu'il « *y a une crise* » et qu'il va « *y avoir du changement* » en haussant le ton. Quelques jours plus tard, il assume la responsabilité de cette déroute. Mais cela n'éclipse pas les doutes qui escortent désormais le PSG. Le club inaugure une nouvelle version de sa traditionnelle crise automnale, celle qui donne des cauchemars aux supporters du club. Du coup, de Paris, de Doha ou d'ailleurs, surgissent très vite de nombreuses rumeurs de bouleversements au mercato hivernal. Pas au niveau de la direction sportive, mais au sein de l'effectif. Lucas Moura, qui a déjà signé, est attendu. Les noms de Paulinho (Corinthians), De Rossi (AS Rome), Balotelli (Manchester City), voire même Neymar, circulent. Et même celui de David Beckham. L'Anglais de trente-sept ans annonce mardi 20 novembre qu'il met un terme par anticipation à son contrat avec les Los Angeles Galaxy. « *Je n'ai pas décidé où aller ensuite, j'ai quelques options enthousiasmantes sur la table* », affirme-t-il. Ancelotti puis Leonardo démentent toute nouvelle offre à Beckham.

Face à cette cacophonie, la Ligue des champions agit comme un baume apaisant. Le PSG balaie le Dinamo Zagreb (4-0) avec quatre passes décisives de Zlatan à ses coéquipiers. La veille de la rencontre, de violentes bagarres entre supporters des deux clubs éclatent à Paris alors que le ministre de l'Intérieur, Manuel Valls, a pourtant judicieusement pris un arrêté pour interdire tout déplacement des fans croates. À Kiev, mercredi 21 novembre, Ibra revient et, avec lui, un parfum de rêve. Le PSG, qui aligne une formation avec un seul sélectionnable en équipe de France, Matuidi (Sissoko, né en France, est international malien), souffre en première mi-temps mais s'impose (2-0) grâce à un doublé de Lavezzi. Sa première réalisation est superbe, sur une passe décisive de Zlatan. Paris, qui mise sur des contres et des fulgurances de ses stars, se qualifie pour les huitièmes de finale à une journée de la fin, tout comme Porto. Le PSG représentera la France à ce niveau, qu'il n'a plus côtoyé depuis 1994-1995 (accession directe en quarts), Lille et Montpellier ayant été quant à eux balayés. L'Europe offre ses charmes à la ville-lumière. Vendredi 23 novembre, Nasser Al-Khelaïfi et le prince Tamin se rendent au camp des Loges. Le Qatar veille sur son PSG. Le lendemain Paris balaye Troyes (4-0), toujours sous les yeux de son propriétaire princier. La « crise » semble passée. Mais comme le PSG n'aime pas la facilité, il rechute trois jours plus tard, le mardi 27 novembre en quart de finale de la Coupe de la Ligue à Saint-Étienne (0-0, défaite aux tirs au but). Pastore est laissé à Saint-Germain-en-Laye. L'Argentin, perturbé par les problèmes de santé de sa maman, ne semble plus un homme de base du PSG made in Qatar.

L'élimination à Saint-Étienne ne provoque pas les mêmes soubresauts que la défaite contre Rennes, dix jours plus tôt. Mais si elle n'apparaît pas catastrophique, elle rappelle que le PSG de QSI n'a toujours rien gagné depuis son arrivée et ce malgré 250 millions d'euros dépensés sur le marché des transferts. Cette fin de parcours dans cette épreuve crispe également plusieurs joueurs au temps de jeu déjà restreint. Certains, comme Douchez, n'auront plus que la Coupe de France pour s'exprimer sauf blessure et suspension.

Après la défaite à Nice (1-2), le 1er décembre, le PSG glisse hors du podium de la L1, ce qui provoque une mini-crise à Doha. Le cheikh Tamim, pour la première fois, s'interroge sur le duo Leonardo-Ancelotti, dont il n'est plus certain qu'ils soient les hommes de la situation, et prépare le grand chambardement. Il songe à Wenger et surtout Mourinho, qui viendrait dans son esprit accompagné de Cristiano Ronaldo. Le nom de Guardiola circule aussi, l'ancien entraîneur barcelonais se trouvant au Qatar ce week-end-là. En réalité, son séjour à Doha lui a valu de se voir proposer la direction de la sélection qatarienne dans la perspective du Mondial 2022, organisé là-bas.

Virer Ancelotti coûterait environ douze millions d'euros, ce qui ne rebute pas QSI. Mais le PSG, comme souvent dans son histoire, remporte le match de la « dernière chance » contre Porto (2-1) et termine premier du groupe A en Ligue des champions avec quinze points. En huitièmes de finale (les 12 février et 6 mars 2013), il hérite du FC Valence, un adversaire à sa portée.

L'alerte est passée, le système tactique en 4-4-2 fonctionne, les tensions au sein de l'effectif se dissolvent comme par enchantement. Vive la crise ! Dans la foulée, le PSG lamine Évian-TG (4-0), s'impose à Valenciennes (4-0) et devant Lyon (1-0). Il finit champion d'automne après son succès à Brest (3-0) le 21 décembre. Ancelotti a gagné, il a écarté les gêneurs, ceux qu'il imagine être les « taupes », et installé « ses » hommes. Son destin ne semble plus totalement lié à celui de Leonardo. Sont-ils même d'accord sur le mercato hivernal ? La victoire sur Lyon symbolise la vie tumultueuse du PSG. Le fait qu'Ibrahimovic ait heurté le visage de Dejan Lovren avec ses crampons suscite une énorme polémique. Jean-Michel Aulas juge ce geste délibéré et pousse la commission de discipline à se saisir du dossier. Leonardo réagit vertement, quitte à blesser Aulas. Ibrahimovic, quant à lui, assure sur beIN SPORT que son action n'était pas « *intentionnelle* ». Il est malgré tout convoqué le 10 janvier 2013 devant la commission. Cheikh Saoud Ben Abdulrahman Al-Thani, membre de la pléthorique famille régnante, secrétaire général du comité olympique du Qatar, ajoute à la confusion en déclarant sur Canal+ que Mourinho et Ronaldo constituent des cibles réelles pour le PSG.

Rien n'arrête le Qatar, qui accueille Nicolas Sarkozy lors des Doha Goal, un forum sur le sport en forme de lobbying international pour l'émirat. Devant la Direction nationale du contrôle de gestion (DNCG), QSI dévoile son contrat en or avec Qatar Tourism Authority pour quatre ans et un montant croissant allant de 150 à 200 millions d'euros par an. À charge pour le club de représenter le pays et de véhiculer une image positive de lui. La fin justifie les moyens. Le PSG, dont le logo va changer, devient bel et bien la vitrine de la diplomatie d'un émirat prêt à tout pour gagner.

CONCLUSION

Qatar, nous ne te détestons pas

Nous avons douté du Qatar. Au nom de ce qui est souvent affirmé concernant l'émirat : absence de traçabilité des capitaux qui coulent à flots et servent à racheter des pans entiers de nos rues et de notre économie, omnipotence de la famille Al-Thani, fausse démocratisation d'un émirat éminemment inégalitaire et conservateur.

Certes, le PSG est possiblement le fer de lance d'une stratégie échafaudée par l'émir, celle de la diplomatie sportive comme vitrine publicitaire et base de développement. Fascinés par l'argent redevenu roi, les politiques ont considéré l'irruption du Qatar en France non seulement comme inéluctable mais aussi comme souhaitable, désirable, telle une opportunité qui ne se refuse pas, une mariée sulfureuse mais trop belle pour être repoussée.

Alors, nous avons enquêté sur le Qatar.

L'arrivée et le travail de Leonardo nous ont incités à une certaine bienveillance. Ou tout au moins à nous débarrasser de préjugés entêtants. La manière dont le club a ensuite été raillé ou vilipendé, au choix, par une partie de la France du football, nous a aussi alertés sur la facile propension à détruire ce que l'on ne connaît pas. Ensuite, pendant la campagne présidentielle, les déclarations de Marine Le Pen ont amorcé chez nous un mouvement de recul ou de crainte. Nos critiques virulentes ne risquaient-elles pas d'inciter à la haine de l'autre, de l'étranger, a fortiori de l'étranger venu du Golfe? Si nous avons travaillé une partie de notre carrière dans le journalisme de sport, c'est par vocation, parce que la matière nous passionne, qu'elle reflète les aspects positifs et négatifs de notre société, avec ses moments de gloire et ses risques de déviance, mais aussi parce que la lutte contre le racisme en constitue un véritable moteur. Le football est un terrain rêvé pour promouvoir l'égalité des chances, des hommes. En cédant à la mode anti-Qatar, nous risquions de faire le jeu des extrêmes et de trahir nos convictions.

Au fil de cette longue enquête, le professionnalisme extrême de Nasser Al-Khelaïfi et de ceux qui l'entourent est apparu de manière criante. Lorsqu'il délègue, il délègue aux meilleurs. Indéniablement, le lancement des chaînes sportives initiées par les Qatariens s'apparente à un succès. Le slogan « *We have no limits* » s'applique à tout et à tous et recèle intrinsèquement une intense force de séduction en ces temps de récession et souvent de sinistrose. La volonté de recruter les meilleurs, comme Zlatan Ibrahimovic, à même de redonner du lustre à notre Ligue 1 qui continue inexorablement de perdre ses joueurs emblématiques, traduit aussi une volonté d'excellence et d'exigence, élitiste mais stimulante. Certes, les sommes folles en jeu dans de tels transferts prêtent à débats et même à polémiques dans le contexte économique français. Surtout si le PSG dépense un jour une fortune pour engager la star planétaire Cristiano Ronaldo.

Dans l'introduction de ce livre, nous citons Leonardo à propos de la « liberté ». Au nom de cette liberté, avec laquelle il ne faut jamais transiger, nous sommes fiers d'écrire en conclusion que nous voyons maintenant le Qatar autrement. Non, nous ne le détestons pas.

TABLE DES MATIÈRES

Cet ouvrage a été composé et imprimé
en janvier 2013 par

FIRMIN-DIDOT

27650 Mesnil-sur-l'Estrée
N° d'impression : 115639
Dépôt légal : janvier 2013
ISBN : 978-2-35417-193-3

Imprimé en France